인생이 술술 풀리는
대화의 기술

세계 최고의 지식 정보 웹사이트
'위키하우'가 대답한다!

인생이 술술 풀리는
대화의 기술

출처 · 위키하우

엮음 · 김지영

브라운 힐
BrownHillPub

무인도에서 혼자 사는 사람이 아니라면 우리는 말과 대화를 하기 위해 집을 나선다. 학교나 직장이나 작업 현장에 가서, 또는 아는 사람이나 친구나 애인을 만나서 대화를 나눈다. 그들의 말을 듣고, 나의 말을 건넨다.

대화의 목적은 어떠한 상황에서도 상대방과 효과적으로 소통하며 좋은 관계를 유지하는 데 있을 것이다. 과연 나는 그 상황에 적절하게 맞아떨어지는 안성맞춤의 대화를 하고 있는 걸까? 내 생각이 정확하면서도 부드럽게 전달되고, 상대방의 마음에 공감을 불러일으키는 대화를 하고 있는 걸까?

학력이 높고 지식이 많다고 해서, 아니면 견문이 넓고 경험이 풍부하다고 해서 대화를 능수능란하게 한다는 보장은 없는 것 같다. 누구나 다 아는 정·재계나 문화계의 인물이 갑남을녀(甲男乙女)도 어리둥절해하는 말실수를 하는 바람에 하루아침에 바닥으로 곤두박질치는 모습을 우리는 숱하게 목격하고 있다.

'말'에 대해 《탈무드》에 나오는 이야기를 인용해 본다.

『인간관계에서는 진실을 말해야 하지만, 특별한 두 가지 경우에는 거짓말을 해야 합니다.

첫 번째, 이미 누가 물건을 사 버린 후에 물건이 어떠냐고 의견을 물어오면, 설령 그 물건이 좋지 않아 보여도 좋은 것이라고 거짓말을 해야 합니다.

두 번째, 친구가 결혼했을 때 비록 신부가 미인이 아닐지라도 반드시 대단한 미인이라고 말하며 행복을 기원해야 합니다.』

『만약 당신이 누군가와 작별할 때 그를 위해 무엇인가를 빌어 주고 싶은데, 그 사람이 이미 모든 것을 충분히 갖춘 사람이라면 당신은 어떻게 하겠습니까? 이럴 때는 다음처럼 말하는 것이 가장 지혜로운 작별인사입니다.

"당신의 자녀들이 부디 당신처럼 훌륭한 사람으로 성장하기를 빌겠습니다."』

위의 인용문은 말 또는 대화에 있어서 그 상황을 읽어내는 감각(sense)이 얼마나 중요한지를 깨우쳐 준다. 그렇다면 그 감각을 배우고 익힐 방법은 없을까?

세계적으로 유명한 컨설턴트 브라이언 트레이시(Brian Tracy: 1944~)는 이에 대해 명확한 답을 준다.

"대화는 당신이 배울 수 있는 기술이다. 그건 자전거 타는 법을 배우거나 타이핑을 배우는 것과 같다. 만약 당신이 그것을 연습하려는 의지가 있다면, 당신은 삶의 모든 부분에서 질을 급격하게 향상시킬 수 있다."

'위키하우(wikihow: 웹사이트 주소 www.wikihow.com, 한국어판 ko.wikihow.com)'는 온라인에서 가장 높은 공신력을 인정받는 '하우투(how-to: 요령, 방법) 웹사이트'의 이름이다.

위키하우에서는 전 세계 각 분야에 속한 850명 이상의 전문가들이 참여해 공동으로 집필하고 공동으로 검증한 지식 및 정보를 세계인을 대상으로 무료 제공한다. '말하기'와 '대화' 주제에 대해서는 작가, 스피치 강사, 심리학자, 상담가, 언어치료사, 리더십 코치 등 수십 명의 전문가와 학자들이 각종 '대화의 기술'을 우리에게 설명하고 있다.

어색함을 극복하고 재치있는 대화를 나누려면 어떻게 해야 할까? 내 생각을 거침없이 말하기 위해서는? 짝사랑하는 상대에게 고백하는 방법은? 준비 없이 발표하는 순간이 온다면?

본서는 위키하우에서 알려주는 대화 방법 정보를 '대화를 잘하는 방법' '효과적으로 대화하는 방법' '좋아하는 이성과 대화하는 방법' '여러 가지 상황에서 대화하는 방법' 등 4부로 나누어 정리해 담았다.

이 책을 통해, 인생의 다양한 장면과 예측하기 힘든 어떠한 상황 속에서도 속절없이 말려들지 않고 슬기롭게 대처하는 대화의 달인, 대화의 장인으로 거듭나도록 하자!

엮은이

차 례

3부 · 좋아하는 이성과 대화하는 방법

4부 · 여러 가지 상황에서 대화하는 방법

1부 · 대화를 잘하는 방법

대화를 효과적으로 시작하는 방법
새로운 사람들과 대화하는 방법
대화할 때 어색함을 극복하는 방법
대화로 원만한 인간관계 만드는 방법
재치 있는 대화를 나누는 방법
대화 주제를 생각해 내는 방법
낯선 사람에게 말 거는 방법

대화를 효과적으로 시작하는 방법

누군가와 소통하는 데 있어서 가장 어려운 점은 대화를 어떻게 시작하느냐의 문제일 것이다. 처음 만나더라도 어떤 사람하고는 바로 얘기를 시작하는 것이 그리 어렵지 않은데, 어떤 사람한테는 말을 거는 것이 정말 어려울 때가 있다.

그러나 걱정할 필요 없다. 대화를 시작할 때 도움이 되는 몇 가지 보편적인 요령과, 특정한 사람과 대화를 시작할 때 필요함 직한 팁을 알아 둔다면 말이다.

대화를 효과적으로 시작하고 싶다면 다음 방법을 따라 보자.

1. 대화 시작하기

① 상대방이 관심받고 있다는 느낌이 들게 해라

상대방이 말하고자 하는 것에 대해 관심을 보이고 그 사람의 의견이 중요하다는 느낌이 들게 하는 것만으로 생전 처음 보는 사람과 친구가 될 수 있다. 하지만 상대가 당신이 혼자 떠들어 댄다는 생각을 하게 되면 바로 흥미를 잃을 수도 있으므로 주의 해야 한다. 그 대신, 몸과 초점을 상대방 쪽으로 돌리고 자연스 럽게 눈을 맞추고 얘기한다.

만약 상대방이 어떤 주제에 대해 얘기하면 고개를 크게 끄덕 임으로써 당신이 듣고 있다는 것을 보여 주고, 이름을 알게 되었 을 경우에는 대화 중에 상대방의 이름을 한두 번 정도 언급해 주는 것이 좋다.

② 신문하지 말고 질문을 해라

효과적인 대화는 많은 경우 질문에서 시작된다. 하지만 상대 방이 경찰서에서 신문 받는다는 느낌이 들게 해서는 안 된다. 따라서 상대방의 말에 대한 피드백과 실질적인 대화 없이 바로 질문을 던지는 것은 금물이다. 조사받는다는 느낌보다 최악은 없기 때문이다. 또한 지나치게 많은 질문은 상대방을 불편하게 하고, 결국 그 대화에서 도망치게 만들 수도 있으므로 주의해야 한다.

질문할 때는 상대방의 꿈이나 바람처럼 거창한 것보다는 취 미나 관심사처럼 대답하기에 쉬운 것이 좋다. 인생의 의미를 묻기보다는 이번 시즌의 프로야구에 대한 생각을 물을 때 훨씬 대화가 자연스러워질 수 있다.

또한 '예' 또는 '아니요'란 답이 나올 것이 뻔한 단답형 질문 보다는 개방형 질문을 해라. 개방형 질문은 서술해야만 대화가 가능해지기 때문에 상대방을 이야기 속으로 끌어들이기에 매우 용이하며, 단답형 질문과 달리 대화를 풍성하게 해 주는 이점이 있다.

'예' 또는 '아니요' 이상의 답변이 나와야 하는 질문에 상대방이 단답형으로 답한다면, 그것은 당신과의 대화에 흥미가 없다는 신호일 수 있다. 이런 경우, 대화가 잘 진행되지 않을 수도 있으므로 촉을 발동시켜 어색하지 않게 마무리를 하는 것이 바람직하다.

만약 당신이 너무 많은 질문을 했다는 것을 깨달았다면, 그것을 농담으로 전환하는 재치가 필요하다. 예를 들면, "미안해요. 이제 신문은 끝났습니다."와 같이 말하고 다른 얘기로 슬쩍 넘어가는 것도 한 방법이다.

③ 웃겨라

상대방이 대화 자체는 물론이고 대화의 주제를 즐길 수 있도록 하려면 뭔가 재미있을 만한 것을 얘기해라. 개그맨이 되라는 것이 아니라, 가벼운 농담이나 유머를 던짐으로써 어색한 분위기를 전환하라는 것이다.

유머는 다른 사람의 마음을 오픈하는 데 놀라울 만큼 효과적이다. 누구나 웃는 것을 좋아하고, 웃다 보면 딱딱한 분위기가 부드러워지기 때문이다. 웃음은 사람들이 긴장을 풀고 얘기를 시작하게 만드는 데 반드시 필요한 조미료다.

또한 상대방의 관심을 끌고 싶으면 당신의 재치를 이용해라. 당신이 얼마나 순발력이 있으며 말장난이나 기발한 농담을 잘하는지를 보여 주면 호감도가 높아질 것이다.

너무 길지 않으면서 정말 웃기는 얘기가 있다면 주저하지 말고 시도해 봐라. 다만, 다른 자리에서 해 본 적이 없는 긴 얘기를 하면 실패할 수도 있으므로 선택을 잘해야 한다.

④ 하지 말아야 할 점이 무엇인지 알아 둬라

어떤 대화라도 꽃이 피기 전에 죽게 만드는 몇 가지 위험 요소가 있다. 따라서 대화를 효과적으로 시작하고 싶다면 처음부터 피해야 할 몇 가지 금기 사항을 알아 두는 것이 필요하다.

첫째, 지나치게 개인적인 정보는 공개하지 마라. 가슴 아픈 이별, 등에 생긴 이상한 발진, 또는 당신의 인생에서 정말 당신을 사랑하는 누군가가 있다는 등의 얘기는 하지 말라는 것이다. 이런 얘기는 당신을 잘 아는 사람들에게만 하는 것이 좋다.

둘째, 불편한 답변이 나올 만한 질문은 하지 마라. 대신에 상대방이 가족, 직업, 또는 건강에 대해 자연스럽게 얘기할 수 있도록 분위기를 만든다. 최근에 마음 상한 일이 있었는지를 알아보려고 사귀는 사람이 있는지 등을 묻는 것은 좋지 않다.

셋째, 당신의 얘기로 시간을 채우지 마라. 자신을 우스꽝스럽게 만들거나 사소한 개인 정보를 드러내는 얘기는 상대방의 긴장을 풀어준다. 하지만 당신이 얼마나 대단한지, 내일 아침은 뭘 먹을 것인지 등으로 지극히 개인적인 얘기를 계속한다면 상대방은 급속히 흥미를 잃게 될 것이다.

넷째, 도외시하지 마라. 5분 전에 상대방이 얘기해 준 이름, 직업, 또는 그 밖의 정보를 쉽게 잊지 마라. 잊어버린다면 상대방은 당신이 자신에게 전혀 관심을 두지 않는 것으로 느끼게 된다. 상대방이 이름을 알려 주면 당신이 정말 기억하고 싶다는 것을 표현하기 위해 소리 내어 따라 해 보는 것도 한 방법이다.

2. 여러 가지 상황에서 대화 시작하기

① 좋아하는 누군가와 대화 시작하기

마음에 드는 상대를 만나 대화를 시작하고 싶다면 독창적이고 재치 있으며 호감을 얻을 만한 주제를 꺼내 상대방이 바로 관심을 두도록 유도해라.

또한 이 경우에는 당신이 얘기하는 내용보다 말을 하는 자세가 더 중요할 수도 있으므로 몸을 상대방 쪽으로 향하고 눈을 맞춤으로써 관심을 가지고 있다는 것을 보여 주는 노력이 필요하다.

그렇다면 마음에 드는 상대에게 좋은 느낌을 주기 위해서는 어떻게 대화를 시작해야 할까?

만약 파티장이나 카페에서 만나고 있다면 그때 나오는 음악에 대해 얘기하는 것도 한 방법이다. 당신과 상대방이 그 음악을 좋아하든 싫어하든 상관없이 얘깃거리를 찾을 수 있게 된다. 또한 상대방에게 음료를 추천해 달라고 해 봐라. 추천한 음료가 마음에 들면 선택이 탁월하다고 칭찬해 주고, 그렇지 않으면 상대방을 살짝 놀리는 등으로 유머 코드를 동원함으로써 어색함을 줄일 수 있을 것이다.

상대방의 여가 활동에 관심을 보여라. 불편하지 않을 정도로, 주말을 어떻게 보내는지 상대방에게 물음으로써 호감이 있다는 것을 보여 줄 수 있다.

반려동물에 대해 얘기해라. 반려동물에 대해 얘기하면 상대방은 대부분 쉽게 반응을 보인다. 당신이 반려동물을 키우고 있다면 사진을 보여 주면서 이야기를 이어간다. 그러다 보면 친근감을 느낄 수도 있다.

또는 바깥 날씨가 더운데 스웨터를 입고 있으면, 상대방의 패션 선택에 대해 살짝 놀려주는 것도 관심의 표현이 된다.

다만, 당신의 직장에 대해서는 얘기하지 마라. 이 주제는 흥미를 일으키지 못한다. 이 얘기는 나중에 할 기회가 왔을 때 하면 된다.

② 잠재적 친구와 대화 시작하기

만나게 된 누군가와 친구가 되고 싶거나, 친구의 친구와 어울리다가 그 사람에 대해 더 알기를 원할 때는 캐묻는다는 느낌을 주지 않고 관심을 보여라.

그러기 위해서는 먼저 긍정적인 자세를 유지해라. 자기비하적인 말이나 불만을 토로하지 말고, 당신이 응원하는 스포츠팀이 얼마나 잘하는지(상대방이 스포츠를 좋아한다면) 또는 분위기 있는 카페나 맛집 등의 얘기로 대화를 시작하는 것이 좋다.

당신의 이웃에 대해 얘기해라. 사람들은 자신이 사는 곳과 그곳에서 일어나는 일들에 대해 관심을 보이면 대개는 경계심을 푼다. 만약 같은 지역에 살고 있으면 그 지역이 얼마나 좋은지에 대해 얘기함으로써 공감대를 형성할 수 있다. 그다음에 더욱 개인적인 얘기로 들어가 이전에 살았던 곳에 대해 얘기를 하면 가까워지기도 한다.

어떤 취미생활을 하는지 질문해라. 어쩌면 관심사가 같다는 걸 발견할 수도 있을 것이다.

당신에 대해 너무 많이 얘기하지 마라. 서로에 대해 비슷한 분량으로 얘기하는 것이 바람직하다. 이야기를 주고받다 보면 상대방에 대해 뭔가 새로운 정보를 얻어 갈 수 있다.

만일 서로 아는 공통의 친구가 있다면 그 친구에 대해 물어보라. 둘이 함께 알고 있는 그 친구에 대해 얘기하다 보면 서로가 친근감을 느낄 수도 있을 것이다.

③ 회사 동료와 대화 시작하기

회사 동료와 대화를 시작하는 것은 호감을 느낀 사람이나 친구에 비해 약간 까다로울 수 있다. 직장이라는 환경에서 넘으면 안 되는 선이 있기 때문이다. 그러나 긍정적인 내용으로 적정 선에서 당신의 개인적인 얘기를 한다면 활발한 대화를 이어갈 수 있을 것이다.

동료에게 그의 가족에 대해 질문해라. 가족에게 관심을 보이면 대부분의 사람이 마음의 문을 연다. 상대방의 가족에 대해 자연스럽게 물으면서 얘기하다 보면, 회사 동료가 바로 사진을 꺼내 보여 주면서 당신이 원하는 것 이상의 얘기를 풀어놓을지도 모른다.

당신이 주말을 어떻게 보낼 것인지에 대해 얘기해라. 함께 일하는 경우 두 사람 다 금요일에 퇴근한 후 주말을 재미있게 지내고 싶어 하거나 휴식을 기대할 것이다. 당신이 부담스럽게 캐묻지만 않는다면 동료가 자신의 주말 계획을 자연스럽게 얘기할지도 모른다.

공통된 불만으로 공감대를 형성해라. 교통 체증, 고장 난 복사기, 커피가 떨어진 것 등을 언급하면 함께 고개를 끄덕이면서 더 활발한 대화를 이어갈 수 있다.

업무에 대한 대화는 자제해라. 업무와 관련된 질문 때문에 말을 걸어야 하는 상황이 아니라면 당신의 인간적인 모습을 보여 주는 것이 바람직하다. 프로젝트나 보고서 대신 친구, 가족, 취미에 관련된 얘기를 하다 보면 업무 밖에서 인간관계를 형성할 수도 있을 것이다.

④ 여러 사람과 대화 시작하기

그룹으로 모여 있는 사람들과 대화를 시작하는 것은 약간 까다로울 수 있다. 대화를 시작하기에 가장 안전한 방법은 공통점을 찾는 것이다. 모두가 편안하게 대화에 참여할 수 있는 분위기를 만드는 것이 쉽지는 않지만, 최대한 많은 사람이 참여하게끔 폭넓고 가벼운 주제를 꺼내는 것이 바람직하다.

자기 자신을 웃음의 소재로 삼아라. 안면은 있지만 개인적으로 잘 모르는 사람들 사이에서 대화를 시작할 때 좋은 전략이 될 수 있다. 만약 사람들이 당신을 놀리거나 당신으로 인해 웃음을 터트렸다면 공감대를 형성하는 것이 한층 쉬울 것이다.

가능하면 한두 사람이 아닌 그룹 전체를 상대로 얘기하도록 해라. 한 사람한테만 얘기하면 다른 사람들은 제외된 느낌을 받게 되어 분위기가 냉랭해질 수 있다.

불만을 토로하는 것도 대화를 시작하는 좋은 방법 중 하나다. 당신이 먼저 누구나 가지고 있을 법한 불만을 얘기하면 다른 사람들도 분명 참여할 테니 말이다. 그렇다고 불만의 내용을 섬세하고 예리하게 말할 필요까지는 없으며, 그저 "LG 트윈스 팬이죠? 어제 게임 봤어요? 말도 안 되는 게임이라 화가 나더라고요." 정도만 얘기하면 된다.

• 대화를 시소 타기라고 생각해라. 그러려면 두 사람 모두 동등한 분량으로 얘기해야 한다. 당신이 지루한 얘기를 엿가락처럼 늘려서 계속하거나 상대방이 혼자서만 줄곧 떠들어댄다면, 유쾌한 대화는 물 건너갔다고 봐야 한다.

만약 상대방이 분위기를 간파하지 못한 채 짜증을 유발하는 대화를 지속한다면 그냥 참으면서 부글거리기보다는 우회적인 방법으로라도 그것에 대해 얘기하는 것이 낫다. 스트레스받으면서 하는 대화는 결코 유쾌해질 수 없다.

• 말소리에 신경 써라. 좋은 대화를 위해서는 목소리가 너무 크거나 너무 작지 않아야 한다.

• 대화를 시작하기 전에 얘깃거리를 생각해라. 그렇게 하면 불쾌한 대화에서 벗어나는 데 도움이 된다.

• 대화를 주도해야 한다는 부담을 갖지 마라. 다른 사람이 시작할 수도 있다. 대신 즉각 호의적인 반응을 보여서, 대화가 끊어지지 않도록 하는 것이 중요하다.

• '예' 또는 '아니요'의 단답형 질문은 피해라. 의견과 설명이 나올 수 있도록 개방형 질문을 하는 것이 좋다.

Caution

• 가까운 친구 이외의 상대방에게 개인 정보를 물을 때는 너무 깊게 들어가지 마라.

'휴일에는 뭘 하나요?' '이 쇼핑센터에는 무슨 일로 왔어요?' '고향이 어디예요?' '가족들은 잘 지내시죠?'와 같은 가벼운 질문들이 좋다.

• 부끄럽거나 분위기를 어색하게 만들 만한 질문은 피해라. 이런 질문들은 완전히 입을 닫아 버리게 하거나 위축되게 만들 수도 있으므로 주의해야 한다.

새로운 사람들과 대화하는 방법

　우리는 삶의 가치와 다양성을 넓히기 위해 여러 가지 방법을 동원한다. 그중에서 가장 탁월한 방법은 '새로운 사람을 만나는 것'이 아닐까 싶다.

　누군가에게 대화를 건네려면 두려운 마음이 앞서기도 하지만, 일단 용기를 내어 시도해 본다.

　그 사람에 대해 알고 나면, 분명히 아주 잘한 일이라는 생각이 들 것이다.

1. 대화 시작하기

① 공통의 화젯거리를 찾아라

　새로운 사람과 대화를 시작하고 싶으면 공통의 화젯거리를 찾아보도록 하자.

　만약 동네 커피숍에서 줄을 서서 기다리는 중이라면 바로 앞 사람에게, "여기 뭐가 맛있는지 아세요? 이곳의 스페셜 음료들을 한 번도 먹어 본 적이 없어서요."라고 말을 건네는 것도 한 방법이다.

또는 상황에 대한 의견을 말할 수도 있다. "오늘 바깥 날씨 너무 좋지 않나요?"라고 말해 보자. 만약 상대방이 호의적으로 대답한다면 좀 더 구체적인 내용으로 대화를 이어갈 수 있다.

그런가 하면 말을 걸고 싶은 사람에게 자신의 소견을 피력해 보는 것도 좋다. "들고 있는 가방이 너무 예쁘네요."라고 말했을 때 의외로 괜찮은 반응이 돌아오기도 한다.

② 말을 건네기 좋은 상황인지를 파악해라

바쁘게 움직이지 않으면서 친근한 인상을 주는 사람을 찾아봐라. 예를 들어, 줄을 서서 기다리다가 누군가와 눈이 마주친다면 미소를 지으며 질문을 해 보자. 무언가에 집중하고 있거나 다른 사람과 대화 중인 사람에게 말을 거는 것은 피한다.

파티나 모임에서 사람들과 어울리는 데 어려움이 있다면, 음식이 있는 테이블이나 바 근처로 가 봐라. 이곳에서는 "저 시금치 디핑 소스 먹어 보셨어요?" 또는 "이 포도주 따개 어떻게 사용하는지 아세요?" 등과 같은 질문으로 자연스럽게 대화를 시작할 수 있다.

아직 인사를 나누지 않은 직장 동료에게 다가갈 때도 마찬가지 방법을 시도해 볼 수 있다. 그들이 다른 사람들과 대화 중이라면 기다린다. 특히 점심시간은 대화를 시작하기에 아주 적절한 시간이다.

③ 가벼운 인사를 건네라

누군가와 대화를 시작하기 위해 장황하게 대단한 말을 할 필요는 없다. "안녕하세요."나 "어떻게 지내세요?"와 같이 가벼운 인사를 건네라. 상대방이 대답하면 대화가 이어질 수 있다.

구내식당에서 동료와 가벼운 대화를 하고 싶다면 질문으로 시작해라. "주말은 잘 보냈어요? 날씨도 좋았는데 특별한 거라도 했어요?"라고 물어보자.

옆집에 새로 이사 온 이웃과 알고 지내고 싶을 때도 있다. 편지함에서 편지를 꺼내고 있는 그 이웃을 보게 된다면, "새 동네에서 지내기 어떠세요? 맛있는 피자집이 있는데 알려 드릴까요?"라고 말해 본다.

자신에 대한 간단한 말로 시작할 수도 있다. 힘들었던 체력 단련 훈련이 끝난 다음 옆에 있는 사람에게 "우와, 전 나중에 온몸이 쑤실 것 같아요."라고 말해 보자. 이 경우에는 간단한 말로 대화를 시작하되 상대방이 별 부담 없이 반응할 수 있는 내용이 적절하다.

④ 사생활 노출은 피해라

대화를 시작할 때, 상대방이 불편하지 않도록 하는 것이 중요하다. 많은 사람이 대화를 시작할 때 긴장하여 횡설수설하거나 잡담을 하는 경향이 있는데, 그러다 보면 자신도 모르게 자신의 사생활을 노출할 수도 있다.

아주 잘 아는 사람과 개인적인 대화를 하지 않는 한, 자신에 대한 예민한 이야기나 상대방이 불편하게 여길 내용은 말하지 않는 것이 최선이다. 예를 들어, 조금 아는 사람에게 말을 걸 때 최근 산부인과에서 받은 검사 결과 등을 밝히면서 대화를 시작한다거나, 마트의 계산대 직원에게 당신의 10대 딸이 학교 생활을 잘하지 못하는 것 같다는 말 따위는 하지 말아야 한다. 예민해질 수 있는 화제는 자칫 인간관계에서조차 문제를 초래할 수 있다.

⑤ 말을 하지 말아야 할 때는 침묵해라

한동안 침묵이 흐르면 분위기가 자칫 어색해질 수 있다. 이러면 본능적으로 무슨 말인가를 하여 그 침묵을 깨고 싶을 수도 있지만, 상황에 따라서는 아무 말도 하지 않는 것이 가장 좋을 때도 있다.

장시간 비행기를 타게 되면 지루함을 잊고자 옆자리의 승객에게 말을 걸기도 하는데, 만약 상대방이 달가워하지 않는 것 같으면 지루함을 해소할 다른 방법을 찾는 것이 현명한 처사다.

상대방이 눈길을 피한다면, 그것은 대화하고 싶지 않다는 신호이다. 그 사람이 책을 읽거나 헤드폰을 끼고 음악을 듣고 있다면 그 또한 조용히 있고 싶다는 의미일 것이다.

2. 대화 이어가기

① 질문해라

첫 마디를 꺼내 어색한 분위기를 깨고 나면, 대화를 계속 이어갈 수 있는 여러 가지 방법이 있다. 대화를 이어갈 수 있는 좋은 방법은 질문이다. 그 사람이 당신에게 간단한 무언가를 알려 줄 수 있는 질문을 해 본다.

예를 들어, 학교에 아이를 데리러 간다면 다른 엄마들에게 "오늘은 수업이 적은데, 대략 몇 시쯤 끝날까요?"라고 물어봐라. 직장에서는 동료에게 조언을 구할 수도 있다. "OO 씨, OO 씨가 만든 보고서는 항상 완벽해요. 팁 좀 알려 줄 수 있나요?"라고 말하는 식이다.

② 자유롭게 대답할 수 있는 질문들로 이어가라

끊기지 않고 대화를 이어가기 위해서는 어떤 질문이라도 하는 것이 좋은 방법이다. 하지만 핵심은 '네' 혹은 '아니요'와 같은 단답형 대답이 아닌, 자유롭게 주관적으로 대답할 수 있는 내용으로 질문해야 한다는 것이다.

"피닉스 여행 어땠어요?"라고 묻기보다는 "여행한다고 했던 것 같은데, 휴가 동안 뭐 하셨어요?"라고 물어보자. 이는 상대방이 더 부가적인 설명을 곁들여 대답할 수 있게 하는 질문이다.

그다음에는 처음 한 대답에 이어서 대화할 수 있는 내용으로 질문을 계속해 나간다. 만약 상대방이 "우리는 골프를 많이 했어요."라고 말한다면, 당신은 "아 그래요. 핸디캡이 몇이에요? 좋은 골프 수업 있으면 추천해 줄 수 있어요? 저도 골프를 더 잘하고 싶어서요."라고 말할 수 있다.

칭찬을 곁들여서 질문할 수도 있다. 예를 들어, "입고 있는 코트가 참 예쁘네요. 어디에서 사셨어요?"라고 물어보는 것도 괜찮은 방법이다.

③ 대화를 죽이는 주제는 피해라

대화가 어느 정도 진행되고 나면 대화가 조금 편안하게 느껴질 것이다. 하지만 여전히 대화가 부드럽게 이어질 수 있도록 노력을 기울여야 한다.

대화를 잘하는 사람들의 특징은 상대방이 불편함을 느낄 수 있는 주제가 무엇인지, 그것을 어떻게 피하는지를 잘 안다는 것이다.

여러 사람이 모인 곳에서는 정치나 종교적인 견해에 대한 이야기는 되도록 피하라는 말을 들어 본 적이 있을 것이다. 다양한 사람들이 모인 만큼 그에 대한 생각도 천차만별이어서 자칫 이야기를 잘못 꺼냈을 경우 분위기가 냉랭해질 수 있다.

지루한 대화도 피해라. 예를 들어, 당신이 즐겨 보는 TV 드라마나 당신이 돌보는 고양이에 대한 이야기를 장황하게 하는 것은 금물이다. 다른 사람들도 대화에 참여할 수 있도록 기회를 주어야 한다.

또한 억지로 대화하려고 하지 마라. 대신에, 당신의 진정한 관심사에 대해 자연스럽게 말하도록 한다. 만약 흥미나 관심이 없는데도 억지로 괜찮은 척을 한다면 티가 나기 마련이다.

대화는 즐거워야만 지속할 수 있다. 그리고 우리는 자연스레 긍정적인 사람들에게 마음이 기울기 마련이다. 확신이 서지 않는다면, 밝은 주제를 찾아 말하는 것이 좋다. 예를 들어, "3월이 되었는데도 여전히 바람도 차고 춥네요. 그래도 아름다운 봄꽃은 볼 수 있겠지요?"라고 말해 봐라.

불편한 상황이 닥쳤을 때는 위로를 건네는 것도 좋다. 단, 그 상황을 긍정적으로 해석하도록 유도한다. 예를 들어, "이런!

우리 야근하게 생겼는데, 늦은 저녁이라도 할래요? 맛있는 피자집을 알거든요."라고 말해 본다.

④ 대화 주제를 전환해라

길게 이어지는 대화에서는 또 다른 대화거리가 필요해진다. 첫 질문 외에 대화를 이어갈 다른 화젯거리를 찾아라.

다른 화젯거리로는 현재 일어나고 있는 행사나 대중문화에 대한 것이 무난하다. 예를 들어, "최근에 재미있게 본 영화 있어요? 나는 〈영웅〉을 봤는데, 정말 뭉클했어요."라고 말한다.

아울러 새로운 주제로 전환하는 것도 한 방법이다. "아, 그 얘길 들으니 산티아고에 갔던 일이 생각나네요. 혹시 산티아고에 가 보셨어요?"라고 말해 봐라. 이 방법은 대화를 자연스럽게 흐르게 한다.

⑤ 다른 사람들을 대화에 초대해라

더 많은 사람이 대화에 참여한다면 당신이 느끼는 부담이 덜해진다. 다른 사람들이 참여할 수 있도록 하려면 다른 사람들에게 다가가서 대화에 초대해라. 예를 들어, 회사 구내식당에서 식사 중에 앉을 자리를 찾고 있는 동료를 본다면 먼저 다가가서 "저기, ○○ 씨. 여기 ◇◇ 씨랑 나랑 있는데 와서 같이 앉을래요?"라고 말해 본다.

사교적인 모임에서도 이 방법을 쓸 수 있다. 칵테일 파티에서 지인과 대화를 하고 있을 때 만약 근처에 누군가 혼자 서 있는 것을 본다면, "와, 이 새우 정말 맛있네요. 이거 먹어 봤어요?"라고 자연스럽게 대화에 초대한다.

다른 사람들을 당신의 대화에 초대할 때는 형식적으로만 말하지 말고, 대화를 계속 이어갈 수 있도록 도와줘라. 더 많은 사람이 대화에 참여한다면 말할 거리가 더 풍성해질 것이다.

⑥ 다른 사람들의 말을 잘 들어 줘라

상대방의 말을 잘 듣는 것은 말하는 것만큼 중요하다. 좋은 대화 상대가 되려면 적극적으로 듣는 연습도 필요하다.

여러 사람이 대화를 할 때 잘 듣고 있고 공감한다는 것을 말로 표현하면서 반응하면 대화 분위기가 한층 더 좋아진다. "그거 재밌네요."와 같은 일반적인 말도 괜찮지만, "좀 더 자세히 말해 줄래요"라고 끌어들인다면 그 사람이 더욱 즐겁게 이야기를 이어갈 것이다.

당신이 들은 것을 되받아서 다시 표현하는 것도 한 방법이다. "와, 유럽의 모든 나라를 여행했다니 정말 대단하네요."라고 말해 본다. 그 말을 들은 사람은 여행의 경험담을 이야기하거나, 알아 둬야 할 정보를 얘기할지도 모른다.

3. 긍정적인 보디랭귀지 사용하기

① 미소를 지어라

대화할 때, 당신의 보디랭귀지는 당신이 사용하는 단어만큼이나 중요하다. 대화하는 데 가장 효과적인 방법의 하나는 미소를 짓는 것이다. 이는 잘 모르는 사람과 가까워지기에 특히 좋은 방법이다.

반려견 공원에서 당신의 반려견이 다른 반려견과 잘 놀고 있는 것을 본다면, 그 반려견 주인에게 미소를 지어 봐라. 이는 상대방이 당신을 친근하게 느낄 수 있도록 해 줄 것이다.

미소는 공감을 표하는 데도 효과적인 방법이다. 만약 동료 중의 한 명이 당신 책상 옆에 서서 당신에게 이야기한다면, 미소를 지으며 그가 하는 이야기에 관심을 표시해라.

② 눈을 맞춰라

누군가와 대화를 할 때 상대와의 눈맞춤은 매우 중요하다. 이는 당신이 상대방의 이야기를 잘 듣고 있으며, 들은 내용을 존중하고 있다는 것을 나타내는 표현이다.

눈을 맞추는 것은 상대방의 반응을 살펴보는 데도 도움이 된다. 눈은 지루함, 화남이나 애정 등과 같은 감정을 잘 드러내기 때문이다.

눈을 맞추되 빤히 쳐다보지 마라. 상대방의 눈만 내내 쳐다보고 있다면 오히려 불쾌감을 줄 수 있다. 눈을 맞춘 후에는 자연스럽게 주변으로 시선을 돌려라.

③ 고개를 끄덕여라

가벼운 끄덕임은 우리가 할 수 있는 비언어적인 신호 중에 가장 효과적인 방법이다.

고개를 끄덕이는 행위에는 여러 가지 의미가 담겨 있다. 이는 당신이 상대방의 말을 이해하고 있다는 것을 알려 주는 것이기도 하고, 당신이 동의한다는 것을 나타내기도 한다.

다만 무조건 계속해서 끄덕이지는 마라. 표현에 대한 진정성을 의심받을 수도 있으므로 주의해야 하는 동작이다.

④ 자신감을 가져라

당신의 보디랭귀지는 종종 긴장감과 불안감을 나타내기도 한다. 특히 숫기가 없는 사람들은 누군가에게 말하는 것이 두려워서 자기도 모르는 새에 의미 없는 동작을 반복하기도 하는데, 이는 자신감이 없는 것으로 비칠 수 있으므로 의식적으로 피해야 한다.

대화에 자신감을 갖는 가장 좋은 방법의 하나는 상황에 맞는 화젯거리를 준비해 두는 것이다. 예를 들어, 파티에서 새로운 사람들을 만나야 하는 경우라면 파티 분위기에 어울릴 만한 대화거리를 몇 가지 준비한다. 만약 볼링을 같이하는 회원의 생일 파티에 가기로 되어 있다면, 볼링 게임에서 있었던 재미있는 에피소드들을 챙겨 보는 것도 괜찮은 방법이다.

대화에 자신감을 가지려면 매일 새로운 사람에게 말을 걸면서 연습해 봐라. 길에서 만난 사람이나 학교에서 만난 사람도 좋다. 대화를 시작하고 이어가기를 반복하다 보면 어느새 두려움이 사라지고 자신감이 생길 것이다.

자신감은 특히 이성에게 호감을 표하며 다가갈 때의 핵심이다. 당신이 자신 있는 대화의 첫 문장을 찾았다면 당신이 관심 있는 사람에게 다가가 봐라.

예를 들어, "스피닝 수업에서 나오는 음악을 들으면 항상 춤을 추는 것 같아요. 혹시 근처에 라이브 음악을 들을 수 있는 좋은 곳을 아세요?"라고 말해 본다. 이때 미소를 짓고 눈을 맞추며 말한 다음 상대방의 반응을 보면 다음 단계로 진행할 수 있을지의 여부를 알게 될 것이다.

• 쉽게 대화를 시작할 수 있는 말들을 마음속에 간직해 둬라. 그러려면 평소에 다양한 분야의 책을 읽는다든지, 시사 문제를 다루는 방송 프로그램이나 유튜브 등을 챙겨 보는 것도 한 방법이다. 또는 영화나 뮤지컬을 관람하거나 공연 문화에 관심을 두고 참여한다면 대화거리가 한층 풍성해질 것이다.

• 새로운 상황을 두려워하지 마라. 운동이나 취미 생활과 관련된 동호회 등에 가입하여 활동하다 보면 새로운 사람을 만나 대화할 기회도 늘어나고, 대화에도 차츰 자신이 붙게 될 것이다.

대화할 때 어색함을 극복하는 방법

사회적 어색함은 자기 내면의 두려움과 걱정, 그리고 다른 사람들의 시선과 사회적 기대를 충족시키지 못하는 것에서 비롯된다. 그런 연유로 상대방에게 무시당할까 봐 두려워하고 심지어는 친구들이나 가족에게까지 외면당할까 봐 움츠러들기도 하는데, 그러다 보면 타인과의 소통이 점점 더 어려워진다.

하지만 이러한 사실을 이해하고 어색한 상황을 극복하기 위해 방법을 모색해 본다면, 타인과 소통하는 것을 두려워하는 대신 포용하고 받아들일 수 있게 될 것이다.

1. 마음가짐 바꾸기

① 혼자가 아님을 알기

아마도 당신은 주변의 모든 사람이 사회적으로 능숙하다고 생각할 수도 있다. 하지만 현실은 그렇지 않다. 다른 사람들도 당신만큼이나 사회생활을 하면서 스스로 어색해질 것을 걱정한다.

대부분의 사람은 자신을 좋아하는지 아니면 싫어하는지, 좋은 인상을 남기긴 했는지를 걱정한다. 강한 자신감을 가지고 스스로의 행동에 대해 절대 걱정하지 않는다고 보이는 사람들도 사회적인 상호작용 내의 특정 분야에 대해 불안감을 품고 있기는 마찬가지다.

우리는 모두 호감을 얻고 싶어 하며 친구를 원한다. 자신만 혼자가 아니라는 말이다.

② 어색함의 근본 원인이 무엇인지 자신에게 물어보기

어색함을 경험하는 대부분의 사람은 자기 내면의 두려움, 공포, 불안감, 낮은 자신감을 문제로 삼는다. 이 모든 원인은 정말 스스로의 한계를 극복하겠다는 의지력만 있다면, 조금씩 극복해서 자신감을 쌓아나갈 수 있다. 각각의 원인을 극복하려고 할 때는 당신이 어색함을 느낀다고 생각하게 만드는 원인을 확실히 파악해서 자신에게 직접적으로 인식시킬 수 있어야 한다. 어색함을 유발하는 근본적 원인을 빨리 발견할수록, 극복하는 순간도 더 가까워질 것이다.

남의 시선을 의식하는 데는 많은 이유가 있다. 불행한 과거가 있을 수도 있고, 타인에게 이해받지 못한다는 생각을 하거나 특정 상황에서 소통할 때 압박을 느낄 수도 있다(직장에서, 친구들과, 부모님과 대화하는 등). 혹은 주변 사람들의 행동과 동기를 이해하지 못하거나 오해할 수도 있다.

③ 수줍음 극복하기

수줍음에는 종류가 많다. 모든 사람 앞에서 수줍어할 수도 있고, 특정 그룹과 있을 때만 그럴 수도 있다. 그런가 하면 부끄러운 상황이 발생할 것이 두려워 아예 타인과 소통하는 것을 꺼리는 것일 수도 있다.

부끄러움이나 수줍음은 고정된 성격이 아니라 스스로 관리해서 얼마든지 고칠 수 있는 일종의 습관이므로 그러한 특성을 이해하면 얼마든지 극복해 나갈 수 있다.

당신이 부끄러움을 많이 탄다면, 최대한 자신의 틀을 깨고 긴장을 완화한 상태에서 소통해 봐라. 그 일환으로 사회적 이벤트에 참석해서 부끄러움과 외면받는 것에 대한 두려움을 느끼지 않도록 연습해 보는 것도 괜찮은 방법이다.

④ 다른 사람 시선 신경 쓰지 않기

만약 당신이 타인의 시선을 의식하면서 다른 사람들이 당신에 대해 어떻게 생각하고 있을지만 걱정한다면, 타인과의 소통은 점점 더 어려워질 것이다. 물론 생각처럼 쉽지 않겠지만 어색함을 피하는 가장 바람직한 방법은 다른 사람이 당신을 어떻게 인식하는지 신경 쓰지 않는 것이다.

두려움이나 걱정은 버려라. 대부분의 사람이 타인의 시선을 의식한다는 점을 자신에게 상기시키면 훨씬 자연스럽고 침착하게 말하는 자신을 발견할 수 있을 것이다.

정말 중요한 것이 무엇인지 생각해라. 세상에는 많은 사람이 있고, 물론 당신을 싫어하는 사람과 만날 수도 있다. 당신도 싫어하는 누군가가 있지 않은가? 누구라도 싫어하는 사람이 없는 것이 가장 바람직하겠지만 그럴 수 없다는 것을 당신도 알고 다른 사람들도 알 것이다. 그러므로 모든 사람의 마음 상태를 알아야 하는 것은 아니라고 생각해라.

만약 상대방이 친구라면 어떨까? 당신을 정말 소중히 여기는 친구라면, 당신의 의견이 마음에 들지 않아도, 당신이 일을 망쳐도 당신을 위해 그 자리에 있어 줄 것이다.

⑤ 사회 불안 장애가 있는지 알아보기

사회 불안 장애는 학교나 직장, 각종 모임과 같은 일상생활에 심각한 지장을 받는 정신 질환의 일종이다. 사회 불안 장애로 고통받는 사람은 정말 신뢰할 수 있는 친구와 가족을 제외한 모든 대인 관계를 회피한다.

사회 불안 장애는 다른 사람들이 자신의 말과 행동을 꼼꼼하게 살펴보고 따지면서 수치심을 안겨 줄 것으로 생각하는 지속적인 두려움에서 기인한다.

아무리 애를 써도 좀처럼 두려움이 사라지지 않는다면, 이것은 장애라는 사실을 인식하고 전문가의 도움을 받아야 한다.

⑥ 자기감정 인식하기

어색함을 언제 느끼는가? 갑자기 이상하게 덥거나, 땀이 나거나, 불편하거나, 조마조마하거나, 과도하게 민감해지는 때가 언제인지를 확인해 봐라. 어색하고 불안한 상황 속에서 자기 몸이 느끼는 감각에 대한 인식력을 높이면, 아드레날린이 몸속을 휩쓸고 다니면서 도망 다니거나 숨고 싶다는 충동을 들게 한다는 사실을 인식할 수 있을 것이다.

또한 자신이 스스로의 언행에 필요 이상으로 비판적이지는 않은지 살펴봐라. 혹시 무력감이나 무능하다는 느낌이 든다면, 자신이 느끼는 감정에 파장을 맞춰서 자신의 감정 상태가 어떤지를 파악해라. 그래야만 문제를 해결할 수 있는 열쇠를 찾을 수 있을 것이다.

2. 두려움 줄이기

① 자기 대화 사용하기

다른 사람이 당신에 대해 어떻게 생각하는지를 걱정하는 것에서 놓여나려면, 우선 자신을 침착하게 만드는 것으로 초점을 옮겨야 한다. 이때 사용하는 방법이 '자기 대화'이다.

사회적 불안감을 느낄 때 다음 문장들을 사용하여 '자기 대화'를 시도해 봐라. 스스로가 편안하다고 생각되어 상황을 극복하는 데 도움이 될 것이다.

'괜찮을 거야. 내 감정이 비합리적일 때도 있으니까. 일단 마음을 진정하고 침착한 상태로 들어가자.'

'내 마음속의 나쁜 기분에만 집중하고 있는 거 같아.'

'사람들도 다 친절하고, 같이 얘기하는 게 생각보다 재밌는 거 같아.'

'난 여기에 혼자서 즐기러 왔어.'

② 긴장 푸는 법 익히기

다른 사람과 만나기 전에 몸과 마음의 긴장을 풀어라. 강박감이 덜해져서 방어적인 태도를 덜 취하게 되고, 상대방과 허심탄회하게 대화할 수 있게 된다. 또한 사회적 상황을 두려워하기보다는 포용할 가능성이 더 커지고, 현재 느끼고 있는 불안감까지 진정시켜 주는 효과를 얻게 된다.

평소에 긴장 푸는 법을 익히려면 자신이 가장 편안하게 느끼는 장소에서 연습하는 것이 좋으며, 불안감이 느껴지는 순간을 극복하기 위해서는 심호흡을 하는 것이 도움이 된다.

③ 다른 관점으로 바라보기

갑작스럽게 불편하거나 당혹스러운 일이 생기면 어떻게 하는가? 피할 수 없다면 즐기라는 말도 있듯이, 어색한 상황 속에서 무언가 웃긴 요소를 찾아보도록 해라. 그러면 처한 상황을 불안해하는 대신 다른 관점에서 바라볼 수 있는 여유가 생긴다.

대화하다가 갑자기 할 말이 없어진다거나, 중요한 말을 하려는 순간에 시끄럽게 차가 지나간다거나, 걷다가 갑작스럽게 바닥에 발이 걸려 넘어지는 상황은 우리가 예측할 수도 없고 막을 수도 없다. 이럴 때는 상황을 수습하려고 애쓰는 것보다 웃는 것을 선택하는 것이 낫다. 사람들이 당신을 보고 웃는 것이 아니라, 당신과 같이 웃을 수 있도록 분위기를 유도한다면 당혹감이나 긴장감을 해소하는 데 도움이 될 테니 말이다.

또한 사회적인 상황에서 어색하지 않으려면 스스로를 너무 진지하게 받아들이지 말아야 한다. 다른 관점으로 상황을 바라보면 부담감도 줄어들고 마음도 가라앉기 때문이다.

④ 긍정적인 요소에 집중하기

어색한 상황이 계속되면 모든 일이 잘못되어 가고 있다는 생각이 들 수 있다. 때문에 의도적으로라도 긍정적인 요소에 초점을 맞추려는 노력이 필요하다.

주변에서 잘 돌아가고 있는 상황이나 요소를 찾아봐라. 긍정적인 요소를 찾다 보면, 어색하게 여겨졌던 말이나 행동이 넓은 관점에서 상황을 바라봤을 때 그다지 크게 영향을 미치지 않는다는 것을 이해하게 될 것이다.

따라서 한 번 일이 잘못됐다고 해서 모든 사회적 소통이 실패할 것이라고 일반화시키는 오류를 범하지 않도록 주의해야 한다. 여태까지 성공적으로 대화를 했던 적이 한 번도 없었는가? 그렇지 않을 것이다. 이번에는 그냥 생각대로 일이 돌아가지 않은 것뿐이다. 당신의 탓이 아니다.

⑤ 자신감 키우기

자신감이 없는가? 그러면 자신감이 생길 때까지 흉내라도 내 봐라. 상대방에게 최대한 친절하게 대해 봐라.

두려움, 불안감, 공포감이 엄습하고, 숨거나 도망가고 싶은 충동이 느껴지는 상황 속에서 자신감을 느끼기는 쉽지 않다. 그래서 흉내를 내는 것이다.

"일이 잘못되어 봐야 얼마나 잘못되겠어?"라고 자신에게 물어보라. 그다음에 주변과 소통하기 위해 적어도 한 가지 이상의 행동을 시도해 봐라. 당신이 이전에 걱정했던 것과 같은 최악의 상황은 일어나지 않는다고 봐도 무방하다. 오히려 시도하는 행동 자체가 타인과의 소통에 있어 좋은 출발점이 될 것이다!

자신감을 향상시키는 다양한 방법을 배워서, 자신감을 쌓아가도록 해 보자.

⑥ 자신한테 친절하게 대하기

사회적으로 어색하다는 것은 어떤 상태가 아니라, 일시적인 과정이다. 시간이 지나면 다음 단계로 나아가고, 그로 인해 다양한 긍정적 경험을 하게 될 것이다.

모든 사람은 살면서 실수를 한다. 과거에 정말 창피했던 기억이 아예 없는 사람은 세상에 존재하지 않는다.

자신한테 친절하게 대하면 과거의 창피했던 일을 되돌아보면서 웃을 수 있게 된다. 또한 그 실수가 당신을 망가뜨릴 힘을 가지고 있지 않음을 인식하게 되고, 아울러 누군가에게 즐겁게 말할 수 있는 하나의 이야깃거리에 지나지 않음을 이해하게 될 것이다.

3. 사교 능력 키우기

① 경청하는 법 배우기

재치 있는 일화로 대화를 시작할 준비가 되어 있지 않아도 다른 사람들과 소통할 방법들이 있다. 바로 상대의 말을 경청하는 것이다.

상대방의 말을 신경 써서 듣는 것만으로는 소통의 부담감을 느끼지 않는다. 굳이 머리를 써서 똑똑하게 보이지 않아도 되기 때문이다. 단순히 상대의 말을 듣고 적절한 반응을 보여 주기만 하면 된다.

대부분의 사람은 자신이 말을 할 때 관심 갖고 들어 주면서 반응을 보여 주는 것을 좋아한다. 상대방이 말하는 도중에 고개를 끄덕여서 당신이 잘 듣고 있다는 것을 보여 줘라. 추가로 시선도 마주치고, '아', '그렇구나'와 같은 말을 해서 말을 이해했다는 뜻을 전달하는 것도 좋다.

경청하는 도중에는 상대방의 말을 다른 말로 바꿔서 표현하거나 끝부분을 반복해 보자. 예를 들면 "아, 그러니까 ○○을 했다는 말이군요."라고 말해 볼 수 있을 것이다.

질문하고 싶으면 상대방의 말을 듣고 난 후 해야 한다. 상대방의 말이 채 끝나기도 전에 질문하는 것은 상대방을 존중하는 행위가 아니다. 아울러 무례한 말이나 개인적인 질문도 당연히 피해야 한다. 하지만 상대방이 말한 내용이나 의견에 대해서는 계속해서 질문하는 것이 좋다.

② 호의적인 보디랭귀지 사용하기

방어적인 모습을 보이는 대신 열린 마음으로 환영하고 있음을 보이도록 해라. 우리는 동작이나 표정 등을 통해 이를 쉽게 전달할 수 있다.

팔짱을 끼고 있거나 다리를 꼬는 것은 상대방과의 소통에 흥미가 없다는 것을 의미한다. 시선을 피하는 것 역시 상대방의 말에 관심이 없음을 드러내는 행위이다. 따라서 소통할 때는 몸을 구부정하게 하고 앉아 있거나 다리를 꼬고 앉아 있는 행위는 금해야 한다.

원활하게 소통하기 위해서는 고개는 똑바로, 시선은 상대방과 마주치도록 해라. 항상 개방되고 열린 자세를 유지할 수 있도록 신경 써라.

③ 잡담 나누기

사소한 잡담을 나누면 자연스럽게 상대방을 개방적으로 만든다. 처음 만난 사람들과 가볍게 대화를 나누고 싶다면 먼저 사소한 주제로 잡담을 시작해라. 환절기인데 감기에 조심해야겠다고 한다든지, 오늘처럼 날씨가 화창할 때는 여행을 가고 싶어진다는 등의 소재를 꺼낼 수 있을 것이다. '날씨'와 관련된 이야기는 언제 해도 무방한 영원한 화젯거리라고 하지 않는가.

공통점을 찾아봐라. 좋아하는 스포츠팀이 어디인지, 좋아하는 방송 프로그램이 무엇인지를 물어보는 것도 좋은 방법이다. 아니면 같은 반려동물을 기르고 있는지 등을 격식 없이 묻다 보면 공통점을 발견할 수 있게 되어 대화가 한층 수월해진다.

주변 환경을 이용해라. 만약 카페에서 누군가를 만났다면, 그 가게의 대표 메뉴를 추천해 달라고 말해 봐라. 또는 만난 장소가 야외라면, 그 부근에 가 볼 만한 곳이 어디인지 추천해 달라고 하거나 어떤 활동을 하는 것이 좋은지 물어봐라. 그런 식으로 얘기를 시작하면 어색하거나 머쓱한 상태에서 벗어나 대화를 이어갈 수 있을 것이다.

④ 친절하게 대하기

처음부터 상대방이 당신과 소통하기를 원한다고 가정하면,

당신은 무의식적으로 상대방에게 더 친절하고 열린 자세로 다가갈 수 있게 될 것이다. 물론 당신이 아무리 친절하게 대해도 입과 마음이 꽉 닫힌 것처럼 반응을 보이지 않는 사람도 있을 것이다. 하지만 그건 상대방의 문제일 뿐이지 당신이 소통을 포기하고 도망가거나 자신을 탓할 이유가 되지는 않는다.

다른 사람의 행동을 당신이 책임질 필요는 없다. 상대방에게 좋지 않은 일이 있을 수도 있고, 자라온 환경이 달라 받아들이는 것이 달랐을 수도 있다. 그 이유가 무엇이 됐든, 당신과는 직접적인 관련이 없다는 뜻이다.

당신이 상대방에게 먼저 친절히 대하면 대부분은 상대방도 마음을 열게 되어 어색한 분위기를 깨기가 쉬워진다. 그렇게 되면 상대방도 당신 주변에서 더 편하고 개방된 태도를 보일 수 있는 자유를 만끽할 것이다.

⑤ 농담해 보기

물론 타이밍을 잘못 잡으면 '사회적 신용'을 바로 잃어버리고 어색함 속에 홀로 남겨질 수도 있다. 하지만 적절하게 올바른 톤으로만 하면 아무리 긴장된 상황이라 하더라도 쉽게 풀어나갈 수 있게 하는 것이 바로 농담이다.

상황을 온몸으로 느껴 보아라. 분위기가 약간 무겁다면, 완벽한 농담이 분위기를 풀어줄 것이다.

하지만 사람들이 정말 중요하고 심각한 논의를 나누고 있다면(조부모의 사망 문제와 같은), 상황이 해결되기 전까지는 유머를 사용할 생각은 접어 두는 것이 바람직하다.

⑥ 의미 있는 칭찬하기

칭찬할 때 무엇보다 중요한 것은 적절한 때에 진심을 담아 하는 것이다. 진심은 조금도 없이 말만으로 하는 칭찬은 하지 마라. 만약 당신이 칭찬하는 것에 익숙지 않다면, 다른 사람들이 언제 칭찬을 하는지 살펴보고 따라 하면 된다.

칭찬할 때는 상대방의 액세서리, 옷차림, 머리 모양과 같이 외견적인 것에서 시작하여, 상대방을 더 알고 친해지게 되면 보다 개인적이고 깊은 내용으로 넓혀 가는 것이 자연스럽다.

상대방의 성격이나 특성에 대한 칭찬은 외모에 대한 칭찬보다 더 특별한 기분을 안겨 줄 수 있다. 친구에게 유머 감각이 풍부하다고 말하거나, 성격이 밝아 새로운 사람들과도 금방 친해진다고 칭찬해 봐라. 반응이 달라질 것이다.

신체적인 내용을 가지고 칭찬할 때는 오해의 소지가 없도록 해야 한다. 특히 여성의 외모와 관련해서는 가볍게 관심을 두는 정도가 좋다. 아무리 칭찬이라 해도 너무 디테일하면 당신의 의도와는 다르게 상대방이 무례함이나 수치심을 느낄 수도 있으므로 주의해야 한다.

⑦ 무엇을 피해야 하는지 알기

물론 사회적 상황에 따라 다르긴 하지만, 사교적인 사람이 되기 위해서는 공통으로 피해 줘야 하는 요소들이 있다. 피해야 할 발언이나 행동이 무엇인지 알아 두면 사람들이 모여 있을 때 불편함을 느끼는 일은 거의 없을 것이다.

상대를 잘 모르면서 넘겨짚거나 지극히 개인적인 질문을 하지 마라. 또한 자신과 다르다고 해서 이상하다든가 이해할 수 없다고 말하지 마라. 체중이 왜 갑자기 늘었는지, 왜 아무도 사귀고 있지 않은지를 물어보는 등의 행위는 사회생활의 기본을 모르는 것이나 다름없다.

상대방과 가까워지고 싶더라도 기본적인 거리를 두고 상대방의 개인 공간을 존중해 줘야 한다. 그렇다고 몇백 미터를 떨어질 필요까지는 없다.

⑧ 예절 배우기

같이 시간을 보내고 있는 조직 내에서 통용되는 사회적 규범을 모른다면 관심 갖고 노력해서 배워야 한다. 아무리 사회적 적응력이 뛰어나다고 해도 기본 규범을 모르면 겉돌거나 어색함을 느낄 수 있기 때문이다.

특히 자신이 생활하는 곳에서 벗어나 다른 지역이나 다른 나라에 갔을 경우 이 부분을 신경 써야 한다. 항상 기본적 예절을 지키면서 "감사합니다."를 잊지 말아야 한다.

⑨ 밖에 나가 보기

집에서, 컴퓨터 화면 뒤에서, 자기만의 작은 방어막 안에 숨어서 다른 사람과의 만남을 피하는 것은 어색함을 이겨내는 데 전혀 도움이 안 된다. 당신이 사람들과의 소통을 두려워하거나 그럴 필요성을 느끼지 못한다면서 대부분의 시간을 집이나 컴퓨터 앞에서만 보낸다면, 사교 능력은 결코 키울 수 없을 것이다.

또한 세상에는 거만하고 무례한 사람도 있다는 사실을 기억해라. 그 사람들은 사회적 규범에 속하지 않은 사람들이므로 당신이 도망치는 이유가 될 필요가 없다. 이렇게 무례한 사람들을 상대할 때는 자신의 존엄성을 유지한 채 거리를 벌리는 간단한 방법을 익혀서 사용하면 된다. 짧게 고개를 끄덕이며 "만나서 반가웠어요."라고 말한 뒤 등을 돌려서 멀어지면 그만이다.

그런데 거만하고 무례한 사람과의 대화가 아니더라도 진전이 없거나 같은 말을 무한 반복하는 대화, 너무 지루해서 어색함이 감도는 대화는 끝내고 싶어지기 마련이다. 하지만 상대방에게 부정적 인상을 주지 않고 끝내기는 쉽지 않다. 상대방이 한참 이야기를 하고 있는 중에 대화를 끝낸다는 것은, 그 자체만으로도 상대방을 불쾌하게 만들 소지가 다분하기 때문이다. 따라서 무리하게 끝내려고 하기보다는 상대방이 자신의 대화를 원만하게 매듭지을 수 있도록 도와주는 것이 더 현명한 방법이 아닐까 싶다.

• 대화할 때 어색함을 느끼는 것은 당신만이 아니다. 새로운 사람을 만나거나 익숙하지 않은 상황에서는 많은 사람이 어색함을 느끼기 마련인데, 특히 사회적 경험이 많지 않은 청소년과 청년들은 아무래도 어색함을 느끼는 정도가 더 클 수밖에 없다.

그러나 어색하다고 해서 무턱대고 대화하는 것을 두려워하거나 피하는 것은 바람직하지 않다. 성장해 나가면서 다양한 경험을 쌓아가다 보면 어색한 감정은 어느새 사라지고, 낯선 상황이 갑작스럽게 닥치더라도 당황하지 않고 극복하는 방법을 찾아 나갈 수 있을 것이다.

• 걱정하지 마라. 그리고 절대 확대하여 해석하지 마라. 상대방과의 소통 목적을 간단하게 할수록 더 좋다.

• 상대방과 소통하기 위해, 혹은 감동을 주기 위해 자신의 성취나 행동을 자랑하지 않도록 해라. 만약 당신이 스스로를 조절하지 못하고 자신에 대한 자랑을 쏟아냈다면, 일단 멈추고서 사과를 한 다음 상대방에게 대화의 초점을 옮겨라.

대화로 원만한 인간관계 만드는 방법

대화라는 게 참 어렵다. 어색하게 느껴질 때도 있고, 당신이 대화하는 사람과 공통점을 거의 갖고 있지 않을 수도 있다.

좋은 대화 상대가 되는 것은 당신이 상상하는 것만큼 어렵지 않지만, 연습이 필요하다. 저녁 식사 자리나 학교나 직장에서, 또는 전화상으로 하는 좋은 대화는 두 명 이상의 사람들이 서로 이야기하는 것을 편안하게 느낄 때 시작된다.

거의 모든 사람과 편안한 상태로 좋은 대화를 나눌 수 있는 방법을 단계별로 배워 보자.

1. 대화 시작하기

① 완벽한 타이밍을 잡아라

타이밍을 잘 잡는 것은 좋은 대화를 시작하는 비결이다. 바쁘거나 무엇인가에 몰두하고 있을 때, 방해받는 것을 좋아하는 사람은 아무도 없다. 누군가와 대화를 시작할 때는 타이밍이 핵심이라는 점을 명심하자. 예를 들어, 당신이 직장 상사와 중요한 대화를 할 필요가 있다면, 사전에 대화할 시간을 계획하도록 한다. 그러면 당신과 직장 상사 모두가 생산적인 대화에 전념할 수 있는 시간을 가질 수 있을 것이다.

타이밍은 즉흥적인 대화를 위해서도 중요하다. 당신이 새로운 이웃을 만나기 위한 방법을 찾고 있다고 가정해 보자.

만약 누군가가 비를 흠뻑 맞은 채로 건물로 들어오거나, 지친 모습으로 음식이 담긴 봉투를 들고 있는 것을 본다면, 대화를 시작하고 싶지 않을지도 모른다. 이런 상황에서는 간단하게, "안녕하세요?"라고 말하면 충분하다. 서로 알아가는 것은 더 좋은 시간을 위해 아껴두면 된다.

누군가가 당신과 시선을 마주쳤다면, 대화를 시작하기 좋은 타이밍일 것이다. 예를 들어서, 서점에서 책들을 둘러보고 있는데, 당신이 찾고 있는 분야의 책을 옆의 사람이 자주 훑어본다면, 그 사람에게 말을 걸어보자. "이 책 재미있어 보이네요. 추리소설 좋아하세요?"

새로운 강아지를 분양받는 것에 대해 배우자와 이야기하고 싶은 경우, 적절한 타이밍을 잡아야 한다. 배우자가 아침형 인간이 아니라는 것을 안다면, 일어나서 커피를 마시기 전에는 그 대화 주제를 꺼내지 않도록 한다.

② 주변 상황에 대해 이야기해라

순간을 잘 포착해서 대화거리를 찾아내는 것은 대화의 기술을 향상시키는 훌륭한 방법이다. 일상에서 만나는 누군가와 대화를 시작하는 것을 매일 시도해 보자. 예를 들자면, 공연장에서 당신 뒤에 줄 서 있는 사람에게 말을 걸어볼 수 있다. 주변 상황에 대한 언급이나 공연과 관련된 질문을 해 보자. "오늘 정말 사람이 많네요. 혹시 오늘이 공연 마지막 날은 아니죠?" 이것은 자연스럽게 대화를 시작할 수 있는 좋은 방법이다.

시작은 긍정적인 내용으로 시작한다. 보통 유쾌한 이야기를 하면 부정적인 것을 이야기하는 것보다 더욱 효과적이다. "날씨가 좋지요? 이런 날은 좋은 사람들과 만나 커피 한잔하고 싶지 않나요?"와 같이 말할 수 있다.

③ 사람들을 기억해라

많은 사람이 일상 속에서 여러 사람과 만남을 가진다. 직장에서 일할 때도 직간접적으로 많은 사람을 만나고, 동네에서는 이웃 주민을, 자녀들의 학교에서는 교사들을 비롯하여 학부모 등 많은 사람을 만나게 된다.

만나는 사람이 많다 보면 이름과 얼굴을 올바르게 기억하는 것이 어려울 수 있다. 하지만 친밀한 관계를 유지하는 경우에는 가급적 이름을 기억하는 것이 좋다. 대화 속에서 이름을 부름으로써 유대 관계가 강화되기 때문이다.

당신이 처음으로 누군가의 이름을 알게 되었을 때, 대화 중에 그것을 반복해라. 상대방이 "안녕하세요. 저는 이지영입니다."라고 인사하면, 당신은 "반갑습니다, 이지영 씨."라고 받아주는 것이 바람직하다. 곧바로 반복하면 그 이름을 기억에 새기는 데도 도움이 된다.

④ 칭찬해라

좋은 말을 하면 어색함을 누그러뜨릴 수 있다. 대부분의 사람은 칭찬받을 때 긍정적으로 반응한다. 구체적인 내용을 선택하여 칭찬하되, 반드시 진실해야 한다. 칭찬의 내용뿐만 아니라 목소리의 톤과 표정에도 신경을 써서, 진심으로 칭찬한다는 것이 전해지도록 하는 것이 좋다.

더 잘 알아가고 싶은 직장 동료에게 격려하는 말을 해 보자. "오늘 제출한 계획서 정말 좋았어요. 놓치기 쉬운 내용을 정말 섬세하게 잘 포착했더라고요."와 같은 말을 할 수 있다.

이러한 방식으로 말하면, 긍정적인 대화를 시작함과 동시에 계속해서 대화해나갈 수 있는 문을 열게 된다.

2. 적극적인 참여자 되기

① 대화를 발전시킬 수 있는 질문을 해라

몇 사람이 모여 친목을 다질 때는 따로 놀거나 겉도는 사람 없이 모두가 적극적으로 참여해야만 좋은 분위기가 지속될 수 있다. 또한 좋은 분위기에서 계속 대화를 이어 나가게 하려면 저마다 발전적인 대답을 할 수 있는 질문을 자연스럽게 하는 것이 필요하다.

"날씨가 좋네요. 그렇죠?"라고 묻는 것과, "이렇게 날씨가 좋은데 오늘 어떤 계획이 있으세요?"라고 묻는 것 중 어느 쪽 대화가 더 발전적인 대답을 끄집어낼 수 있을까? 앞쪽 질문은 '네', 또는 '아니요'만 요구하므로 대화가 바로 중단될 수 있다. 반면 뒤쪽 질문은 자기 생각이나 느낌을 담아 대답할 수 있으므로 앞쪽 질문보다는 더 발전적인 대답을 끄집어낼 수 있다.

또한 상대방이 말한 내용을 명백하게 해둬야 할 필요가 있는 질문을 하자. 만약 십대인 당신의 자녀와 규칙에 대해 대화하고 있다면, "네가 충분한 자유가 없어서 답답해한다는 이야기를 들었어. 답답함을 없애려면 어떻게 하는 것이 좋을까?"라고 질문해 본다.

② 적극적으로 들어라

좋은 대화로 발전시키려면 적극적으로 듣고 있다는 것을 보여 줄 필요가 있다. 응답하면서 토론에 참여하고 있다는 사실을 대화 상대에게 보여 주면, 상대방은 자신이 존중받고 있다는 느낌을 받게 될 것이다.

당신은 신체적이고 언어적인 신호들을 모두 사용하여 적극적으로 듣고 있다는 것을 나타낼 수 있는데, 이것은 효과적인 대화로 발전시키는 데 매우 중요한 역할을 한다.

긍정적인 보디랭귀지를 사용함으로써 다른 사람에게 듣고 있다는 사실을 보여 줄 때는, 대화하는 동안 반드시 시선을 맞춰야 한다. 또한 적절한 때에 고개를 끄덕이거나 저어서 표현하는 것도 선택할 수 있는 하나의 방법이다.

또한 언어적 신호로써 대화에 참여하고 있다는 것을 같은 자리에 있는 사람들에게 알릴 수도 있다. "재밌네요!"처럼 단순한 말도 괜찮고, "잘 모르겠는데, 당신이 마라톤을 할 때 어떤 것을 느끼는지 좀 더 얘기해 줄 수 있겠어요?"와 같이 더 많은 내용을 담는 것도 좋다.

당신이 적극적으로 듣고 있다는 것을 나타내는 또 다른 방법은 주고받은 대화 중에서 몇 가지 내용을 다시 언급하는 것이다. 다른 말로 바꿔서 표현해 보자. 예를 들면, 이렇게 말할 수 있다. "새로운 자원봉사 기회를 알아보고 계시다니 정말 대단하시네요. 새롭고 의미 있는 일에 도전하는 것을 좋아하시는 것 같아요."

적극적으로 듣는 것은 상대방이 말한 내용을 계속 유지하고 생각하는 것이다. 대답을 만들려고 노력하기보다는, 동석한 사람들이 말하는 내용을 듣는 데 집중하고 소통하는 것이 중요하다.

③ 진심으로 대화해라

대화할 때, 상대방에 대한 당신의 관심이 진실하다는 것을 보여 주는 노력이 필요하다. 예를 들어, 당신은 당신의 직장 상사와 더 가까워지고 싶은데, 직장 상사는 업무의 양이 많아 사소한 대화를 나눌 시간이 없다고 하자. 이럴 때는 잡담을 하기보다는, 일과 관련된 관계를 맺으려는 노력을 해 보는 것이 낫다. 상사가 지시한 프로젝트에 관련된 일을 하는 중이라면, 프로젝트에 필요한 내용에 대해 조언을 요청해 보는 것이다. 진실한 태도로 상사의 의견을 받아들인다면 그러한 진심이 상사에게도 전달될 것이다.

공동 주차장에 세워진 이웃의 승용차에 특이한 엠블럼

(emblem)이 붙어 있다고 하자. 당신은 그것이 무엇을 상징하는 것인지 궁금할 것이다. 이웃집 사람을 만났을 때 솔직하게 물어보자. "차에 특이한 엠블럼이 붙어 있던데, 무엇을 상징하는 건가요?" 이것은 대화를 시작하는 자연스럽고, 진실한 방법이다. 궁금한 점을 자세히 설명해 주면 친근감이 생겨, 다른 주제들로 대화를 확장할 수도 있다.

④ 공통점을 찾아라

좋은 대화를 위해서는 상대방의 관심이 무엇인지 파악하는 것이 필요하다. 당신과 공통점이 있는 것을 발견하면, 그것이 상대방을 알아갈 수 있는 훌륭한 주제가 될 수 있다. 당신은 공통점을 찾기 위해 몇 가지 질문을 해야 할 수도 있지만, 그만한 노력을 할 가치가 충분하다.

취미 모임에서 만난 사람과 더 친해지고 싶지만, 어떤 사람인지를 잘 모르기 때문에 어떻게 대화를 시작해야 할지 난감하다. 그럴 경우 새로운 공연이나 요즘 재미있게 읽은 책에 대해 이야기해 보자. 좋아하는 것이 비슷하다는 것을 알게 될 수도 있다.

모든 방법이 효과가 없다면, 사람들이 일반적으로 좋아하는 주제를 꺼내 보자. 많은 사람이 관심을 두는 맛집이나 건강식, 다이어트 식품에 대한 이야기도 좋다. 어떤 음식을 좋아하는지 물어보고, 거기서부터 대화를 시작해 본다.

⑤ 최근의 뉴스들을 기억해라

세계 곳곳에서 어떤 일들이 일어나고 있는지 관심을 두자. 누군가가 최근에 일어난 사건에 대한 이야기를 꺼냈을 때, 중간중간 거들어 주면 도움이 될 것이다. 매일 아침 몇 분간 주요 뉴스의 머리기사를 훑어본다. 여러 가지 지식이 있으면 대화에 참여하는 것이 훨씬 쉬울 것이다.

또 다른 기법은 대중문화를 아는 것이다. 새로 개봉된 영화나 음악에 대한 정보가 많으면 친구들, 직장 동료, 또는 출퇴근 길에 만난 사람들과 재미있는 대화를 할 수 있다.

부딪치기 쉬운 주제(정치, 종교 등)는 다루지 않도록 한다. 자칫 대화가 아닌 말싸움으로 번질 수도 있기 때문이다.

⑥ 당신의 보디랭귀지를 점검해라

신체적인 행동은 얼굴을 마주하고 하는 모든 대화에서 중요한 요소이다. 시선을 맞추는 것은 특히 중요하다. 다른 사람을 응시하면 당신이 그 대화에 참여하고 있고 집중하고 있다는 표시이다.

시선을 맞추는 것이 단순히 다른 사람을 응시해야 한다는 뜻은 아니다. 말하는 시간의 50%, 듣는 시간의 70% 정도 시선을 맞추도록 노력한다.

대화에 참여할 때, 다른 비언어적 신호들을 사용할 수 있다. 이해하고 있다는 것을 보여 주기 위해서 고개를 끄덕이고, 긍정적인 반응이 요구될 때는 미소를 지어 보인다.

또 하나 기억할 것은, 대화할 때 그저 동상처럼 가만히 앉아 있기만 해서는 안 된다. 몸을 조금 움직여 보자(그렇다고 정신나간 사람처럼 몸을 움직여 보는 이가 불편해하거나 좋지 않은 인상을 주지 않도록 한다). 다리를 약간 꼬아 보기도 하면서 대화가 흥미롭다는 걸 표현할 수 있도록 해 보자. 몸은 말보다 더욱 강력한 대화의 무기이다.

⑦ 지나친 정보공개는 삼가라

사람들이 어떤 말을 불쑥 내뱉은 다음, 그 즉시 후회하는 경우가 적지 않다. 너무 많은 정보를 말했을 경우, 당신과 상대 방 모두가 어색함을 느낄 것이다. 지나친 정보공개를 방지하려면, 그러한 일이 언제 자주 일어나는지를 알기 위해 스스로 노력해야 한다.

지나친 정보공개는 당신이 긴장하거나, 특히 좋은 인상을 주고자 할 때 많이 발생한다. 따라서 중요한 취업 면접을 보러 갔을 경우, 면접 장소에 들어가기 전에 조용히 깊은 호흡을 해라. 또한 당신의 생각을 언어로 표현하기 전에, 무엇을 말할지에 대해 머리로 그려 보는 시간을 잠시 갖는 것이 좋다. 말의 속도도 천천히 하는 것이 좋다. 보통 속도의 1/3에 해당하는 속도로 말해 보자.

상대방과 당신의 관계를 평가한다. "이것에 대해 얘기하기에 적절한 사람인가?" 정보를 공개하기 전에 자신에게 물어라. 공연장에서 당신 뒤에 줄을 서 있는 사람과 치질과 같은 질병이 재발한 이야기를 하고 싶지는 않을 것이다. 그 사람은 그러한 정보가 필요하지도 않고, 듣기 불편한 주제일 테니 말이다.

기억해야 할 것은, 누군가를 알아가기 위해 내 개인 정보 일부분은 공개해도 괜찮다는 점이다. 그저 한 번에 모든 것을 공개하지 말라는 소리이다. 대화할 때마다 자신에 대한 정보를 한두 가지 정도 제시함으로써 대화에 대한 불안을 줄이고 보다 깊은 관계를 이어 나가도록 연습해 보자.

자신에 대한 정보를 나눈다는 것이 거절당하지는 않을까, 비판받지는 않을까 하는 생각에 다소 두렵다고 느껴질지도 모른다. 하지만 이는 관계를 키워나가기 위해 필수적인 과정이다.

3. 좋은 대화에서 유익함 얻기

① 의사소통이 원활하면 인간관계도 강화된다

의사소통은 다른 사람과의 관계를 강화하는 가장 좋은 방법의 하나다. 대화는 가장 효과적인 의사소통의 한 형태이므로, 언어를 통해 연결되면 개인적인 유대 관계가 한층 강화된다는 말은 상당히 일리가 있다. 당신이 정말로 관심이 가는 사람이 있으면 깊은 대화를 시도해 봐라.

저녁 식사 자리에서 좋은 대화를 나누는 것이 한 가지 방법이다. 당신이 로맨틱한 배우자와 함께 산다면, 식사하는 동안에 텔레비전 보는 것을 멀리하고, 일주일에 몇 번은 공통의 관심사에 대해 대화하도록 노력하자.

"내년 휴가 때는 우리가 그간 가 보지 못한 오지 여행을 해보면 어떨까요?"와 같은 질문들을 해 본다. 이런 종류의 질문들이 서로의 관심사와 부합되면, 그 여행을 위해 더 많은 정보를 찾아보고 의견을 나누는 등으로 대화가 끊이지 않을 것이다. 그러다 보면 부부 사이도 더 끈끈해질 것이 분명하다.

② 좋은 대화는 동료와의 유대 관계도 좋아지게 한다

좋은 대화를 나누는 것은 더 나은 직장생활을 위한 훌륭한 방법이다. 직업적인 면에서의 발전을 도와줄 뿐만 아니라, 일상생활을 더욱 즐겁게 만들어 줄 것이다.

업무 이외의 주제들을 가지고 직장 동료와 대화를 해 보자. 좋은 유대 관계를 형성하면 함께 프로젝트를 수행하게 되었을 때, 한층 자연스럽게 의사소통이 가능해져 일도 효과적으로 수행할 수 있게 될 것이다.

같은 사무실에서 근무하는 동료의 책상에 고양이 사진 몇 장이 있다는 것을 보았다면, 그 동료에 대해 더 잘 알아가는 방법으로 반려동물에 대한 질문들을 해 보자. 이러한 대화를 시작으로, 추후 더 많은 대화를 이어갈 수 있는 계기가 되어 줄 것이다.

③ 깊이 있는 대화를 나누면 행복감도 더해진다

대화할 때 행복감을 느끼는 사람들은 일반적으로 더 행복한 사람들이라는 연구 결과가 있다. 대체로 이것은 깊은 대화를 의미하지만, 겉도는 대화 또한 당신의 행복감을 증가시키는 데 영향을 미친다. 하루 동안 당신이 하는 모든 대화에 노력을 기울여 보자. 그러면 일상의 삶에서 한층 더 좋은 기분을 느끼게 될 것이다.

④ 미소를 짓고 대화하면 엔도르핀이 분비된다

미소를 지으면 엔도르핀이 분비되어 대화의 질을 높일 수 있고 더 깊은 대화를 나눌 수 있다.

미소의 효과를 최대한 누릴 수 있으려면, 대화하는 동안이나 대화 시작 전에 미소를 지으려 노력하자.

• 두 사람 모두에게 좋은 시간일 때만 대화를 시작해라. 상대방이 서둘러서 해야 할 일이 있다거나 당신에게 짜증이 나 있는 상황일 때는 좋은 대화를 기대하기 힘들다.

• 듣거나 말할 때 상대방의 눈을 바라봐라. 상대방이 말하는 것에 관심을 두고 있음을 보여 줄 수 있다. 그렇다고 거북하게 느낄 만큼 빤히 쳐다보진 말고 적절히 눈맞춤을 이어가는 것이 바람직하다.

• 상대방을 잘 모른다면, 그가 좋아할 만한 이야깃거리를 찾아보자. 관심사를 파악하면 좋은 대화를 쉽게 이어갈 수 있다.

• 좋은 대화를 이어 나가고 싶으면, 상대방의 입장이 되어 생각해 보도록 하자. 화장실에 가고 싶은데 계속 붙잡혀 있고 싶은가? 그와 비슷한 상황도 생각해 보자.

• 질문에 대해서는 합당하고 좋은 대답을 하자.

• 상대방을 칭찬해라. 예를 들어, "그 바바리코트 참 분위기 있네요."라고 말을 하면, 그와 관련 지어 떠올릴 수 있는 다른 것들에 대해서도 대화를 이끌어 나갈 수 있다.

• 보통 완벽한 대화는 다음과 같이 구성된다. 주제 - 주제의 정의(설명) - 주제를 적용한 이야기, 즉 주제 - 설명 - 응용의 순이다.

• 상대방을 안다면, 이전에 대화했었던 주제들을 머릿속으로

다시 떠올리고 그중 하나를 골라 계속 이어 나가자. 예를 들면, 자녀들에게 일어난 중요한 일, 진행 중인 프로젝트, 또는 당신과 공유했던 고민거리 등이다.

재치 있는 대화를 나누는 방법

사람들은 대부분 재치 있게 말하고 싶어 한다. 하지만
그런 재주를 운 좋게 타고나는 사람은 매우 드물다.
재치 있게 대화할 수 있는 몇 가지 요령을 익힌 다음,
실전에 접목해 보도록 하자.

1. 친밀감 형성

① 재치 있는 말보다는 먼저 진솔한 대화 나누기

처음부터 재치 있는 말을 하려고 하기보다는 그에 앞서 대화
하는 능력을 향상하는 것이 먼저여야 한다. 웃기는 이야기나
농담으로 대화를 시작하면 그것이 아무리 재미있다 하더라도
건방져 보일 수 있으므로 주의해야 한다.

대화 능력을 향상하기 위해서는 '관찰-질문-드러내기'의
순서로 대화 방법을 연습하는 것이 효과적이다.

대화를 나누고 싶다는 표시를 확실히 하는 것으로 시작한다.
사람들을 만났을 때는 개방적인 몸짓이나 미소 등 비언어적인

신호를 보내서 말을 붙이기 쉽게 보여야 한다.

전략적으로 가벼운 잡담을 하여 대화를 끌어간다. 모든 대화는 시작점이 필요하다. 주변 상황에 대해 별 뜻 없는 질문이나 말을 하면서 대화를 끌어간다. "밖에 계십니까? 날씨는 어때요? 파티장에 있어요? 파티 음식 어때요?"

모르는 사람과 이야기를 나눌 때는 가벼운 잡담으로 시작해서 자기소개를 한 후, 대화를 전개시킨다.

② 질문하기

상대방이 재미있어하는 것을 알기 위해서는 상대방에 대해 좀 더 잘 알 필요가 있다.

사람들은 대부분 자기 이야기를 하기 좋아한다. 그러니 상대방에게 자기 이야기를 할 기회를 주도록 한다. '네' 혹은 '아니요'로 답할 수 있는 질문은 던지지 않는다. 대신 개방형 질문을 던진다. 예를 들어, 상대방이 자신의 직업에 대해서 말하면 그 직업의 어떤 점이 마음에 드는지를 묻는다. 잘 모르겠으면 "왜요?"라고 물어도 괜찮다.

계속 상대방과 눈을 맞추고 '정말?', '그래요?', '아하' 같은 말을 추임새로 살짝 넣으면서 상대방의 말을 진심으로 관심 있게 듣고 있음을 나타낸다. 설령 하고 싶은 말이 있더라도 상대방의 말을 끊지 않는다.

③ 경청하기

재치 있게 말하려고 열심히 노력하고 있다 보면 다음에 던질 말을 생각하느라 상대방의 말을 경청하지 않는 경우가 많다.

하지만 재치 있는 말을 하려면 상대방의 말을 집중해서 들어야 한다. 상대방의 말을 경청하도록 하자.

상대방의 말을 끊지 않는다. 상대방의 말을 듣다가 번뜩이는 아이디어가 떠올랐더라도 대화가 자연스럽게 끊길 때까지 입 밖으로 내지 않는다. 아무리 재미있더라도 상대방의 말을 끊어 버리면 무례하게 보일 수 있다.

대화의 흐름을 파악한다. 재치 있는 말은 타이밍에 달려 있다. 언제 대화에 끼어들어 재치 있는 말을 던질지를 결정하려면 상대방의 말을 경청하여 대화 패턴을 파악해야 한다. 타이밍을 놓치면 시시한 농담이 되어 버리고 만다.

④ 공통점 찾기

상대방을 파악했으면 어떤 공통점이 있고 어떤 공통적인 주제로 대화를 나눌 수 있을지 알아본다.

상대방의 말과 관련 있는 재미있는 경험을 떠올려 본다. 대화 중에 적절히 때를 봐서 그 경험에 대해 말한다.

때로는 한 번밖에 경험해 보지 못한 일을 말해도 괜찮다. 예를 들어, 상대방이 낚시를 좋아하는데 낚시라고는 한 번밖에 못 해 봤더라도 상대방이 재미있어 할 낚시 초보자의 실수에 대해서 말할 수 있다.

상대방에 대해서 알아야 한다. 영국 작가 서머싯 모옴 (Somerset Maugham)은 "인용은 재치의 유용한 대용품이다."라고 말했다. 실제로 책, 노래, 영화, 방송 프로그램, 정치 등 문화적인 지식을 인용하면 쉽게 재치 있는 대화를 할 수 있다. 하지만 효과적으로 인용하기 위해서는 상대방을 정확히 파악해야 한다.

예를 들어, 나이 드신 분과 대화할 때는 요즘 나온 팝송 가사보다는 비틀스 가사를 인용하는 것이 훨씬 효과적일 것이다.

2. 재미있는 이야기 준비

① 이야기 준비하기

누구나 재미있는 이야기를 좋아한다. 하지만 두서없이 중언부언 이야기를 늘어놓으면 상대방에게서 웃음을 끌어내기가 힘들다. 파티나 모임에서 말할 수 있도록 깔끔하게 잘 다듬어진 이야기를 몇 가지 준비해 놓는 것이 좋다.

살면서 가장 재미있거나 가장 이상한 이야기를 생각해 본다. 이런 이야기를 대화 중에 꺼내는 것이 좋다.

상대방을 고려해서 이야기를 선택한다. 학술 세미나에서 재치 있는 대화를 나누는 것이 목적이라면 세미나와 관련 있는 이야기를 고르는 것이 좋다. 그러나 그 외의 자리에서는 많은 사람이 공감할 수 있도록 가족, 반려동물, 여행 등 공통된 경험과 관련된 이야기를 하는 것이 가장 좋다.

② 이야기를 재미있게 만들기

기본적으로 똑같은 이야기라도 혼란스러울 수도 있고, 지루할 수도 있고, 배꼽 잡을 만큼 웃길 수도 있다. 때문에 웃음을 자아낼 수 있도록 이야기를 다듬어야 한다.

이야기를 재미있게 만들기 위한 아이디어를 얻으려면 데이비드 세다리스(David Sedaris) 같은 자전적 유머 작가들이 구사하는 재미있는 문장과 선택적 과장법을 참조하는 것도 한 방법이다.

이야기의 개요를 짜는 것으로 시작한다. – 자세한 내용을 기억해 본다. – 이야기를 깔끔하고 명확하고 재미있게 다듬는다. – 그리고 이야기를 암기하고 언어적 표현을 다듬어 글로 읽는 것만큼이나 직접 들어도 재미있게 만든다.

③ 재미있는 농담하기

다른 사람들이 대화에 참여할 때 재미있는 농담을 던져 보자.

연예인, 가수 또는 정치인에 대한 농담을 해 보자. 다만, 같이 대화하는 사람들 중 농담 대상의 팬은 없는지 미리 확인하자.

너무 과장하지 말자. 대화 상대가 터놓고 싶어 하지 않는 이상 상대의 외모, 집안 상황, 성생활, 장애에 대한 농담은 삼가자. 자기 자신이 본인을 깎아내리는 가벼운 농담을 할지라도 남으로부터 듣는 것은 불쾌해할 수 있다.

④ 말장난하기

재치 있는 말장난만큼 대화를 재미있게 만드는 것은 없다. 말장난에 익숙하지 않더라도 연습하면 차츰 나아진다.

말장난을 잘하려면 어휘력을 향상해야 한다. 대개 말장난은 다양한 어휘에 달려 있기 때문이다. 어휘집, 스마트폰 앱, 십자말풀이 같은 게임 등을 이용해 어휘력을 기른다.

말장난의 종류를 이해한다. 두음 전환(키친 타월 대신 치킨 타월), 의도적인 말실수(플라멩코를 추다 대신 플라밍고를 추다.), 언어유희(그 여자는 사진 찍듯이 기억은 잘하는데, 그 기억이 절대 현상이 안 된다.), 혼성어(크리스마스와 하누카를 합쳐서 크리스무카)를 잘 활용하면 대화를 재미있게 이끌어 갈 수 있다.

훌륭한 말장난을 예시로 삼아 연구한다. 셰익스피어(Shakespeare, 영국 극작가)부터 조지 칼린(George Dennis Carlin, 미국 스탠드업 코미디의 대부), 카니예 웨스트(Kanye West, 미국 유명 래퍼이자 패션 디자이너)에 이르기까지 자신의 작품과 공연에서 말장난을 활용한 유명인이 적지 않다.

대화를 나눌 상대를 염두에 두고 훌륭한 말장난을 연구하면 어떻게 활용해야 할지 알 수 있을 것이다.

3. 말하는 태도 연습

① 긴장 풀고 자연스럽게 행동하기

대화를 잘못하기 때문에 재미있는 말을 던지고 싶어 하는 경우가 많다. 하지만 불안감은 재치의 최대 적이다.

말하는 태도에 따라 웃음을 자아내는 말이 되기도 하고 시시한 농담이 되기도 한다. 불안하고 자신 없어 보이면 재치 있는 말을 한들 제대로 전달될 리가 없다.

자신에 대한 인식은 정확하지 않은 경우가 많다. 생각만큼 어색한 모습은 아닐 것이다. 그리고 불안감은 실제로 유머 감각을 떨어뜨리므로 경계해야 한다.

② 연습을 통해 자신감 기르기

역설적이게도 대화 시에 느끼는 불안감을 극복하는 유일한 방법은 대화를 많이 해 보는 것이다.

커피가 나오기를 기다리는 동안 바리스타에게 농담을 건네는 등 부담 없는 대화를 최대한 많이 해 보는 것이 문제 해결의 관건이다. 그렇게 연습을 하다 보면 데이트 신청을 하고 싶은 직장 동료에게 말을 건네는 것처럼 부담이 큰 상황에서도 재치 있는 대화를 할 수 있게 된다.

③ 필요한 경우, 인터넷으로 연습하기

사람과 직접 대화하는 것이 부담스럽다면 소셜 네트워킹 사이트에서 이야기, 말장난, 기타 새로 익힌 유머 기법 등을 연습해 본다.

시간을 갖고 재치 있는 말을 생각해 두면 자신감을 얻는 데 도움이 되며, 실제로 대화할 때 긴장하지 않고 말할 수 있게 된다.

④ 잘나갈 때 그만두기

자신감이 생기면 재미있는 말을 던져도 언제 시시한 농담이 되어 버리는지 알게 될 뿐만 아니라, 어느 상황에서 재미있는 말을 던지는 것을 그만두어야 할지도 알게 된다.

셰익스피어는 "재치의 생명은 간결함이다."라고 말했다. 자신의 유머 감각을 믿는다면 매번 재치 있는 말을 하려고 노력할 필요가 없다. 그런 노력은 상대방을 귀찮게 하거나 지루하게 만든다.

마찬가지로 자신의 유머 감각에 자신감이 생기면 재미있는 말을 던지는 것을 멈춰야 할 때를 알게 된다. 항상 분위기가 최고조에 이르렀을 때 그만두는 것이 가장 좋다.

대화 주제를 생각해 내는 방법

당신이 사람들과 잘 지낸다고 하더라도, 말문이 막혀서 다음 대화 주제를 생각해야 하는 때가 있을 것이다. 좋은 대화 주제들을 떠올리기 위해서는, 미리 준비한 아이디어 목록에서 한 가지를 선택하여 대화를 이어 나갈 수 있어야 한다.

당신이 대화 상대에 대해 알고 있는 사실을 근거로 해서 맞춤형 주제로 대화를 만들고, 다른 방향으로 이끌어 나갈 때는 상대방에게도 동일한 기회를 주도록 하자.

1. 기본적인 대화 시작 방법 습득하기

① 상대방에 대해 이야기한다

대화를 잘하는 사람이 되기 위한 비결은 단순하다. 상대방이 자신에 대해 이야기하게 해 주는 것이다. 그 이유는 무엇일까? 그들에게 익숙한 주제이며, 아마도 대화하면서 편안함을 느끼기 때문일 것이다.

다음 방법들을 시도해 보자.

상대방의 의견을 물어본다. — 당신은 현재 그 공간에서 일어나고 있는 일을 비롯하여 당신이 이야기하고 싶은 것은 무엇이든 대화 주제에 결부시킬 수 있다.

'인생'에 대한 주제들을 깊이 탐구한다. — 대화 상대에게 출신 지역과 성장 과정 등을 물어보자.

② 당신이 아는 사람들과 다른 각도로 대화를 시작할 방법이 있어야 한다

질문의 종류는 상대방의 상황과 당신이 아는 사람인지 아닌지에 따라 다를 것이다. 유형이 다른 두 사람과 대화를 시작하기 위한 방법을 알아보자.

잘 아는 사람일 때 — 상대방에게 안부, 지난주에 있었던 흥미로운 일, 공부나 프로젝트가 진행되는 상황, 자녀의 안부, 최근에 본 유익한 방송 프로그램이나 영화 등에 대해 질문한다.

한동안 만나지 못했던 지인일 때 — 마지막에 만난 이후로 일어난 일을 물어보고, 여전히 같은 직장에서 일하고 있는지, 같은 장소에서 사는지를 알아본다. 자녀의 안부와 혹시 새로운 자녀가 생겼는지(관련된 경우), 그리고 함께 아는 친구를 최근에 만난 적이 있는지도 질문한다.

③ 피해야 하는 주제를 기억한다

종교, 정치, 돈, 연인, 가족 문제, 건강 문제, 성에 대한 이야기는 잘 모르는 사람과 해서는 안 된다는 것이 오래된 규칙이다.

무례한 말을 할 위험도가 매우 높으므로, 논란의 여지가 없는 상태로 그냥 있는 것이 좋다.

이렇게 민감한 주제들은 감정적으로 격렬해지게 만들 수 있으므로 항상 조심성을 가져야 한다.

④ 관심사와 취미를 알아본다

사람들은 각자 다른 관심사와 취미, 선호도 등을 가지고 있어서 복잡하다. 관심사와 취미에 대해 물어볼 수 있는 몇 가지 질문들이 있으며, 이 중 많은 질문이 자연스럽게 더 깊은 대화로 이어지도록 만들어 줄 것이다.

다음과 같은 질문들을 해 보자.

'직접 참여하거나 즐기는 스포츠가 있나요?'

'온라인에서 시간 보내는 것을 좋아하나요?'

'어떤 글을 읽기 좋아하나요?'

'한가한 시간에 무엇을 합니까?'

'어떤 장르의 음악을 좋아하나요?'

'어떤 장르의 영화를 즐겨 보세요?'

'좋아하는 방송 프로그램이 무엇인가요?'

'좋아하는 보드게임이나 카드게임이 무엇인가요?'

'동물을 좋아하나요? 어떤 동물을 좋아하나요?'

⑤ 가족에 대한 주제를 꺼낸다

가장 안전한 주제는 형제 관계나 일반적인 배경에 대한 정보(성장한 곳 등)다. 상대방이 더 많은 정보를 공유하게 하고 싶으면 적극적으로 응답해야 한다. 다만 성장 과정 중에 문제가 있었거나 가족들과 관계가 소원한 경우, 또는 최근에 부모님이 돌아가신 사람에게는 부모님에 대한 이야기가 민감한 주제일 수 있다. 또한 불임 문제가 있는 부부, 자녀를 가지는 것에 대한 불일치가 있거나, 아이를 원하지만 알맞은 배우자와 환경을 찾지 못한 사람들에게는 자녀와 관련된 이야기가 불편할 것이다.

다음과 같은 몇 가지 질문은 해도 무방하다.

'형제나 자매가 몇인가요?'

(형제자매가 없는 경우) '외동으로 자란 것이 어땠나요?'

(형제자매가 있다면) '나이 차이가 얼마나 나나요?'

'형제들과 가까이 지내나요?'

'형제나 자매의 직업이 무엇인가요?' (그들의 나이에 근거하여 질문을 수정한다. 학교 또는 대학에 다니나요? 어떤 일을 하나요?)

'당신과 성격이 비슷한가요?'

'어디서 성장했나요?'

⑥ 여행 경험을 질문한다

어디를 가 봤는지 질문하자. 상대방이 고향을 벗어나 본 적이 없더라도, 가고 싶은 곳에 대해 이야기하면 행복해할 것이다.

다음과 같이 구체적인 질문을 할 수 있다.

'외국에서 살 기회가 생긴다면, 어느 나라에서 살고 싶나요? 그 이유는 무엇인가요?'

'여행 중에 가 본 곳 중에서 가장 마음에 든 도시는 어디인가요?'

'지난 휴가 때 어디를 갔었나요? 그곳은 어땠나요?'

'당신이 가 본 곳에서 가장 좋았던, 또는 가장 좋지 않았던 휴가지는 어디인가요?'

⑦ 음식과 음료에 대해 질문한다

술에 중독되었거나 아니면 전혀 마시지 않는 사람을 만났을 때는, 술 대신 음식이나 음료 이야기를 하는 것이 좋다. 다만, 살을 빼기 위해 노력했던 것과 같은 대화 주제로 빠지지 않도록 주의해야 한다. 그러면 대화가 부정적인 방향으로 흐를 수 있기 때문이다.

대신에 이렇게 물어보는 것이 바람직하다.

'남은 삶 중 한 끼만 먹을 수 있다면 무얼 먹고 싶은가요?'

'어느 곳에서 외식하기를 좋아합니까?'

'요리하는 것을 좋아하나요?'

'어떤 종류의 간식을 좋아하나요?'

'당신이 가 본 최악의 음식점은 어디예요?'

⑧ 일에 대해 물어본다

이 주제는 자칫 잘못하면 대화가 면접처럼 흐를 수 있으므로 약간 조심스럽다. 그래도 당신이 신중하게 잘 대처하면서 호의를 갖고 있다는 태도를 보이면 흥미로운 대화로 이어질 수 있을 것이다. 그리고 특히 유의해야 할 점은 상대방이 공부 중이거나 퇴직 상태, 또는 '구직 활동 중'일 수도 있다는 사실을 염두에 두어야 한다.

대화를 시작하기 위해 할 수 있는 몇 가지 질문들은 다음과 같다.

'하시는 일이 무엇인가요? 어디서 일하나요(또는 공부하나요)?'

'첫 번째 직업은 무엇이었나요?'

'어렸을 때 자라서 어떤 사람이 되고 싶었나요?'

'현재 하는 일에서 가장 좋아하는 점은 무엇인가요?'

'돈이 목적은 아니지만 계속 일을 해야 한다면, 당신이 꿈꾸는 직업은 무엇인가요?'

⑨ 당신과 상대방이 같은 장소에 있게 된 이유를 알아본다

만일 이전에 서로 만난 적이 없다면, 같은 행사에 참여하게 된 연유가 무엇인지 궁금해질 수 있다.

이럴 경우, 다음과 같은 질문들을 해 보자.

'행사 주최자를 어떻게 아시나요?'

'이 행사에 어떻게 참석하게 되셨나요? (관련이 있다고 말하면) 모금 행사 또는 마라톤 경기를 통해서인가요?'

'마라톤 말고 다른 운동도 하시나요?'

⑩ 진심으로 칭찬한다

상대방의 모습보다는 그 사람이 한 일과 관련된 칭찬을 해야 한다. 그러려면 상대방이 한 일과 관련된 질문을 하면서 대화를 진행할 수 있을 것이다. 만약 대화 상대에게 '매우 아름다우시네요.'라고 외모를 칭찬해 준다면, 상대방이 '감사합니다.'라고 말한 후 대화는 끝나고 말 것이다. 당신이 칭찬할 때 진심이 전달될 수 있도록 하려면 적극적이면서도 조금은 구체적으로

하는 것이 좋다.

사용할 수 있는 몇 가지 좋은 예들을 살펴본다.

'피아노 연주가 정말 좋네요. 얼마나 오래 치셨나요?'

'강연이 정말 설득력 있었어요. 경험담을 얘기해 주시니, 더 생생하게 다가오더라고요.'

'직장생활을 하면서, 박사 과정을 밟고 계신다니 그 열정이 놀랍고 부럽네요.'

2. 대화 확장하기

① 밝은 태도를 유지해라

다른 사람과 처음 대화하면서 기적을 기대할 수는 없다. 처음에는 조화로운 관계를 형성하는 것이 당신이 바랄 수 있는 전부다. 이러한 상황에서는 흥미롭고 부담 없는 대화 주제들을 고수하는 것이 무난하다. 대화 중간에 가볍지만 적절한 농담 몇 마디를 던지는 것도 도움이 될 수는 있다.

삶의 문제나 다른 부정적인 상황에 대해 이야기하는 것은 피하자. 일상적인 대화에서 심각한 문제들을 다루고 싶어 하는 사람은 거의 없기 때문이다. 만약 그러한 주제들을 꺼낸다면 사람들의 눈에서 따분하고 지루해하는 감정이 금방이라도 튀어나올지 모른다.

아주 친밀한 관계가 아니라면 이야기할 주제로 공손하면서도 즐거워질 수 있는 내용을 선택하는 것이 바람직하다. 부정적인 말은 분위기를 어둡게 만들고, 자칫하면 대화 자체를 중단시킬 수도 있다.

② 침묵을 허용해라

침묵이 반드시 어색한 것은 아니다. 약간의 침묵은 상대방의 의견을 수집하거나 그가 즐길 수 있는 대화 주제들을 떠올릴 수 있게 하여, 두 사람 모두에게 휴식 시간이자 여백의 시간이 되어 주기도 한다.

하지만 당신이 침묵에 대해 걱정하면서 긴장하거나 감추려고 하면 도리어 어색해질 수 있으므로 유의해야 한다.

③ 공통의 관심사를 공유해라

예를 들어 두 사람 모두 등산을 좋아한다는 사실을 알게 된다면, 이러한 관심사를 공유하는 데 더 많은 시간을 할애하자. 그렇지만 일정한 시점이 되면 그 주제에서 벗어나야 한다. 만약 45분 동안 줄곧 등산에 대해 대화하고 나면, 조금은 민망하게 느껴질 수도 있을 것이다.

당신과 관심사를 공유하는 사람들과 함께 그간의 경험에 대해 대화하자. 예를 들어 대화 중인 두 사람 모두가 지리산 등산 경험이 있으면, 그때의 고생담이나 즐거웠던 일을 나눔으로써 대화를 확장할 수 있다.

또한 관심사를 공유하기 위해 선호하는 등산 코스에 대한 이야기를 비롯하여 새로운 장비 등에 대한 정보까지 공유하면 대화가 한층 흥미로워질 것이다. 그러다 보면 공유하는 관심사와 관련된 새로운 계획 등을 제안할 수도 있게 된다. 가령 다음에는 한라산 등산을 같이 해 보자는 데까지 이야기가 진전되면, 등산 준비를 위해 언제 만나자는 약속까지 하게 되는 것이다.

3. 경계 허물기

① 가정을 통해 새로운 방향으로 대화 이끌기

처음에는 이것이 낯설게 느껴질 수도 있지만, 그렇게 해서 대화가 얼마나 극적으로 활발해질 수 있는지를 살펴보자.

대화에 더 많은 영감을 줄 수 있는 흥미로운 질문들을 몇 가지 소개한다.

'당신이 지금까지 성취해온 모든 것들을 고려할 때, 당신에게 가장 중요한 것이 무엇이라고 생각하나요?'

'부자, 유명인, 또는 영향력 있는 사람이 될 수 있다면, 어떤 사람이 되는 것을 선택할 것이며 그 이유는 무엇입니까?'

'지금이 당신의 삶에서 최고의 시간인가요?'

'만일 10가지의 물건들만 소유할 수 있다면, 당신은 무엇을 가지겠어요?'

'평생 오직 다섯 가지 음식과 두 가지 음료만 선택해야 한다면, 무엇을 선택하겠습니까?'

'사람들이 행복을 직접 만드는 걸까요, 아니면 우연히 행복을 발견하게 되는 것일까요?'

'투명 망토를 입을 수 있다면 무엇을 하고 싶나요?'

'자유의지를 믿나요?'

'동물로 바뀔 수 있다면 어떤 동물이 되고 싶은가요?'

'좋아하는 슈퍼 히어로는 누구이며, 이유는 무엇인가요?'

'당신의 집에서 열리는 저녁 식사 파티에 오는 사람 중 몇 명은 방송계의 유명인이라면요?'

'만약에 내일 수십억 원의 로또에 당첨된다면, 그 돈을 어떻게 쓰겠어요?'

'만일 당신이 일주일 동안 유명해질 수 있다면, 무엇으로 유명해지고 싶나요?' (혹은 '되고 싶은 유명인사로 누구를 선택하고 싶은가요?')

'산타클로스를 여전히 믿나요?'

'인터넷 없이 살 수 있나요?'

'당신이 꿈꾸는 휴가는 어떤 것인가요?'

② 대화에서 무엇이 좋은 반응을 끌어내는지 주목하기

이러한 '성공적인' 대화 방법들이 계속 효과가 있다면 몇 번이고 되풀이한다.

이와 동일하게, 자신을 불편하게 하거나 지루하게 만드는 주제들이 있으면 그것을 유념해 두었다가 앞으로는 그러한 주제들을 피하도록 한다.

③ 현재 일어나고 있는 일들에 대해 연구하기

세상에서 일어나고 있는 일들을 탐구하고, 최근에 뉴스(대부분의 경우, 정치에 대한 주제를 피하는 것이 좋다는 사실을 기억하면서)에서 보도되는 큰 사건들에 대한 상대방의 생각을 물어보자.

대화 상대가 최근에 읽은 재미있는 뉴스 기사를 떠올릴 수 있게 할 뿐만 아니라, 당신도 웃을 수 있었던 재미있는 뉴스 기사들을 돌이켜볼 수 있게 된다.

④ 간결해질 수 있도록 연습하기

좋은 대화를 하기 위해서는 좋은 주제들을 떠올리는 것이 중요하다. 하지만 좋은 주제를 떠올리는 것에 못지않게 중요한 것이 생각해 낸 주제들을 전달하는 방법이다. 떠올린 주제를 분명한 목적도 없고 두서도 없이 말한다면 결코 좋은 대화가 될 수 없다. 따라서 요점을 딱 집어서 전달할 수 있는 능력을 키워야만 한다.

그런가 하면 대화 주제를 꺼낼 때 맥락을 벗어나지 않도록 신경 써야 한다. 그렇지 않으면 대화 상대가 집중력을 잃을 가능성이 커진다.

Tip

• 위에서 언급한 질문 목록들을 분별력 없이 사용하지 말아야 한다. 상대방이 심문당하는 듯한 느낌이 들 수 있다.

• 상대방과 처음으로 대화하는 것이라면, 임의의 주제가 아닌 현재 처한 상황과 관련 있는 것을 대화 주제와 결합하도록 한다.

• 누구에게든지 친절해야 하고, 무례하게 대해서는 안 된다.

• 모임에 속해 있다면, 모든 사람이 참여하고 있다고 느끼게

만들어야 한다. 모임에서 한 사람하고만 대화를 시작하고 다른 사람들은 조용히 대화를 관찰하게 한다면, 어색한 상황이 벌어질 수 있다.

- 고정관념에서 벗어나야 한다.
- 당신의 질문에 대한 상대방의 대답을 자세히 들으면 다른 관련 대화 주제들도 꺼낼 수 있게 될 것이다.
- 말하기 전에 생각하자. 사람들에게 이미 말한 것은 다시 되돌릴 수 없다. 또한, 당신이 했던 대화 내용을 들은 사람들이 기억하므로, 그들이 당신을 불친절하다고 기억하기를 원하지 않는 이상 그렇게 행동해서는 안 된다.
- 균형을 유지하면서 대화를 계속 진행할 수 있는 좋은 방법은 차례로 질문을 하는 것이다. 퀴즈나 경연대회처럼 누가 가장 좋은 질문을 하는지를 따지지는 않지만, 한 사람이 우위를 점하지 않고 좋은 대화를 유지할 수 있는 알맞은 방법이다.
- 상대방과 처음으로 대화한다면, 비꼬거나 농담조로 말하지 않도록 한다. 비록 상대방이 빈정대는 유형이더라도, 당신은 재치 있게 받아넘겨야만 원만하게 대화를 이끌 수 있다. '지나친' 풍자는 서로가 삼가는 것이 바람직하다.
- 주의 깊게 듣고 이야기하도록 노력한다. 상대방이 당신의 질문에 대답한 후에, 그가 언급한 어떤 일과 관련 있는 당신의 경험을 이야기하거나, 당신에게 묻지 않았더라도 그 질문에 대한 자신의 대답을 해 보자.
- 최신 동향을 읽는다. 신문을 읽거나 그날 흥미로운 이야기들이 있는 사이트들을 훑어본다.
- '단답'('네', '아니요', '좋아요'와 같은)은 대화를 계속

이어 나갈 수 없게 하므로 가능한 한 피하자.

• 새로운 사람을 만난다면, 이름을 기억하도록 하자. 쉬운 일 같지만 의외로 잘 잊어버리게 된다. 상대방이 자신을 소개하면 머릿속으로 연달아서 다섯 번 이상 그 이름을 되풀이해 본다.

낯선 사람에게 말 거는 방법

모르는 사람에게 다가가서 말을 건다는 것은 스카이다이빙과 맞먹을 만큼 어려운 일이다. 재미있고 흥미로운 일이지만 또 그만큼 위험하기도 하다. 자칫하면 누군가의 인생을 바꿀 수도 있는 일이다.

두려움을 극복하고 낯선 사람에게 말을 거는 연습을 계속한다면, 어느 순간 그것을 즐기고 있는 자신의 모습을 발견하게 될 것이다.

사람들 속에서 '스카이다이버'가 되는 방법을 알아보자.

1. 두려움 극복하기

① 낯선 사람에게 말 거는 것이 자연스러울 때까지 연습하기

사회 불안증을 극복하는 가장 좋은 방법은 정면으로 맞서는 것이다. 낯선 사람에게 말을 거는 것도 다르지 않다. 연습을 많이 할수록 많이 는다. 겁을 먹거나 두려워하지 않고 적극적으

로 다가가서 대화를 시도하다 보면, 자연스러워지게 되어 있다. '낯선 사람과 어떤 이야기를 어떻게 해야 하지?'라는 '생각' 조차 할 필요가 없어지는 때가 온다. 그러려면 주간 목표를 설정해서 연습하는 것이 가장 효과적이다.

스스로를 너무 압박하지 말자. ― 낯선 사람에게 말을 거는 것이 힘들게 느껴지면 차근차근 시작해라. 처음에는 '일주일에 두 명씩 말 걸기'를 목표로 하고, 그다음 주에는 세 명으로 늘려나가는 식으로 하면 된다.

더디더라도 계속 노력해야 한다. 자신을 지나치게 압박하는 것과 대충 하는 것은 종이 한 장 차이다. 누구도 스스로를 옥죄는 것도, 두려워서 물러서는 것도 원치 않는다. 그러니 마음속 두려움에서 벗어나 조금만 더 노력하자.

② 모임이나 행사에 혼자서 참석하기

여기서 중요한 것은 '혼자' 참석하는 것이다. 아는 사람이 아무도 없는 환경을 만들자. 기댈 사람이 하나도 없을 때 자신을 더 솔직하게 드러낼 수 있다. 부담스럽지 않은 선에서 이런 환경을 종종 만드는 것이 필요하다.

처음에는 아무에게도 말을 걸지 못할 수도 있다. 그래도 괜찮다. 낯선 사람들 사이에 둘러싸여 있다는 것만으로도 크나큰 발전이다. 모르는 사람들을 만나 이야기를 나눌 수 있을 만한 모임이나 행사들을 찾아 나서자.

미술 전시회, 독서 모임, 음악회, 박물관 전시, 야외 축제, 인문학 강연, 행진·집회·시위 등······.

③ 친구에게 도움 요청하기

혼자서 낯선 사람에게 말을 거는 것이 너무 힘들게 느껴진다면, 활발한 성격의 친구에게 도움을 요청해 보자. 친구와 함께라면 조금쯤 편안한 마음으로 연습할 수 있을 것이다.

하지만 친구가 모든 대화를 다 이끌어 가게 해선 안 된다. 친구에게 내가 평소보다 조금만 더 적극적으로 대화할 수 있도록 도와달라고 미리 이야기해 두자.

④ 너무 과하게 고민하지 않기

낯선 사람과 이야기하면서 발생할 수 있는 좋지 않은 상황들에 대해 계속 생각하게 되면, 오히려 더 일이 꼬이게 된다. 너무 많이 고민할수록 더 긴장하게 되어 있다. 말을 걸고 싶은 사람이 나타나면, 본격적인 대화를 시작하기에 앞서 먼저 분위기를 풀만한 간단한 이야기를 하자. 순간 아드레날린이 분비되어 불안감이 다소 해소될 수 있을 것이다.

⑤ 진짜 자신의 모습이 될 때까지 연기하기

낯선 사람들과 이야기하는 것은 긴장되고 피곤한 일이다. 말을 하기 어려운 상황일수록 더 그렇다. 예를 들어 면접을 본다든가, 마음에 드는 사람에게 말을 걸 때는 모든 사람이 나의 자신 없는 모습을 지켜보는 것 같아 더욱 긴장될 것이다. 하지만 자신 말고는 아무도 내가 얼마나 긴장했는지 알 수 없다. 그냥 자신감 넘치는 척해도 된다. 그러면 나와 대화하는 사람들은 그것이 나의 진짜 모습이라고 믿을 것이다.

낯선 사람과 이야기하는 연습을 더 많이 하면 할수록 자신감 있는 척 연기를 할 필요조차 없어진다.

⑥ 거절당해도 너무 낙담하지 않기

낯선 사람들을 만나 말을 거는 노력을 하다 보면 무시를 당하는 일도 있을 것이다. 부끄러움이 많은 사람들은 잘 알겠지만, 사람들에게는 가끔은 아무하고도 이야기하고 싶지 않은 순간이 있다. 상대가 나를 거절했다고 해서 너무 상처받을 필요는 없다.

실패도 즐기려고 노력해 보자. 배울 수 있는, 더 발전할 기회라고 생각하자.

사람들은 날 해치지 않는다. 최악의 경우라고 해도 '제가 너무 바빠서요.' 혹은 '혼자 있고 싶은데요.'라고 하는 정도다. 세상이 끝날 정도는 아니라는 거다.

사람들은 당신이 생각하는 것만큼 타인에게 관심이 많지 않다. 그러니 사람들이 비웃을까 봐 걱정할 필요 따윈 없다. 다들 자기 일을 하느라 바쁘니까.

2. 낯선 사람과 대화하기

① 친절하고 다가가기 편한 사람처럼 보이기

대화를 시작할 때 너무 긴장한 것처럼 보이거나 우중충한 모습으로 있으면 상대방도 썩 유쾌하진 않을 것이다. 심란한 상태라도 상대가 편안하게 느낄 수 있도록 안정되고 친절한 모습을 보이도록 노력하자. 대화를 더 길고 안정적으로 유지할 수 있도록 말이다.

눈을 마주치기 — 초조하게 휴대폰을 만지작거리지 말고, 방을 천천히 둘러보거나 사람들을 바라보자. 사람들과 시선을 마주치고 다른 사람과의 대화를 기다리고 있는 누군가가 있는지 살펴보자.

그 사람과 대화를 하지 않을 생각이더라도 눈이 마주치면 일단 웃어주자. 비언어적 커뮤니케이션을 연습할 기회이기도 하고, 그 사람과 대화를 시작할 수 있는 확률이 높아지기도 한다.

보디랭귀지 시도하기 — 어깨를 쫙 펴고 가슴을 내밀고 턱을 들어 올린다. 자신감이 있어 보일수록 사람들은 나와 대화를 시작하고 싶어 할 것이다.

가슴팍에 팔짱 끼지 않기 — 팔짱을 낀 방어적인 자세는 대화를 하고 싶어 하지 않거나 관심이 없다는 뜻으로 해석될 수 있다.

② 대화를 시작하기 전에 비언어적 사인 주기

아무런 신호도 주지 않고 갑자기 다가와서 말을 걸면 상대가 이상하게 받아들일지도 모른다. 그냥 다가가서 급작스럽게 대화를 시작하지 말고, 비언어적 사인으로 미리 친근함을 표시해 보자. 상대에게 말을 걸기 전에 먼저 눈을 맞추고, 미소를 지어 보이며 사인을 주자.

③ 사소한 이야기부터 시작하기

상대를 더 알아가고 싶어도 난데없이 심각한 주제의 대화를 꺼낸다면 다소 불쾌해할 수 있다. 한 번도 본 적 없는 사람에게 다가갈 때는 사소한 이야기부터 시작하자. 인생의 목표가 뭔지 물어보는 등의 거창한 질문들은 피하고, 간단한 이야기를 건네거나 작은 부탁을 해 본다.

"오늘은 바가 너무 붐비네요, 팁을 많이 줘야겠어요."

"차가 엄청나게 막히네요, 혹시 오늘 이 동네에 무슨 일이 있나요?"

"뒤에 있는 콘센트에 제 휴대폰 좀 충전시켜 주시겠어요?"

④ 나를 소개하기

사소한 이야기라도 시작하게 되면, 상대방의 이름이 궁금해질 것이다. 상대방의 이름을 알아내는 가장 좋은 방법은 내 이름을 먼저 이야기하는 것이다. 그러면 보통은 상대방도 자기를 소개한다. 그것이 나름 예의이기 때문이다.

만약 상대가 내 말을 무시한다면, 기분이 아주 좋지 않은 상태이거나 그냥 무례한 사람이거나 둘 중 하나이다. 어쨌든 간에 그 상황에서는 대화를 그만두는 것이 바람직하다.

서로 이야기를 조금이라도 나눈 뒤에는 "아, 제 이름은 ○○○이에요."라고 말한다. 이름을 말하면서 정중히 악수를 한다.

⑤ 길게 대답할 수 있는 질문하기

'예' 혹은 '아니요'로 끝날 질문을 하면 대화가 금방 끝나

버린다. 간단한 대답으로 끝날 질문보다는 대화를 길게 끌어갈 수 있는 질문을 하자.

예를 들면 아래와 같다.

"오늘 별일 없었나요?"보다는 "오늘 뭐 했어요?"라고 한다. "여기 자주 오시나요?"보다는 "여기서 자주 뵌 것 같은데, 자주 오시는 이유가 있나요? 여기만의 매력이 뭐예요?"라고 묻는다.

⑥ 상대에게 무언가를 설명해 달라고 하기

사람들은 뭔가에 대해 아는 척하기를 좋아한다. 하지만 이야기하고 있는 주제에 대해 잘 알아도 모르는 척하고 상대에게 설명을 부탁하자.

예를 들어, 어떤 뉴스가 나오면 "아, 저 뉴스 머리기사는 봤는데 시간이 없어서 내용은 못 읽었어요. 무슨 내용이에요?"라고 묻는다. 사람들은 상대에게 무언가를 가르쳐 주고 있다는 느낌이 들면 대화를 더 즐기기 마련이다.

⑦ 반대 의견을 두려워하지 않기

대화에서 공통점을 찾는 것은 아주 중요하다. 이상하게 들릴지 모르지만, '좋은 반대 의견'은 새로운 관계 형성의 계기가 될 수 있다.

상대에게 나와 시간을 보내는 것이 절대 지루한 일이 아니라는 걸 어필하자. 그 혹은 그녀와 토론을 하며 서로의 지식을 자랑해 보자.

토론은 가벼운 마음으로 하자. 상대가 흥분하는 것 같으면 바로 한발 물러서 준다.

말다툼이 아니라 건강한 대화를 주고받자.

싸우는 게 아니라 즐거운 시간을 보내고 있다는 것을 보여줄 수 있도록 토론하는 동안 자주 미소를 지으며 웃자.

⑧ 민감하지 않은 주제로 이야기하기

토론하는 건 좋지만 그게 실제 싸움으로 번져서는 안 된다. 종교나 정치 같은 주제는 자칫하다가는 서로의 감정을 상하게 할 수 있다.

여행하기 좋은 장소나 좋아하는 스포츠팀에 대한 이야기 정도는 가벼운 마음으로 즐길 수 있다. 영화, 음악, 책이나 음식에 대한 이야기가 무난하다.

⑨ 대화가 자연스럽게 흘러가도록 내버려 두기

미리 생각해 둔 주제에 대해서만 이야기하게 되면 아무래도 대화에 제약이 생기기 마련이다. 그냥 대화가 흘러가도록 내버려 두자.

자신에게 더 편한 주제로 자연스럽게 넘어가는 것은 좋지만 대화 주제를 너무 억지로 바꾸려고 하지는 말자.

잘 모르는 주제에 대해 상대가 이야기할 때는 설명해 달라고 하면 된다. 새로운 걸 배우는 건 즐거운 일이니 말이다.

3. 상황에 따라 다르게 대화하기

① 마주치는 시간이 짧을 때는 최대한 가볍게 대화하기

마트에서 줄을 서서 기다릴 때나 엘리베이터에 같이 타 있을 때가 낯선 사람에게 말을 걸 수 있는 아주 좋은 기회이다. 같은 공간에 함께 있을 시간이 아주 짧다는 사실이 마음을 편하게 해 주기 때문이다.

이렇게 짧은 순간에는 너무 깊은 주제의 대화로 빠지지 않도록 주의한다. 가볍고 간단한 대화를 유지하자.

예를 들어, "계산하는 동안 진열해 둔 잡다한 것들에 현혹되지 않아야 할 텐데요."라든가 "엘리베이터에서 이상한 냄새가 나네요." 등의 이야기를 할 수 있다.

② 주어진 시간이 길 때는 좀 더 유쾌하게 대화하기

카페나 술집, 혹은 서점에 갖춰진 의자에 앉아 있을 때 등, 대화를 할 수 있는 시간이 상대적으로 길 때는 그 순간을 최대한 즐기려고 노력해 보자.

농담을 건네거나 친한 친구들만 아는 나의 유쾌한 점들을 보여 주자.

③ 호감 가는 사람을 더 알아가기

잘해 보고 싶은 누군가가 있다면 조금은 개인적인 질문들을 던져도 좋다. 관계가 보다 빨리 친근하게 발전될 뿐 아니라 상대에 대해 더 많이 알아볼 기회가 된다. 나와 잘 맞는 사람인지 아닌지를 판단하기에도 좋다.

그렇다고 너무 멀리까지 가면 안 된다. 예를 들어 처음 하는 대화에서 2세 계획에 대해 질문하는 따위는 무례한 일일 수 있으므로 피하도록 한다.

대신에 자신의 이야기를 살짝 해 본다. 그러면 상대방도 자신과 관련된 이야기를 꺼낼지 모른다.

예를 들어, "저는 사실 마마보이(또는 마마걸)예요. 매일매일 엄마랑 대화해야 직성이 풀려요."와 같은 이야기를 해 본다.

④ 업무 관련 인맥을 넓힐 수 있을 때는 전문적인 모습 보이기

자신이 하는 일과 관련된 영향력 있는 사람과 함께하는 자리나 관련 회의에 참석했을 때는 능력 있고 자신감 넘치는 사람이라는 인상을 주어야 한다.

낯선 사람과 대화를 나누는 것이 너무 긴장될지라도 '진짜 자신의 모습이 될 때까지 연기'를 하자.

또한 사람들이 좋아할지 좋아하지 않을지도 모르는 저속한 농담은 삼가자.

자신이 종사하고 있는 산업군에 대해 이야기를 계속한다. 일에 있어서는 매우 유능하고 박식한 사람이라는 것을 보여 주자.

⑤ 면접 볼 때는 깊은 인상 남기기

정식 면접시간도 중요하지만, 면접 전후에 오가는 간단한 대화들도 무시할 수 없다. 함께 일하고 싶은 사람이라는 생각이 들도록 면접관들과 유쾌한 분위기에서 대화를 나누어 보도록 하자.

모든 면접자가 비슷한 대답을 하면 면접관들은 별다른 인상을 받지 못한다. 따라서 면접 전후에 짧게 대화할 때 기억에 남을 만한 사람이 되는 것이 무엇보다 중요하다.

자신만의 특별한 점을 어필하자.

"저, 이 면접에 오려고 가족 행사도 빠졌습니다. 그만큼 간절합니다."

Tip

• 억지로 대화에 끌어들이지 말자. 만약 상대가 대화를 지루해하는 것 같다면 억지로 붙잡아 두면 안 된다.

• 혼자서 새로운 곳에 가기로 마음먹었다면, 사람들에게 어디를 가는지, 언제 돌아올지를 알려 주자.

• 페이스북을 사용한다면, 자신의 주변에 어떤 행사가 있는지 이벤트 페이지를 확인하자.

• 친절하고 다가가기에 편한 사람이라는 이미지를 주기 위해 노력하자. 앞으로 있을 새로운 만남 등에 많은 도움이 될 것이다.

• 웹사이트를 통해 알게 된 사람들을 실제로 만나 보자. 자신이 사는 지역에서 새로운 사람들과 더욱 편안하게 대화할 수 있는 모임이나, 흥미를 느끼는 주제의 모임 등을 찾아볼 수도 있다.

• 상황이 어색하거나 이상하게 보이더라도 일단 자신이 편안한 감정을 느끼는 것이 무엇보다 중요하다. 자신이 편안하게 느끼면 상황도 덜 어색하게 흘러가기 마련이다.

- 다음과 같은 상황에 부딪히더라도 최대한 빨리 극복하도록 노력하자. 사실은 별일이 아니었다는 것을 깨닫게 될 것이다.

'사람들에게 다가갈 때 무슨 말을 해야 하는지 모름.'

'불편해 보이는 상태로 서 있게 될 수 있음.'

'처음 다가가는 사람들 앞에서 눈에 보일 정도로 떨 수 있음.'

'처음에는 순조롭게 대화가 시작되는 것 같지만 이내 무슨 말을 해야 할지 모름(어색한 침묵).'

'속으로 "너무 힘들다. 그냥 집에 가서 영화나 보고 싶다."라고 생각할 수 있음.'

'어떤 사람들은 내가 수작을 거는 것이라 오해할 수 있음.'

'나를 해칠 수도 있는 위험한 사람은 조심할 것.'

'너무 크게 생각하지 말 것.'

'사람들에게 대화를 강요하는 것은 싸우자는 의미로 받아들여질 수 있음. 조심할 것.'

2부 · 효과적으로 대화하는 방법

생각을 거침없이 말하는 방법
명료하게 말하는 방법
큰 소리로 말하지 않는 방법
단호하지만 예의를 갖춰 대화하는 방법
효과적인 의사소통 방법
건설적으로 비판하는 방법
거만하지 않게 자신을 홍보하는 방법
화난 사람과 대화하는 방법

생각을 거침없이 말하는 방법

자기 생각과 느낌을 보다 자신 있게 표현하고 싶은 가? 다른 사람들이 내 의견에 귀 기울여 줬으면 싶은 가? 자신의 견해를 대담하게 내세우는 것이 힘든가?

요령껏 영리하게 할 수만 있다면 거침없이 말하는 것 은 사람들 사이에서 돋보일 수 있는 긍정적인 특징이 다. 자기 생각을 솔직담백하고 허심탄회하게, 그렇지 만 요령 있게 말해 보자.

1. 자신의 목소리 발견하기

① 일기 쓰기를 통해 자신에 대해 알기

나의 정체성, 믿음, 생각, 감정, 바람을 파악하는 것은 자 신에 대해 알 수 있는 방법의 하나다. 매일 밤 잠자리에 들기 전에 15분 동안 일기 쓰는 것을 생활화하자. 일기를 쓰면 자 신에 대해 더 잘 알 수 있을 뿐만 아니라 자신감 고양에도 도움이 된다.

자기 생각을 거침없이 말하려면 자신감이 있어야 한다.

자신에 대해 더욱 잘 알아보기 위해 다음과 같은 주제로 일기를 써 보자.

'생일 선물로 가장 갖고 싶은 것과 그 이유는?'

'지금까지 했던 일 중 가장 잘한 일은?'

'가장 존경하는 인물과 그 이유는?'

'어떤 사람으로 기억되고 싶은가?'

② 자신감 갖기

거침없이 말하려면 자신의 의견이 가치 있다고 믿어야 한다. 자신의 말이 대화를 더욱 흥미롭게 만든다고 믿어야 한다. 그리고 그것은 사실이다. 다양한 의견은 대화나 토론을 흥미진진하게 만든다.

자신감을 갖기 어렵다면 아주 잘 아는 특정 주제를 가지고 이야기해라. 잘 아는 주제일수록 자신감 있게 말할 가능성이 높다.

무술을 열심히 연마하는 사람은 무술에 대해 말하고, 정원을 완벽하게 가꾸기를 좋아하는 사람은 정원 가꾸기에 대해 말한다. 먼저 자신이 중요하게 생각하는 것에 대해 말하는 데 익숙해지도록 한다.

잘 알고 있는 분야에 대해 말하는 연습을 하면 정치, 윤리, 종교 등 보다 추상적인 주제를 다루는 데 도움이 된다.

③ 수줍음 극복하기

자신감이 생겼다고 해서 반드시 자신의 목소리를 찾게 되는 것은 아니다. 그전에 먼저 수줍음을 극복해야 한다. 타고난 수줍음을 극복하는 것은 힘든 일이다. 하지만 본성을 거스르다 보면 완전히 새로운 선택을 할 수 있게 된다. 더욱 대담한 선택 말이다.

〈사인필드(Seinfeld)〉라는 유명한 시트콤을 보면 '정반대 (The Opposite)'라는 에피소드가 있다. 이 에피소드에서 조지 는 자신이 그동안 해왔던 모든 결정이 틀렸다고 생각한다. 그는 자신의 본성과 반대로 하면 더 좋은 결과를 얻을 거라고 결론을 내린다. 그리고 매번 자신이 평소에 하던 것과 정반대로 행동한 다. 에피소드가 끝날 무렵, 그는 실직 상태로 부모님 집에 얹혀 살다가 뉴욕 양키즈에 일자리를 얻고 자신만의 공간을 갖게 된다.

④ 강점 찾기

보통 강점은 관심을, 관심은 열정을 불러온다. 관심과 열정이 있는 분야는 거침없이 말하기가 쉽다. 일단 강점을 발견하면 자신의 견해를 말하거나, 심지어는 강점이 활용되는 일이나 활 동을 주도하는 데 자신이 붙는다.

자신의 강점을 찾기 위해 자신에게 다음과 같은 질문을 던져 본다.

'나의 관심사는?'

'나의 취미는?'

'내가 가장 좋아하는 과목은?'

'내가 직장에서 잘하는 분야의 일은?'

⑤ 의견 갖기

누구든지 자신이 무슨 말을 하는지도 모르는 사람으로 비치고 싶지는 않을 것이다. 물론 이런 사람의 말에 귀 기울여 줄 사람도 없다. 게다가 할 말이 없으면 거침없이 말하기가 매우 어렵다.

주변 사람들 사이에서 뜨거운 쟁점인 사안에 대해 어떤 의견을 가졌는지 생각해 본다. 결국 자신만이 답을 가지고 있으니 틀릴 리가 없다.

어떤 문제에 대해 정말 아무런 의견이 없다면 그 문제에 대해 약간 조사를 하고 생각을 정리해 본다.

어떤 문제에 대해 아무런 의견이 없는 것도 일종의 견해 표명일 수 있다. 그 문제가 중요하거나 논할 가치가 있다고 생각하지 않는다는 뜻이기 때문이다.

예를 들면, 연예인 가십을 입에 올리지 않는 사람들이 있다. 관심이 없기 때문이다. "지금 더 중요한 문제가 있어." 또는 "그 문제에 대해 별생각이 없어."라고 말해도 괜찮다.

⑥ 사실로 의견 뒷받침하기

주제에 대해 아는 것이 별로 없으면 의견을 갖거나 말하는 것이 어렵게 느껴진다. 자신의 의견을 뒷받침할 사실들을 알고 있으면 자신의 의견에 더욱 자신감을 가질 수 있다.

예를 들어, 친구와 가족이 항상 연금 개혁에 대해 말한다면 그에 대한 기사를 몇 개 읽어 보고서 자기 생각을 정리한다.

자신의 의견을 뒷받침할 사실들이 있으면 더 편하게 자기 의견을 말할 수 있다.

⑦ 논쟁 주제 선택하기

항상 자신의 의견을 모두에게 강요하는 사람이 되고 싶지는 않을 것이다. 그저 말을 하기 위해 말을 하거나 상대방을 꺾은 것을 자랑하는 사람 말이다. 자신이 정말 관심 있어 하는 주제를 파악해서 그 주제를 고수한다.

관심 있는 주제가 나올 때까지 기다린다. 끊임없이 자신의 의견을 내세우거나 다른 사람을 반박하면 공격적이고 귀찮은 사람으로 비칠 수 있다. 다른 사람들과 갈등을 빚지 말고 자신의 의견을 알리고 관심을 끌도록 한다.

⑧ 조용히 있어야 할 경우도 있음을 이해하기

일반적으로 서구 사회는 외향적인 사람이 될 것을 요구한다. 직장에서도 적극적으로 자신의 의견을 표현하고 대화를 이끌어가면서 사내 인간관계를 원만하게 형성하는 직원을 높이 산다.

하지만 조용한 것이 잘못된 것은 아니다. 때로는 한 발 뒤로 물러나는 것이 가장 적극적이고 효과적인 커뮤니케이션 방법이기도 하다.

보통은 중도를 지키는 것이 가장 좋다. 자신의 의견을 항상 거침없이 말해야 하는 것은 아니다. 자신의 견해가 충분히 대변되지 못하거나 방어할 필요가 있을 때 적극적으로 의견을 개진한다. 그렇지 않으면 조용히 있는 것이 필요하다.

⑨ 열린 마음 갖기

이것은 일반적인 토론 예절이다. 자신의 의견을 말하고서, 듣는 사람으로 하여금 논리적인 주장이라는 생각이 들게 하려면 편협하거나 꽉 막히거나 건방진 모습을 보이면 안 된다. 상대방에게 자신의 의견을 충분히 말할 기회를 주어야 더욱 합리적이고 공정하다는 인상을 줄 수 있다.

자신의 의견을 말하기 전후, 그리고 말하는 중에는 열린 마음을 갖는다.

여러 가지 근거를 대며 상대를 몰아붙이는 것만큼이나 "맞습니다. 그걸 생각 못했군요."라고 말하는 것도 인상적이다. 쉬지 않고 목소리를 높일 수 있는 사람은 많아도 자신이 틀렸을 수도 있음을 인정하는 사람은 드물다.

2. 다른 사람과 소통하기

① 믿음직한 친구와 연습하기

말을 거침없이 하면 무례하고 고집 센 사람으로 오해받기 쉽다. 요령 있게 자기 생각을 말하는 방법을 익히기 위해서는 자신을 잘 알고 아껴주는 친구를 고른다. 자기 생각을 솔직하고 기탄없이 말하는 것을 연습한다. 친구가 피드백을 주면서 더 자연스럽게 말할 수 있도록 도와줄 것이다.

"저는 천문학을 좋아합니다. 밤하늘을 관찰하며 많은 것을 배울 수 있다고 생각합니다."라는 식으로 말하는 것이 거침없이 자기 생각을 표현하는 것이다.

"밤하늘을 관찰할 줄 모르는 인간들은 바보들입니다."라고 말하면 무례하고 고집불통인 사람처럼 보일 수 있다.

② 두려움 떨치기

다른 사람들이 자신에 대해 어떻게 생각할까, 뭐라고들 말할까를 걱정하면 두려워지기 쉽다. 그러나 이 두려움을 떨쳐 내야 한다.

어떤 사안을 조사해 보고 의견을 확실히 정리해서 잘 표현하면 자신이 말하는 내용에 대해 더 자신감을 가질 수 있고, 다른 사람의 평가에 대해 신경을 덜 쓸 수 있다.

③ 사려 깊게 말하기

자기 생각을 솔직히 표현하려면 요령이 필요하고 다른 사람의 감정에 신경 써야 한다. 일반적으로 말할 내용과 더불어 타이밍을 고려해야 한다.

아무리 무신론자라도, 최근 사망한 가족의 추도식이 열리고 있는 교회에서 '사람은 죽으면 끝이고, 천국 따위는 없다.'라는 따위의 말을 하는 것은 적절치 않다. 이런 경우에는 자신의 의견을 입 밖으로 꺼내지 않는 것이 훨씬 사려 깊은 행동이다.

④ 유려하게 말하기

말솜씨가 서툴러서 좋은 의견이 평가절하되는 것은 안타까운 일이다. 많은 사람이 말하는 방식에는 신경 쓰면서 정작 말의 내용은 간과하곤 한다. 유려한 말솜씨를 갖고 있다면 내용을 적확하게 전달하는 것이 용이하다. 뉴스 진행자처럼 말을 잘하는 사람들이 의견을 개진하는 방식을 보고 그대로 따라 해 보는 것도 한 방법이다.

어려운 단어를 사용한다고 해서 꼭 말솜씨가 유려하다고 보이는 것은 아니다. 자세한 정보를 제공한다면 짧고 적확한 표현이 더 효과적이다.

예를 들어 "참치 산업은 혐오 산업입니다. 참치를 먹는 사람들은 모두 생태계를 파괴하고 있습니다."라고 말하는 것만으로는 충분하지 못하다. "참치 산업은 절대로 오래갈 산업이 아닙니다. 중지하지 않으면 10년 안에 참치를 찾아볼 수 없을 것입니다. 인간은 생태계를 완전히 망쳐 놓고 있습니다."라고 주장을 뒷받침하는 근거를 제시해야 한다.

⑤ 논쟁을 멈춰야 할 시점 파악하기

논쟁하는 것과 더불어 논쟁을 멈추는 시점을 파악하고, 말과 내용에 힘을 실어야 한다. 논쟁이 끝난 다음에는 결정된 일에 대해 왈가왈부하지 말아야 한다.

주변 사람들의 눈치를 살핀다. 누군가가 논쟁 내용에 기분 나빠하면서 화를 내거나 불편한 심기를 내비친다면 논쟁을 멈추는 것이 더 현명한 처사다. 필요하면 나중에 자신의 주장을 다시 짚어주면 된다.

⑥ 연습 및 반복하기

무슨 일이든 습관을 들이기 나름이다. 거침없이 말하는 것을 평소에 연습하면 어느새 습관으로 자리 잡게 된다. 습관이 되면 의견을 거침없이 말하는 자신의 목소리가 당황스럽지 않을 것이고, 자신의 의견에 대해 다른 사람들이 보이는 반응도 두렵지 않을 것이다. 이는 인간 사회에서 일어나는 갖가지 일 중 한 부분일 뿐이다.

먼저 하루에 한 번은 반드시 자신의 의견을 말하겠다는 것을 목표로 삼는다. 좋은 생각이 떠올랐는데도 입 밖으로 꺼내지 않는 자신을 발견할 때마다 차근차근 시작해 보자.

너무 지나치다 싶으면 물러설 수 있다. 그리고 누군가가 웬 심경의 변화냐고 물으면 솔직하게 말하자! 거침없이 말하는 것을 연습하는 중이라고. 그러면 된다.

3. 효과적으로 의견 전달하기

① 집은 물론 직장에서도 거침없이 말하기

가족들에게 진짜 자기 생각을 말하는 것은 비교적 쉽지만, 직장에서 회의 시간에 손을 들고 자기 생각을 말하는 것은 비교적 어렵다. 하지만 좀 더 신경이 쓰이는 것은 직장에서다. 손꼽아 기다리던 승진에 영향을 미칠지도 모르니까.

무슨 일이건 많이 해 볼수록 익숙해진다. 그러니 오늘 당장 시작하자. 무슨 생각이 나면 속에만 넣어 두지 말고 바로 표현한다. 일단 그것만 하면 된다.

다른 사람들 앞에서 자신의 의견을 내세우는 것이 덜 두려워질 때까지 하루에 한 번은 반드시 자기 생각을 말로 표현한다. 그다음에 강도를 높여 나간다.

② 다른 사람을 설득하려 하지 않기

지적이고 허심탄회한 토론은 활기차고 정말 재미있다. 그러나 자신의 의견을 강요하면서 상대방이 마지못해 동조할 때까지 몰아붙이는 사람들과의 토론은 정말 하기 싫다.

모든 사람이 자신의 의견에 동조할 때까지 말을 멈추지 않는 사람이 되지 말자. 토론의 목적은 만장일치가 아니다.

③ 내 의견만 옳다고 생각하지 않기

사람마다 의견이 다를 수 있다는 것을 인정하지 않은 채 무조건 상대방을 설득하려는 사람들이 있다. 자기 생각이 전적으로 옳다고 한 치의 의심도 없이 굳게 믿고 있기 때문이다. 남들은 어째서 자신들이 틀렸다는 것을 모를까? 남들도 똑같은 생각을 하고 있기 때문이다.

이 글을 읽는 사람이라면 '나는 옳고, 너는 틀리다.'라는 태도를 보이고 있진 않을 것이다. 그러나 자신의 의견에 반대할 때 그런 태도를 보이는 사람들을 마냥 피할 수만은 없다. 어쩔 수 없이 상대해야 할 때는 말하는 사람의 잘못된 태도 때문에 즐겁고 지적인 토론이 이루어지지 않음을 지적해라. 이런 사람들과는 토론을 벌일 가치가 없기 때문이다.

④ 다른 사람을 깎아내리지 않기

자신의 의견을 피력하다 보면 반대 의견을 내세우는 사람들과 부딪치게 된다. 심지어는 "방금 진짜 그렇게 말한 거야? 내 귀가 의심스럽다."라고 생각하게 하는 사람들과도 부딪치게 된다. 이런 사람들과 부딪치는 경우, "제정신이 아니군." 또는

"멍청한 소리." 등과 같은 말을 해서 자신의 논점을 흐리지 않도록 한다. 그런 말을 한다고 해서 자신이 유리해지거나 그 사람들이 불리해지는 것이 아니기 때문이다. 도리어 나만 돼먹지 못한 사람으로 비치기에 십상이다.

누군가에 대해 말할 때는 개인적인 판단을 개입시키지 않도록 최대한 노력한다. 친구들과 영화를 보러 가고 싶지 않다면 영화 보기 싫다고 솔직하게 말하면 된다. 하지만 어떤 사람이 살 빼느라 고생하고 있다고 말하면 솔직한 속마음을 드러내기보다는 좀 더 외교적으로 반응해 주는 것이 좋다.

⑤ 다른 사람 말에 귀 기울이기

"토론할 때는 항상 내 의견을 말하기에 앞서 한 사람, 한 사람의 말에 귀를 기울여야 한다. 내 의견은 토론 중에 내가 이미 들었던 의견에 불과한 경우가 많다."는 넬슨 만델라(Nelson Mandela, 남아프리카 공화국의 정치인, 흑인 민권 운동가)를 본받자.

먼저 다른 사람의 말을 듣는 것이 중요하다. 자신이 생각하고 있던 점이 이미 언급되었거나 더 좋은 의견이 있을 수 있기 때문이다.

거침없이 말하는 것이 빛을 발하려면 먼저 다른 사람의 말을 듣고 말해야 한다. 그래야만 나중에 후회할 일도 줄어든다.

Tip

• 인종 차별적인 발언, 성 차별적인 발언, 다른 사람의 기분을 상하게 할 수 있는 발언을 삼간다.

- 반드시 발전적인 명분을 내세워야 한다.
- 두려워하지 말자. 나의 의견은 소중하다.
- 어떤 사람의 생각이 잘못되었음을 지적하려면 다른 사람들이 없는 곳에서 한다.
- 되도록 간결하게 말한다. 간결하게 말할수록 더욱 극적이고 효과적으로 메시지를 전달할 수 있다.

Caution

- 말을 거침없이 하다 보면 적을 만들 수도 있지만, 정직하고 반듯한 사람이라면 그런 일은 드물다. 오히려 더욱 존경을 받게 될 것이다.
- 논쟁을 벌일 때는 저속한 표현을 삼간다. 저속한 표현을 사용하면 옳은 소리를 해도 다른 사람들이 거부감을 느끼기 때문에 내 의견이 효과적으로 전달되지 않는다.
- 상사, 교사 등 권위를 가진 사람과 논쟁을 벌일 때는 예의를 깍듯이 갖춰서 자신의 의견을 피력해야 한다.
- 자신의 의견을 조심스럽게 나타내는 사람을 좋아하는 친구들도 있다. 좋은 친구들이라면 내가 거침없이 말한다 해도 나라는 사람을 이해해 주겠지만, 함께 어울리는 친구들의 성향에 따라 태도를 바꿔야 할 때도 있다.

명료하게 말하는 방법

말할 때 혼자 중얼거리듯이 하여 얘기한 내용 대부분을 상대방이 이해하지 못한다면 연습을 통해 명료한 말투로 개선할 필요를 느낄 것이다.

연설해야 하거나 업무상 사람들 앞에서 발표해야 할 때, 또는 전반적으로 말투를 개선하고 싶은 경우 등 어떤 목적으로든 간에 좀 더 명료하게 말하는 방법을 알아보자.

1. 말할 때 서두르지 말자

① 호흡을 조절해라

노래를 듣거나 가수가 무대에서 공연하는 모습을 보면 얼마나 호흡에 집중하는지 알 수 있다. 믹 재거(Mick Jagger, 영국의 위대한 록 보컬리스트)도 적절한 호흡 방법을 몰랐다면 노래하면서 그렇게 무대 위아래로 뛰어다니지 못했을 것이다. 마찬가지로 호흡만 제대로 해도 말하기가 훨씬 명료하게 개선될 수 있다.

호흡을 제대로 하고 있는지 확인하는 방법의 하나는 숨을 쉴 때 한 손은 배에 한 손은 가슴에 올리는 것이다. 호흡할 때 가슴은 움직이지 않고 배에 올린 손이 앞쪽으로 움직여야 한다. 배로 호흡한다는 것은 말할 때 성량이 풍부하게 나올 수 있도록 깊게 숨을 쉰다는 의미이다.

숨을 충분히 들이마신 상태에서 말해라. 적절한 방식으로 숨을 들이마신 다음에 천천히 일정하게 내쉬면서 말을 시작하고 할 말에 대해 생각한다. 이렇게 하면 호흡이 말하는 것을 받쳐 주어, 자연스럽게 여유를 가질 수 있게 된다.

② 말할 때 서두르지 말고 이어 나가라

천천히 얘기해야 하지만, 그렇다고 로봇이 말하듯 너무 느리게 해서는 안 된다.

사람들 앞에서 말하려면 긴장될 수 있다. 긴장되어서 말이 빨라진다고 느껴질 때는 천천히 해도 된다는 것을 기억하자. 적절하게 호흡하면 안정된 상태에서 생각하며 말할 수 있다.

사람들이 자신이 하고자 하는 말을 듣고 싶어 한다는 것을 명심해라. 자신의 말이 가치 있는 것이라고 믿고, 사람들에게 들을 기회를 주자.

인간의 귀는 짧은 시간에 많은 것을 들을 수 있다. 그러나 한 마디를 완전히 끝내고 나서 다음 말을 시작하는 방식으로 중간에 충분한 공간을 준다면, 듣는 사람들 모두가 제대로 이해하는 데 도움이 될 것이다.

③ 침을 삼켜라

입 안에 침이 고여 있으면 중얼거리게 되고 'ㅅ'과 'ㅋ' 등의 자음은 발음이 흐려질 수 있다.

침을 삼키는 행동은 입 안을 비워 줄 뿐만 아니라 잠시 멈추고 다시 호흡할 수 있는 여유를 갖게 해 준다.

한 문장이 끝난 다음에 침을 삼키는 것이 좋다. 이렇게 하면 다음에 할 말을 준비할 시간도 가질 수 있다.

④ 생각을 정리해서 말해라

연설을 하든 발표를 하든, 편하게 친구들과 대화를 나누든 간에 하고자 하는 말을 정리하는 시간을 잠시라도 가지면 명료하게 말하는 데 도움이 된다. 그뿐만 아니라 말이 빨라지는 것도 방지할 수 있다.

발음만 제대로 한다고 명료해지는 것이 아니다. 메시지나 관점을 가능한 한 정확하게 전달해야 한다.

생각을 정리해서 전달하고자 하는 내용을 확실하게 알고 말하면, 중간에 '음', '어', '아'와 같은 군더더기로 공백을 채우지 않아도 된다.

⑤ 걸으면서 연습해라

연설이나 발표를 앞두고 있다면 전체 내용이나 최소한 윤곽(outline)을 준비하게 마련이다. 이 내용을 걸어 다니면서 연습하는 것이다.

대사를 외울 때 이 방법을 사용하는 배우들도 있다. 일어나서 움직이면 내용을 외우는 데 도움이 되기 때문이다.

한 걸음에 한 마디씩 말하면서 연습해 보자. 이런 연습이 어렵고 시간이 걸릴 것처럼 보이지만, 한 걸음에 한 마디씩 말하면 천천히 얘기하는 것을 배우게 된다.

연설에서나 평소 대화를 나눌 때 이 정도로 천천히 말할 필요는 없다. 그러나 느린 속도에 익숙해지면 말이 명료해지고 여유를 가질 수 있게 되는 이점(利點)이 있다.

⑥ 발음이 어려운 단어는 반복 연습해라

발음이 어려운 특정 단어들을 만나면 말이 빨라져서 그것에 신경 쓰다가 연설을 망치는 경우도 있다. 근육이 기억하여 단어들을 정확하게 발음할 수 있게 될 때까지 소리 내어 반복하자.

어려운 발음을 연습할 때는 철자를 소리 나는 대로 적으면 도움이 된다.

문제 되는 단어들의 발음이 편해지면 자신감을 가지고 여유 있게 말할 수 있게 된다.

2. 발음 개선

① 잰말놀이 이용하기

잰말놀이에 익숙해지면 또렷한 음성으로 자신감을 가지고 말할 수 있으므로, 잰말놀이는 명료함을 향상하는 데 아주 좋은 방법이다. 많은 배우와 연사들이 무대에 오르기 전에 목을 풀기 위해 잰말연습을 한다.

잰말놀이는 천천히 시작해서 평소 대화 속도에 이를 때까지 서서히 속도를 높이는 게 좋다.

연습할 때는 혀, 턱, 입술에 힘을 주어 단어를 과장되게 발음한다. 익숙해지면 목소리를 높여 더욱 과장되게 발음한다. 이 연습은 기술을 습득하면서 말할 때 필요한 입 안의 근육도 강화할 수 있다.

명료하게 말하기 위해 몇 가지 잰말놀이 문장을 시도해 보자.

'내가 그린 기린 그림은 잘 그린 기린 그림이고, 네가 그린 기린 그림은 잘 못 그린 기린 그림이다.'(반복)

'저기 저 뜀틀이 내가 뛸 뜀틀인가, 내가 안 뛸 뜀틀인가.'(반복)

'앞집 팥죽은 붉은 풋팥 팥죽이고, 뒷집 콩죽은 햇콩 단콩 콩죽이며, 우리 집 깨죽은 검은깨 깨죽인데, 사람들은 햇콩 단콩 콩죽과 검은 깨죽 먹기를 싫어하더라.'(반복)

② 소리 내어 읽기

책을 읽거나 아침에 신문을 볼 때 소리 내서 읽으면 말할 때 자신이 내는 소리에 더 익숙해질 수 있다. 사람들과 대화를 나눌 때는 자신의 소리를 잘 듣지 않는 경우가 많다. 집에서 편안하게 소리 내어 읽으면 자신의 목소리를 듣게 되고, 명료하지 않은 부분에 주목할 수 있게 된다.

자신이 말하는 것을 녹음하여 다시 들으면서, 어느 부분에서 중얼거리거나 명료하지 않게 발음하는지를 기록하는 방법도 시도해 보자.

③ 코르크 물고 말하기

많은 배우와 성우들이 분명하게 발음하는 연습을 할 때 이 방법을 많이 사용한다. 특히 '셰익스피어' 작품을 할 때 이렇게 연습한다.

코르크를 앞니로 물고 크게 얘기하면 모든 음절을 발음하기 위해 입 훈련을 많이 하게 만들어 주며, 특정 단어에서 혀가 꼬이는 것을 코르크가 방지해 준다.

이 연습은 자칫 턱을 피로하게 만드는데, 턱의 긴장을 푸는 방법을 배우는 기회가 될 수도 있다. 그러나 턱이 아플 정도로 오래 연습하는 것은 좋지 않다.

이 방법은 침이 많이 나올 수 있으므로 냅킨이나 휴지를 미리 준비하는 게 좋다.

④ 어조에 주목하기

어조는 특정 단어를 발음하는 데 영향을 주는 한편, 명료하게 발음하는 데 중요한 역할을 한다.

사람들을 흥분시키는 연설을 해야 하는 자리에서 단조로운 어조로 무관심하게 얘기한다면, 듣는 사람들이 그 내용을 이해하기가 훨씬 더 어려울 것이다.

흥분되는 내용이나 유용한 정보를 전달할 때 또는 대화나 연설을 할 때, 말하는 사람의 어조는 청중의 몰입이나 명료하게 말하는 것에 영향을 줄 수 있다.

말할 때의 자세부터 목소리의 높낮이까지가 모두 어조에 해당한다. 말할 때 목소리가 얼마나 높거나 낮은지 기록해 보자.

⑤ 말끝을 올리지 않고 마무리하기

말끝을 올리는 것은 어미를 변형시켜 질문처럼 들리게 만드는 아주 좋지 않은 습관이다.

마무리할 때는 무게를 실어 강한 어조로 하는 것이 좋다. 자신감을 가지고 선포하듯 마무리해라.

자신이 하는 말에 자신이 없을 때 말끝을 올리는 경향이 있다. 예를 들어 무슨 일을 하느냐고 물었을 때, "디자이너인데요?"라고 대답하는 것이 바로 말끝을 올리는 습관이다. 이렇게 답하면 거의 미안해하는 것처럼 들릴 정도로 자신감이 없어 보인다.

그 대신, 당당하게 "디자이너예요."라고 말하자.

3. 근육 운동

① 명료하게 말하려면 턱 운동을 해라

운동을 통해 턱의 긴장을 풀면 훨씬 명료하게 말할 수 있다.

· 부드럽게 허밍 하면서 크게 씹는 운동을 해 보자.

· 턱과 얼굴의 모든 근육을 당긴다. 입을 최대한 크게 벌리고 (하품하듯이) 턱을 돌리고 좌우로 움직인다.

· 입을 크게 벌리고 바로 닫는다. 5회 반복한다.

· 입술을 닫은 채 '음-' 하고 진동 소리를 낸다. 이때 어금니를 꽉 물어서는 안 된다.

② 자세를 바로 해라

호흡과 마찬가지로 자세 또한 명료하게 말하는 데 큰 역할을 한다. 그러나 사람들은 자세의 중요성을 잊어버리는 경우가 적지 않다.

가장 좋은 자세는 어깨를 펴고 어느 한쪽으로 체중이 실리지 않고 고르게 되도록 똑바로 서는 것이다. 자세에 도움이 되도록 어깨 돌리기와 몸을 옆으로 기울이기를 해 보자.

이렇게 간단한 운동으로 호흡도 조절할 수 있으며 스트레칭을 하는 동안 턱 강화 운동도 함께 할 수 있다.

③ 성대를 풀어 줘라

성대 풀기는 몸의 긴장을 풀고 또렷하고 효과적으로 말하기 위한 준비를 하는 것이다.

노래를 하는 것이 아니더라도 음계 또는 허밍 연습에 도움이 된다. 잰말놀이로 노래하기도 시도해 보자.

'우'로 소리를 서서히 키웠다가 줄이는 연습을 한다. 자신의 목소리가 천천히 계속 돌아가는 관람차라고 상상하고 소리를 내보자. 헛기침하면서 가슴을 두드려 주면 안에 걸려 있던 가래를 제거할 수 있다.

④ 말할 때 이를 악물지 마라

이를 악물면 자신에게 많은 부담을 주어 스트레스가 될 수 있다. 또한 이를 악물면 입이 충분히 벌어지지 않아 발음이 제대로 되지 않고 분명하게 말할 수 없게 된다.

이를 악무는 습관이 있다면 턱을 풀어 주는 연습을 한 다음

잠깐 동안 숨을 깊게 들이마셔라. 그리고는 마치 풍선에서 바람이 빠지듯 볼을 부풀려 천천히 내쉬어 본다.

⑤ 성대를 촉촉하게 유지해라

성대는 윤활유가 잘 발라져 있어야 하는 기계와 같다.

성대가 유연해지도록 약간의 소금을 넣은 미지근한 물로 입과 목을 헹구자. 이렇게 하면 목의 긴장을 푸는 데 도움이 된다.

전문가 조언

청중 앞에서 연설해야 한다면 다음 팁을 시도해 보자.

• 연설 내용을 간단명료하게 다듬는다.

• 연설은 짧고 구체적이며 유용한 것이어야 한다.

• 소리 내어 연습하면서 녹음한다.

• 천천히 분명하게 말하는 연습을 하고, 자신의 목소리를 객관적으로 들어 보자.

• 거울 앞에서 연설문을 읽는다.

• 가사를 연설문으로 바꿔 좋아하는 노래를 불러 보자.

• 펄쩍펄쩍 뛰면서 연설문을 읽어 보자.

Tip

• 입꼬리를 양쪽으로 당기면서 '이~'라고 길게 소리 낸다.

• 누구에게든 말할 때는 자신감을 가지고 긴장을 풀어야 명료하게 말할 수 있다.

• 연습을 하다 보면 약간 이상하고 우습기도 하겠지만, 연습

을 많이 할수록 쉬워지고 그 보상을 얻게 된다.
- 영어의 'AW' 발음을 해 보자(턱을 뚝 떨어뜨려야 한다).
- 과장되게 다음 소리를 내보자.

아 이 우 에 오	카 키 쿠 케 코
사 시 수 세 소	타 치 추 테 토
나 니 누 네 노	하 히 후 헤 호
마 미 무 메 모	야 이 유 예 요
라 리 루 레 로	와 위 우 웨 워

- 또 다른 연습 방법은 종이에 몇 개의 문장을 쓰고 각 단어의 맨 마지막 글자에 밑줄을 그은 다음, 그 마지막 글자만 강조해서 읽는 것이다. 그다음에는 몇 초 동안 멈춘다.

서두르지 않으려면 단어 사이 사이에 쉼표를 찍어 주는 방법도 있다.

- 그리스의 사상가이자 웅변가로 이름을 떨친 데모스테네스(Demosthenes)는 말을 더듬는 습관을 고치기 위해 입에 자갈을 물고 연습했다. 자갈 대신 쿠키나 얼음과 같이 먹을 수 있는 것을 사용하여 시도해 볼 만한 방법이다. 목에 걸리지 않도록 주의하자.

- '파 퍼 포 푸 페 피, 사 서 소 수 세 시……'를 자음을 바꿔 가면서 연습해 보자.

- 불안감을 떨치기 위해서는 다른 생각은 하지 말고 말하려는 내용에만 집중하자. 이 방법은 특히 연설할 때 도움이 된다.

- 자신이 무엇을 말하려 하는지를 제대로 알고 하자.

목소리의 힘을 느끼면서 많은 사람 앞에서 말할 때 훨씬 담대하게 할 수 있다.

Caution

• 턱과 입 운동을 할 때 아플 정도로 심하게 해서는 안 된다. 통증이 느껴질 때는 얼굴 근육을 잠시 풀어 주자.

큰 소리로 말하지 않는 방법

사람들이 당신에게 목소리가 크다고 말하는가? 목소리가 커서 사람들이 짜증을 내고, 그걸 본 당신의 기분은 불편한가? 혹은 당신의 목소리에 자신이 없는가?

누구나 자신의 말을 다른 사람들이 들어 주기를 바란다. 하지만 항상 목소리를 높이는 게 최선은 아니다. 공공장소에서 너무 큰 목소리로 말을 해서 많은 사람이 당신을 쳐다본다면, 다음에 소개한 글을 읽어 보고 개선책을 찾아보자.

1. 목소리를 높이지 않고 효과적으로 소통하기

① 말하는 것보다 듣는 걸 더 많이 해라

대화를 나눌 때 적극적으로 경청해라. ― 대화에서 상대방을 이기겠다는 생각을 하지 마라. 상대방의 말에 진심으로 관심을 보여라. 상대방의 말을 끊지 마라. 상대방이 말한 다음에 무슨 말을 할지 미리 생각하지 말고 상대방의 말을 들어 줘라.

그렇게 하면 상대방의 말보다 본인의 말이 더 잘 들리게 하려고 목소리를 높일 가능성이 줄어들고, 동등한 조건에서 서로 대화를 나눌 수 있다.

② 목소리를 높이게 하는 주변 요인을 바꿔라

목소리를 높이게 만드는 주변 요인을 바꾸도록 최선을 다해라. 당신이 하는 말이 더욱 잘 들리도록 환경을 조성하면 큰 목소리로 말할 가능성이 줄어든다.

창문과 문을 닫아서 외부 소음을 차단해라.

대화를 나누는 상대방에게 더 가까이 다가가라.

외부에서 소음이 많이 들어오거나 상대방과 본인 사이의 거리가 더 많이 떨어져 있을수록 본인의 말이 잘 들리지 않을까 봐 더 큰 목소리로 말할 가능성이 커진다.

대화할 때는 넓은 공간보다 좁은 공간에서 하는 것이 더 효과적이다. 넓은 공간에서는 상대적으로 소리의 크기가 줄어들기 때문에 더 크게 말해야 할 것 같은 느낌이 들 수 있다.

③ 목소리 크기 대신에 소통의 기술로 대화해라

당신의 의견은 타당하며 다른 사람들이 들을 만한 가치가 있다. 그런데 상대방이 당신의 말을 듣고 있지 않은 것 같다면, 목소리를 높이지 않으면서 적극적으로 소통하는 기술을 활용해라.

상대방의 상황을 이해해라. 상대방이 어떤 상황에 부닥쳐 있는지 파악하고, 그 상황을 이해한다는 사실을 전해라.

예를 들어서 "요즘 네가 스트레스를 많이 받고 있다는 걸

나도 알아." 또는 "너 지금 바쁜 거 아니까 짧게 말할게."라고 말한다.

부정적인 내용을 말할 때도 긍정적인 태도를 보이도록 노력해라. 상대방의 의견에 동의하지 않는다고 해서 당신이 상대방을 반드시 싫어한다는 뜻은 아니다. 상대방을 무례하게 대할 필요가 전혀 없다.

상황에 따라서는 '거절'하는 것이 간단한 해결책이 되기도 한다. 지금 당장 마땅한 해결책이 없는 것 같으면, 언쟁을 더 크게 벌이거나 목소리를 높이지 말고 그냥 대화를 끝내고 자리를 떠라.

④ 그룹과 하나가 되라

여러 사람과 함께 대화를 나눌 때는 다른 사람들을 설득하거나, 대화에서 이기고 싶거나, 대화를 장악하고 싶은 기분이 드는 경우가 있다. 그룹 대화를 나눌 때 몇몇 사람들이 이런 행동을 하면 그룹 전체가 목소리를 높이게 되는데, 바람직하지 않다.

다른 사람이 말하고 있을 때는 끼어들지 말고 본인이 말할 차례가 올 때까지 기다려라.

하고 싶은 말이 있다는 사실을 몸짓 언어를 통해 다른 사람들에게 알려라. 손가락을 들거나, 고개를 끄덕이거나, 고개를 젓는 방법을 사용할 수 있다.

당신이 말할 차례가 왔을 때는 다른 사람이 끼어들기 전에 재빨리 자신의 의견을 명확하게 밝혀라.

2. 목소리 훈련하기

① 횡격막으로 호흡하기

복부 윗부분과 흉곽 아랫부분 사이에 한쪽 손을 얹은 다음, 숨을 들이쉬어 공기 때문에 손이 위로 올라가도록 만들어라.

이렇게 하면 코, 가슴 또는 입으로 소리를 낼 때에 비해서 호흡이 잘 유지된다. 억지로 코, 가슴 또는 입으로 호흡할 경우 소리가 커져서 듣기에 거슬릴 수 있다.

횡격막으로 숨을 들이쉰 다음 손을 놔둔 위치에서 소리를 내보도록 한다.

② 목구멍의 긴장 풀어 주기

목이 긴장된 상태면 목구멍에서 소리가 억지로 나오게 된다. 목소리가 부드러워지도록 목구멍의 긴장을 풀어 줘라.

한쪽 손을 목에 얹은 채 평소처럼 말하면서 목구멍의 긴장 정도를 확인해 본다. 턱을 최대한 아래로 당긴 다음 크게 하품을 해 본다. 콧노래를 가볍게 부르면서 천천히 숨을 내쉰다.

목구멍의 긴장이 풀린 느낌이 들 때까지 이러한 동작을 여러 번 반복해 본다.

목구멍의 긴장을 푼 뒤 계속해서 턱을 아래로 당기고 '아-에-이-오-우' 같은 소리를 내면서 숨을 내쉬어라.

동작하는 과정에서 목이 뻣뻣한 느낌이 들면 목에 마사지를 해 주도록 한다.

③ 목소리 크기에 변화 주기

목소리 크기에 변화를 주면 다른 사람들이 당신의 말을 들을 때 도움이 된다. 그뿐만 아니라 당신 스스로가 자신의 말을 들을 때도 도움이 된다.

똑같은 크기로 말하면 사람들이 당신의 말을 듣지 않을 가능성이 크다. 그럴 때 상대방이 무시한다는 생각이 들면, 화가 나서 목소리를 높일 가능성마저 생긴다.

목소리 크기에 변화를 주면서 말하는 방법을 연습해 보자.

목소리에 변화를 주면 본인의 목소리를 더 잘 의식할 수 있고, 상대방에게 어떻게 들리는지를 파악하는 것이 쉬워진다.

처음에는 거의 속삭이듯이 말을 한다. 상대방이 좀 더 크게 말해 달라고 부탁하기 전까지 작은 목소리를 유지한다. 이때 강조하고 싶은 단어가 있으면 큰 소리로 말한다.

예를 들어서 "피자가 엄청 맛있었어!"라고 말해 봐라.

④ 다른 사람에게 도움 요청하기

본인의 목소리를 스스로 듣는 건 어렵다. 가장 좋은 방법은 당신의 말을 들어 줄 목소리 코치를 구하는 것이다.

목소리 코치는 당신의 목소리 크기와 개선해야 할 점들을 파악하고, 목소리를 조절하는 방법을 배우는 데 도움이 되는 훈련 방법들을 알려 준다. 만약 목소리 코치를 현재 고용하고 싶지 않다면 친구에게 피드백을 해달라고 부탁해라.

목소리 코치는 여러 가지 호흡법을 가르쳐 주고, 당신의 목소리 크기와 음조 범위를 확인해 줄 것이다.

스스로 연습할 경우 당신의 목소리가 바뀌었는지 친구에게 물어봐라. 당신의 목소리가 높아지면 지적을 해달라고 부탁한다. 친구가 지적할 때 화를 내지 마라. 친구는 그저 당신을 돕기 위해서 지적해 준다는 것을 기억해라.

3. 문제점 파악하기

① 본인이 말하는 걸 직접 들어 보기

소리가 귓속에 닿는 경로는 두 가지(공기 전도, 뼈 전도)이다. 보통 자신이 말하는 소리를 들을 때는 이 두 가지 경로를 모두 거친다. 사람에 따라 공기 전도에 더 민감한 경우도 있고, 뼈 전도에 더 민감한 경우도 있다.

자기가 한 말을 녹음해서 들을 때는 성대에서 뼈로 전해지는 진동이 발생하지 않기 때문에 뼈 전도 소리가 제거된다. 바로 이 이유로 자기가 한 말을 녹음해서 들었을 때 목소리가 다르게 들리는 것이다.

공기 전도 소리를 차단하는 귀마개를 사용해 본다.

귓속이 기형적으로 생겼을 경우 뼈 전도 소리에 더욱 민감할 수 있다. 그래서 호흡할 때 나는 소리, 눈동자가 움직일 때 나는 소리 등과 같이 신체의 자율신경계에서 나는 소리가 들릴 수도 있다.

뼈 전도 소리와 공기 전도 소리 중 하나를 제거하는 것이 청력에 큰 영향을 주는지 확인해 본다.

② 청력 검사하기

너무 큰 목소리로 말하는 것은 청력 손실의 징후일 수도 있다. 감각신경성 청력 손실의 또 다른 징후는 사람들의 말을 명확하게 이해하는 데 어려움을 겪고, 주변 소음이 심할 때 소리를 잘 듣지 못하는 것이다.

만약 이러한 증상들을 겪고 있다면 병원을 방문해서 청력을 검사해 보도록 한다.

③ 자신의 권위 의식 평가해 보기

흔히 사회적 지위가 높은 사람들은 지휘에 맞게 말할 수 있는 여러 가지 훈련을 받기도 한다.

하지만 높은 지위에 임명된 사람들 또는 스스로 높은 지위에 있다고 여기는 사람들 중에는 큰 목소리로 말하는 게 매우 당연하다고 생각하는 사람들도 적지 않다. 권위 의식을 드러내고 싶은 욕구가 큰 목소리로 표출되는 것이다.

당신의 권위 의식은 어느 정도인지 평가해 보자.

'당신의 사회적 지위가 어느 정도라고 생각하나요?'

'당신의 사회적 지위가 주변 사람들과의 관계에 어떤 영향을 미치나요?'

'동등한 조건에서 더욱 잘 소통하는 데 목소리의 강도를 낮추는 게 도움이 된다고 생각하나요?'

④ 본인의 의도가 무엇인지 질문해 보기

다른 사람들이 자신의 말을 들어 주지 않는다는 기분이 들어서 큰 목소리로 말하는 사람들도 있다. 이러한 기분이

들 때 나타나는 또 다른 반응은 같은 말을 끊임없이 반복하는 것이다.

만약 당신도 이러한 모습들을 보인다면, 다른 사람들이 당신의 의견을 들어 주기를 바라는 마음과 무관하지 않다는 것을 기억해라.

단호하지만 예의를 갖춰 대화하는 방법

    단호하게 말한다는 것은 말하는 방식만이 아니라 대화의 기술까지를 포함해서이다.

    단호한 사람은 다른 사람의 생각·감정·신념 등도 존중하면서 자기 생각과 감정을 직접적이고 적절하게 이야기한다.

    무례하거나 공격적이지 않은 방식으로 단호하게 이야기하는 것은 사는 데 무척 필요한 기술이다.

1. 단호하게 대화하기

    ① 자신에게 무엇이 필요한지 그리고 자신이 어떤 감정을 느끼는지 알아본다

    존중받지 못하고 있다는 생각이 들 때가 언제인지 살펴보자. 언제 상대에게 무시당한다는 생각이 드는지 떠올려 보고 이런 상황에서 어떻게 대우받고 싶은지 알아보자.

    자신에게 필요한 것이 무엇인지, 자신의 감정이 어떠한지 알아

보고, 앞으로 어떻게 대우받고 싶은지 적어 보자.

② 명확한 경계선을 미리 마음속으로 정해 놓는다

어느 선까지는 기쁜 마음으로 하다가도 그 선을 넘어가면 스트레스를 받고 하기 싫어질 때가 있다. 이 선이 어디까지인지를 명확하게 정해 놓으면, 스트레스가 심한 상황에서도 도대체 얼마나 견뎌야 할까 하고 고민할 필요가 없어진다.

예를 들어, 동생이 자주 돈을 달라고 하는데 어떻게 해야 할지 난감하다고 하자. 이럴 때는 얼마까지 기쁜 마음으로 줄 수 있는지 정확한 액수를 정해 놓는다. 돈을 더 줄 생각이 없다면, 정해 놓은 액수에 대해 단호하게 이야기하는 것이 차라리 마음 편한 방법이다.

③ 자신의 감정과 필요에 대해 설명한다

단호하게 말한다는 것은 자신의 필요와 감정에 대해 무례하거나 공격적이지 않은 태도로 설명할 수 있다는 것이다. 이렇게 말할 수 있다면 다른 사람들을 존중하는 가운데 자기 생각을 잘 전할 수 있게 된다. 상대방을 존중하는 것을 잊지 말고 자신의 의견·생각·감정을 전달하자.

자신이 어떻게 느끼고 있는지 어떻게 설명해야 할지 잘 모르겠다면, 우선 그 내용을 종이에 적어 놓고 어떻게 말해야 할지를 연습해 본다.

예를 들어, 봉급을 인상 받고 싶은데 어떻게 이야기해야 할지 좋은 방법이 떠오르지 않는다고 하자. 제일 나은 방법은 봉급 인상에 대해 말할 기회를 잡고, 자신의 주장이 받아들여질 수 있도록 설명하는 것이다.

④ 단도직입적으로 말한다

누구에게든 자신이 원하는 바를 직접적으로 말하기는 쉽지 않다. 특히 성격 좋다는 이야기를 자주 듣는 경우라면 더욱 그럴 것이다. 또한 자기 생각을 말하는 것 자체를 무례한 일이라고 여기고 있을 수도 있다.

하지만 현실에서는 전혀 그렇지 않다. 확실하지 않게 돌려 말하면 즉흥적인 생각이거나 별생각 없는 의견 표현이라고 폄하당할지도 모른다.

말다툼하지 않고 자기 생각을 정확하게 전달하는 방법을 알아보자.

상대방의 입맛에 맞는 이야기로 포장하지 말자. 예를 들어, 이모가 놀러 오시기 전에 연락하고 오셨으면 한다고 하자. 이 경우, "이모, 다음에는 오실 때 전화 좀 해 주시겠어요? 그게 불편하면 안 하셔도 되고요."라고 말하지 말고, "이모, 오시기 전에는 전화 좀 해 주세요. 그래야 제가 맞이할 준비를 하죠."라고 이야기해 보자.

⑤ 의견이나 필요한 걸 말할 때 사과하지 않는다

당신이 단호하게 말을 할 때는 자신의 감정과 필요에 대해 인정하고, 그래도 된다고 스스로가 확신하기 때문에 그렇게 하는 것이다.

자신에게 필요한 걸 요구했다고 해서 사과할 필요는 없다.

⑥ 단호하면서도 비언어적인 소통 방법을 연습한다

우리는 의사소통을 할 때 말과 몸짓을 사용한다. 의견을 전달하는 방식에 따라 상대방이 그 의견을 어떻게 받아들일지도 정해진다.

단호하면서도 비언어적인 소통 방법을 잘 활용하고 싶다면 다음과 같은 방법들을 연습해 보자.

· 눈을 계속 바라본다.
· 바른 자세로 서 있거나 앉는다.
· 적절한 어조와 성량으로 말한다.
· 편안하고 진정된 상태로 말한다.

⑦ 상대방에게 감사함을 표현한다

단호하게 말할 때는 상대방의 이야기나 반응에도 관심을 가져야 한다.

대화하면서 자신이 원하는 것을 요구했을 때 상대방이 양보하거나 받아들이면, 그것을 알아차리고 감사함을 표현해야 한다. 그렇지 않으면, 상대방이 당신을 자기 생각만 하는 무례한 사람이라고 생각할지도 모른다.

⑧ 스트레스를 관리한다

스트레스를 받으면 상황을 통제하지 못하고 있다고 생각하기가 쉽다. 그러면 현재 상황에 적절하게 대응하는 것이 어려워진다.

이럴 때 공격적이거나 수동적으로 대응하게 될 가능성이 커지므로 경계해야 한다.

단호하게 말하기 위해서는 스트레스를 잘 관리해야 한다.

⑨ 적절한 상황에서 대화한다

배가 고프거나 몸이 힘들다면 대화를 시작하기 전에 그 문제들부터 해결하도록 한다.

기분이 좋지 않으면 판단력이 흐려지고 상대방을 무례하게 대할 수 있다.

⑩ 꾸준히 연습하고 인내심을 갖는다

단호하게 말하는 법을 배우는 데는 오랜 시간이 걸린다. 친구에게 '그 영화는 보고 싶지 않다.'라고 이야기하는 것 같은 쉬운 상황에서부터 단호하게 말하는 연습을 시작하자.

그렇게 하나씩 경험을 쌓아가다 보면 다른 상황에서도 단호하게 말할 수 있게 될 것이다.

2. 단호하게 말하는 기법 활용하기

① 고장 난 레코드 기법 사용하기

이 기법은 상대방이 자신의 주장을 말하거나 논점을 흐리는 말을 할 때, 자신이 현재 느끼는 바나 필요한 것을 차분하게 다시 이야기해 주는 것이다.

예를 들면, 상대방이 성적 농담을 자꾸 하려고 한다면 "음담

패설 좀 그만해 주겠니?", "성적 농담은 불편하기만 하고 재미없어."처럼 이야기해 본다.

이 기법은 다른 사람을 무시하지 않으면서 자신의 원칙에 대해 설명할 때 사용하면 효과적이다.

예를 들어, 고장 난 물건을 들고 가게에 환불받으러 갔다고 하자. 그런데 점원이 환불 대신 다른 물건으로 교환해 주겠다고 이야기하면, 환불해 달라고 반복해서 말한다.

이 기법은 상대방을 모욕하지 않고 자신이 원하는 바를 말하는 것이기 때문에 무례하기보다 단호하게 느껴진다.

이 방법을 사용할 때는 몸짓과 어조 역시 중요하다.

소리를 지르거나 기분 나빠하는 태도로 상대방을 대하지 말자. 그냥 간단하게 반복해서 말하는 것만으로도 효과는 확실하다.

② 일단 인정한 다음 시작하는 기법 사용하기

어떤 이유에서든 다른 사람이 자신과 논쟁하려고 할 때 "그럴 수 있어."라고 말하면서 시작해 보자. 그러면 다른 사람의 관점도 인정하면서 자신의 입장을 자신 있게 고수할 수 있게 된다.

상대방의 말에 동의한다는 것이 꼭 뒤로 물러서서 자기 생각을 바꾸어야 한다는 것을 의미하지는 않는다.

예를 들어 누군가가 "머리 모양이 이상해."라고 말했다면, "그렇게 보일 수 있겠네."라고 대답한다. 그러면 상대방이 "방금 내가 한 말 제대로 들은 거지? 너 바보 같아 보여."라고 계속 이야기할 수도 있다. 그러면 "맞아. 그럴 수 있지. 하지만 머리는 다시 자라니까 지금은 상관없어."

이 기법 역시 무례하기보다는 단호하게 느껴진다. 상대방의 반대 의견에 동의했기 때문에 그 주장은 맥이 빠져 버리게 된다.

결과적으로 대화 역시 진전되지 않는다. 상대방의 주장에 동의하면 계속 그 문제에 대해 논쟁하기 어려워진다. 게다가 '그럴 수 있다.'라고 이야기했으므로 그 주장이 절대적으로 맞는다고 한 것도 아니다. 맞을 수도 있다는 것이다.

모든 사람에게는 자신의 주장을 말할 권리가 있다는 점을 기억하자.

③ '나'로 시작하는 문장 활용하기

단호하게 말하는 법을 가르쳐 주는 강좌를 듣다 보면 자주 등장하는 기법이다. 어떤 말을 할 때 '나', '저'로 시작하는 문장을 활용하는 것이다.

이 방법은 다른 사람을 무시하지 않고 자신에게 필요한 것을 이야기하기 때문에 성공 확률이 높다. 상대방에게도 생각해 보고 공감해 보고 자신에게 가장 잘 맞는다고 생각하는 것을 해 볼 수 있도록 기회를 주기 위한 기법이다.

이 방법 역시 무례하기보다는 단호하게 느껴지는데, 자신의 감정에 대한 책임을 보이기 때문이다. 이 기법을 쓸 때, 다른 사람을 탓하고 있지 않다.

현재 직면한 문제를 해결하려면 '나'로 시작하는 문장들을 이용해 대화를 시작하면 좋다.

'나'로 시작하는 문장의 예를 들어 보면, "나는 네가 빈정거릴 때 화가 나.", "나는 네가 네 생각만 할 때 기분이 나빠.",

"나는 네가 그렇게 말할 때마다 마음이 아파." 같은 것들이 있다.

④ 예의 바르지만 단호하게 대응하기

예의를 지키면서 자기 생각을 이야기하자. 자신이 하고 싶은 말을 했다면 상대방의 이야기도 들어 주자.

자기 이야기를 듣게 하려고 목소리를 높일 필요는 없다. 차분하고 침착한 자세로 이야기할 때 말에 힘이 실리고 더 예의 바르게 느껴진다.

또한 자신이 해야 할 말을 했다면 너무 많이 웃지 말자. 자신을 깎아내리지 않고도 예의를 갖추는 것은 가능하다.

자신이 말하려는 것과 관련 있는 선에서 분위기를 누그러뜨리는 데만 웃음을 활용하자.

3. 단호함과 무례함의 차이 이해하기

① 무례함의 의미 이해하기

무례한 사람은 상대방의 감정·신념·관점에 대해 존중하지 않는다. 또한 그들은 대화할 때 빈정대거나 화를 내거나 욕을 하거나 괴롭히려 든다.

소리 지르기, 모욕적인 언행, 협박, 손가락질이나 밀치기처럼 겁을 주는 행동도 무례한 행동에 포함된다.

예를 하나 들어 보자.

철수와 영희는 콘서트 티켓을 사려고 밤새 줄을 서서 기다렸다. 아침이 되자 줄이 움직이기 시작했고, 둘은 무척 흥분했다. 그들은 이 티켓을 사려고 몇 주간 돈을 모았을 정도다. 그런데 갑자기 불량해 보이는 두 사람이 그들 앞으로 끼어들었다. "저기요. 저희가 여기에서 밤새 서 있었어요. 새치기하지 마세요."라고 철수가 이야기하자, 새치기한 사람 중 한 명이 "안 비킬 거니까 꼬맹이들은 조용히 해라."라고 말하며 철수를 세게 밀쳤다.

위의 예를 보면, 새치기한 불량배들은 철수와 영희의 권리와 관점을 존중하지 않았다. 또한 폭력적이고, 언성을 높였고, 모욕적인 말을 했으며, 겁을 주었다.

② 단호함의 의미 이해하기

단호하다는 것은 '다른 사람의 권리나 신념을 존중하는 가운데, 자기 생각을 효과적으로 표현하면서 자신의 관점을 고수하는 것'을 의미한다.

단호하게 말하려면 단어, 행동, 몸짓, 어조, 표정을 적절하게 다룰 수 있는 대화의 기술이 필요하다.

어떤 사람이 단호하게 말했다는 것은 이런 요소들이 조화롭게 작용했다는 의미이다. 단순하게 말해, 단호하게 이야기한다는 것은 공격적이지 않으면서 자신감을 갖고 자기 생각을 정확하게 말한다는 의미이다.

③ 상대방이 화가 난 이유 확인해 보기

누구든지 특별한 상황에서 화가 날 수 있고, 또 정당한 이유로도 화가 날 수 있다. 단호한 사람들은 상대방을 존중하면서 필요할 때만 강하게 이야기하지만, 공격적인 사람은 말과 행동으로 상대방을 몰아세우려고 한다.

또한 단호한 사람들은 상대방의 생각이나 행동은 비판하지만, 상대방을 비판하지는 않는다. "그렇게 성 차별적인 발언을 하는 것은 옳지 않아."와 "너는 여성 우월주의 돼지야!"라고 이야기하는 것은 확실히 다르다.

④ 상대방의 감정 존중하기

단호하다는 것은 서로 간의 존중을 기반으로 한다. 서로에 대해 존중하지 않는다면, 단호하게 대화할 수 없다. 서로 존중하지 않는 경우의 대화는 공격적이거나 수동적으로 흐르기 마련이다.

상대방의 감정을 존중하면, 상대방에게 강요하지 않고도 원하는 것을 얻을 수 있을 것이다.

4. 자신의 대화 태도 확인해 보기

① 공격적인 태도에 대해 알아 두자

대화 스타일은 대부분 어린 시절 주위 사람들을 통해 습득된다. 그래서인지 단호한 대화 태도라는 것이 정확하게 어떤 것인지 모르는 사람이 많다. 어린아이가 공격적인 대화 태도를 보면, 그러한 태도를 그대로 받아들일 가능성이 커진다. 공격적인 태도로 이야기하면 상대방은 방어적으로 나오게 되고 겁을 먹게 된다.

다음은 공격적인 태도로 대화하는 예이다.

철수가 "손님들이 곧 도착할 텐데, 지금 나에게 어디 있는지도 모르는 깨끗한 옷을 찾아서 입으라고?"라고 말하자, 영희는 "음식 마무리하느라 시간 없다고! 그만 꾸물대고 알아서 찾아 입어!"

두 사람 다 공격적으로 말하고 있을 뿐만 아니라, 상대방을 존중하지 않고 자신의 입장에서 필요한 말만 하고 있다.

② 수동적인 태도에 대해 알아 두자

어떤 상황에서 한 사람은 자신이 원하는 것을 얻었지만, 다른 사람은 화가 나고 분하고 뭔가 착취당했다고 느꼈다고 하자. 이때 화가 난 사람은 수동적인 태도로 의견을 전했을 가능성이 크다. 수동적인 태도로 대화하는 사람은 자신이 필요한 것을 말하지 않는다.

다음은 수동적인 태도로 대화하는 예이다.

철수가 "손님들이 곧 도착할 텐데, 지금 나에게 어디 있는지도 모르는 깨끗한 옷을 찾아서 입으라고?"라고 말하자, 영희는 "알았어, 찾아 줄게. 그런데 그러면 음식 준비를 제때 끝내지 못할 것 같아. 다른 사람들이 음식 때문에 불평한다고 해서 나한테 뭐라고 하지 마."라고 이야기했다.

철수는 이번에도 공격적으로 말했지만, 영희는 수동적으로 대답했다.

철수는 자신이 요구한 것을 얻게 되었지만 영희는 자신이 필요한 것을 주장하지 않았다.

③ 상대방이 무시하더라도 단호하게 이야기하자

상대방이 공격적이거나 수동적인 태도로 말한다고 할지라도 단호하게 이야기하자.

다른 사람에게 자신이 싫어하는 것을 이야기함으로써 자신의 권리와 감정을 주장한 다음, 자신의 요구를 전달하자.

철수가 "손님들이 곧 도착할 텐데, 지금 나에게 어디 있는지도 모르는 깨끗한 옷을 찾아서 입으라고?"라고 말하자, 영희는 단호하게 "깨끗한 옷은 옷장에 있어요. 지금 음식 준비 마무리해야 해요."라고 대답했다.

철수는 계속 공격적으로 이야기하고 있지만, 영희는 단호하게 대답했다.

영희의 경우, 철수가 그렇게 화를 내면서 이야기하는 것을 좋아하지 않는다고 말한 다음, 지금 우리 둘 다 바쁘니 직접 찾아서 입어 주면 고맙겠다고 자신의 권리와 감정을 주장할 수 있다.

④ 단호한 태도로 대화하는 방법을 알아 두자

단호한 태도로 대화를 하기 위해서는 서로가 상대방을 존중하고 상대방의 이야기를 들으려 해야 한다.

공격적이거나 수동적인 태도로 말하는 것이 습관이 되었다고 할지라도 단호하게 상대방을 존중하며 대화하는 법을 배울 수 있다.

철수가 "손님들이 곧 도착해. 그런데 깨끗한 옷은 어디 있어?"라고 말하자, 영희는 "옷장에 여러 벌 있어요. 음식 마무리는 5분 정도면 될 것 같아요."라고 이야기했다.

두 사람 다 서로를 존중하며 자신들이 필요로 하는 요구 사항을 이야기했다.

효과적인 의사소통 방법

효과적인 의사소통은 나이, 배경, 경험과 상관없이 습득할 수 있는 기술이다.

가장 훌륭한 리더는 언제나 탁월한 소통가이면서 연설자라고 할 수 있다.

실제로 오늘날 커뮤니케이션은 대학에서 가장 인기 있는 과정에 속한다. 효과적으로 의사소통하는 사람의 가치를 인정하기 때문이다.

약간의 자신감과 기본적인 지식을 갖춘다면, 곧바로 자기 생각을 잘 전달할 수 있을 것이다.

1. 올바른 환경 조성하기

① 알맞은 시간을 선택한다

모든 일에는 적당한 시간과 장소가 요구되기 마련이며 의사소통도 다를 바 없다.

늦은 저녁 시간에는 무거운 주제에 대한 대화를 시작하지 않는 것이 좋다. 휴식이 필요한 시간에 재정이나 장거리 일정처럼 골치 아픈 문제를 다루는 것을 좋아하는 사람은 거의 없을 것이다.

무거운 주제에 대한 메시지는 오전이든 오후든 상관없이 비교적 분위기가 안정되고 여유가 있는 시간대에 전달하고 대화하는 것이 좋다.

② 친밀한 대화를 나눌 수 있는 장소를 선택한다

의사소통이 원활하게 이루어지면서 심도 있는 대화를 하기 원한다면 자유로움이 보장된 장소를 선택해야 한다. 특히 다소 불편한 내용(죽음 또는 이별과 같은)을 이야기해야 할 때는 공공장소나 동료 또는 그 밖의 사람들이 있는 곳에서는 하지 않는 것이 상대방을 존중하는 것이다.

또한 친밀한 대화는 프라이버시가 지켜지는 사적인 장소에서 하는 것이 효과적이다. 그래야만 대화의 폭이 더 넓어지고 상호 간에 더 많은 이해가 가능해져 양방향 소통을 원만하게 할 수 있다.

③ 대화에 방해가 되는 요소들을 차단한다

만일 모임에서 대표로 말해야 한다면, 사전에 음향시설을 점검하고 목소리를 분명하게 내는 연습을 해야 한다. 필요한 경우, 청중들이 당신의 목소리를 잘 들을 수 있도록 마이크를 사용하는 것도 한 방법이다.

강연 장소에서 효과적으로 의사소통을 하려면 집중력을 흐트러뜨리는 외부적인 방해요소들은 차단하는 것이 좋다. 휴대폰 이야 강연장에 참석한 모든 사람이 꺼두는 것이 마땅하지만, 간혹 청중석에서 침묵을 깨려는 듯이 컬러링 소리가 요란하게 울리기도 한다. 이런 경우 연사는 불쾌함을 드러내기보다는 먼저 가볍게 웃고 난 다음, 전원 끄는 것을 기다렸다가 자연스럽게 이야기를 계속하는 것이 보기에 좋다.

2. 효과적으로 의사소통하기

① 머릿속의 생각을 체계적으로 정리한다

이 과정은 반드시 어떤 생각을 말하기 '이전'에 이루어져야 한다. 대화할 때 어떤 주제에 대해 말하려 했는데, 중점적으로 전달할 요점을 준비하지 않았다면 생각이 엉켜 버려 대화가 순조롭지 않을 수 있다.

요점은 의사소통에 집중력과 명료함을 부여하는 닻과 같은 역할을 하므로 반드시 대화 전에 정리해 두는 것이 좋다.

효과적인 의사소통을 위해 생각을 정리하려면, 먼저 세 가지 정도로 요약한다. 그런 다음 주제에 초점을 맞추어 우선순위를 정하는 것이다. 그러면 대화가 주제에서 벗어날 때 당황하지 않고 세 가지 요점에 해당하는 이야기로 되돌아올 수 있다.

요점을 기록해 놓는 것도 도움이 될 수 있다.

② 전달 목표를 명확하게 표현한다

처음부터 전달하고자 하는 바를 분명히 해야 한다.

당신의 목적이 다른 사람에게 단순하게 전달하는 공지일 수도 있고, 정보를 얻는 것일 수도 있으며, 행동을 개시하는 것일 수도 있다. 이것을 명확하게 표현해야 한다.

만일 사람들이 의사소통에서 당신이 기대하고 있는 것을 미리 안다면, 대화가 더욱 순조롭게 진행될 것이다.

③ 주제를 강화해서 전달한다

세 가지 요점을 전달하기 시작했으면, 당신이 말하는 모든 내용에 의도한 메시지를 덧붙여서 그것을 강화해야 한다. 이미 문제점들을 생각해 보았고 핵심적인 사항들을 엄선했다면, 유용한 관련 문구들이 떠오를 것이다. 당신이 말하고자 하는 주제를 강조하려면 떠오른 문구들을 사용하는 것이 효과적이다.

자신감 있고 유능한 강연자들도 그들이 말하고자 하는 주제를 강조하고 강화하기 위해서 핵심적인 문구를 반복해서 사용한다.

반복적으로 문구를 사용하는 경우, 메시지가 명확하고 직설적인 것이 좋다.

④ 감사함을 표한다

이야기를 듣고 응답하기 위해 시간을 내어준 사람과 모임을 준비해 준 관계자들에게 감사해야 한다.

당신의 소통에 대한 결과가 어떻든지 상관없이, 심지어는 기대했던 것과 달리 엉뚱한 반응이 나왔더라도 시간을 내서 들어준 모든 사람에게 존중과 감사함을 표하며 공손하게 끝마쳐야 한다.

3. 연설로 의사소통하기

① 청중을 편안하게 해 준다

이 단계는 대화나 프레젠테이션을 시작하기 전에 하는 것이 좋다. 재미있는 일화로 시작하여, 거리감이나 어색함을 줄이도록 한다.

그러면 청중이 당신을 자신과 똑같이 행동하고 일상생활에서 동일한 걱정을 하는 사람으로 여길 것이다.

② 명확하게 말한다

모든 청중이 당신의 메시지를 이해할 수 있도록 명확하고 분명하게 전달하는 것이 중요하다. 당신이 말하는 내용을 청중들이 듣는 즉시 이해하면 기억도 하게 된다.

내용을 명확하게 전달하려면 복잡한 어휘보다 단순한 어휘를 사용하는 것이 효과적이다.

③ 정확하게 발음한다

확실히 들을 수 있는 목소리 크기로 말하고, 너무 조용하거나 늘어지지 않게 말해야 한다.

단어를 정확하게 발음하여 청중이 오해하는 일이 없도록 해야 한다. 의사소통에 두려움이 있어서 중얼거리는 습관으로 방어하게 되었다면, 거울 앞에 서서 메시지 전달하는 연습을 해 본다.

당신이 편안하게 여기는 사람과 함께 소통하고 싶은 내용을 대화해 보는 것도 한 방법이다. 그러면 자신의 머릿속에 그 내용을 견고하게 담을 수 있다.

연습하고 표현을 개선하면 자신감을 키우는 데 도움이 된다는 사실을 기억하자.

④ 상대방의 말을 들을 때는 주의를 기울이고, 표정으로 관심을 나타낸다

상대방의 말을 듣는 입장일 때는 적극적으로 듣자. 의사소통은 양방향으로 해야 원활하게 이루어지는 것인데, 당신만 이야기하면 좋은 결과를 기대하기 힘들어진다.

청중들이 듣고 있는 태도를 보면 당신의 메시지가 얼마나 전달되었는지, 올바르게 이해시켰는지, 또는 수정해야 할 부분은 없는지 등을 알아볼 수 있다.

만일 청중이 혼란스러워하는 것 같다면, 당신이 말한 내용 일부를 그들의 언어로 설명하면 도움이 된다. 그러면 당신이 의도한 것과 다르게 잘못 전달될 염려는 줄어들 것이다.

청중의 감정을 확인한다. 이렇게 하면 용기를 내도록 격려할 수 있고, 화가 나 있다면 기분을 풀어 줄 수 있다.

⑤ 흥미를 유발하는 톤으로 말한다

단조로운 목소리는 지루함을 유발하기 때문에, 훌륭한 연설가는 의사소통 기술을 향상하는 톤을 사용한다.

연설의 전문가들은 다음과 같은 방법을 권한다.

첫째, 한 가지 주제나 요점에서 다른 것으로 전환할 때 목소리 톤과 크기를 높여라.

둘째, 특별한 부분을 강조하거나 요약할 때마다 목소리를 크게 하고 천천히 전달해라.

셋째, 힘차게 말하되 행동을 요구할 때는 키워드를 강조하기 위해서 잠시 멈춰라.

4. 보디랭귀지로 의사소통하기

① 사람들을 인정한다

청중은 당신의 연설을 듣고 고개를 끄덕이며 당신을 바라보고 있는 사람들이다.

고개를 끄덕이고 당신과 눈 맞춤을 하는 것은 당신과 유대관계를 맺고 있다는 뜻이므로, 감사함으로 화답해야 한다.

② 보디랭귀지를 분명하고 확실하게 한다

의식적으로 부드럽고 온화한 표정을 지어 열정과 관심을 나타내고, 청중의 공감을 끌어내도록 노력해야 한다. 얼굴을 찡그리거나 눈썹을 치켜올리는 것과 같은 부정적인 표정을 짓지 않도록 한다. 부정적인 표정은 맥락에 따라, 특히 문화적인 배경에 따라 달라지므로 주어진 상황에 따르는 것이 좋다.

주먹 꽉 쥐기, 구부정한 자세, 침묵 등과 같이 예상치 못하게 문화적 갈등을 일으킬 만한 행동은 재빨리 파악해서 고쳐야 한다.

③ 의사소통할 때 눈을 마주친다

시선을 마주치면 친분을 형성하고, 사람들에게 신뢰감을 주며, 관심을 나타낼 수 있다.

대화나 프레젠테이션을 할 때 적당한 시간 동안 상대방과 시선을 마주치고 바라보는 것이 중요하다. 과하지 않도록 주의하며, 한 번에 약 2~4초 정도 자연스럽게 눈을 마주치는 것이 좋다.

모든 청중을 수용해야 한다. 이사회에서 연설하고 있다면 이사회의 모든 구성원과 시선을 마주쳐야 한다. 한 사람이라도 소홀하게 대하면 불쾌함을 주어, 그간 성취하기 위해 노력해온 것들을 잃을 수도 있다.

청중 앞에서 연설하는 경우, 휴식을 취했다가 다시 시작하기 전에 최대 2초 동안 한 사람 한 사람과 시선을 마주치는 것이 좋다. 그러면 청중 개개인은 존중받는다는 느낌을 받게 될 가능성이 크다.

하지만 시선을 마주치는 것이 어떤 문화권에서는 불안정하거나 부적절한 것으로 간주하기도 하므로 연설을 하기 전에 알아보는 것이 필요하다. 연설을 준비할 때 관련되는 사람들한테 질문하거나 조사를 하여 실수하는 일이 없도록 해야 한다.

④ 호흡과 '일시 정지'를 효과적으로 사용한다

잠시 멈추는 것에는 힘이 있다. 사이먼 레이놀즈(Simon Reynolds, 영국의 음악 평론가)는 '일시 정지'가 청중이 몸을 기울여서 듣도록 만든다고 말했다.

'일시 정지'를 통해 연사는 요점을 강조할 시간을 갖게 되고, 청중은 연설 내용을 이해하는 시간을 가질 수 있다. 그럼으로써 청중은 설득력 있는 연설이라는 인상을 받아, 연설 내용을 쉽고 편안하게 받아들이게 된다.

연설을 시작하기 전에 심호흡을 몇 번 하고, 대화하는 동안에도 안정적이고 규칙적으로 호흡하는 습관을 지녀라. 진정되고 차분한 목소리를 유지하고, 긴장을 푸는 데 도움이 될 것이다. 말하다가 잠시 멈춰서 숨 돌리는 시간을 갖는 것도 연설이나 대화를 안정적으로 끌고 가는 데 필요하다.

⑤ 당신의 제스처가 어떻게 받아들여질지 생각한다

손짓을 사용할 때 주의하자. 그러려면 말을 할 때의 손짓이 무엇을 나타내는지를 잘 알고 있어야 한다. 어떤 손짓은 자신의 의견을 강조하는 데 있어서 매우 효과적인 반면(열린 제스처), 상대방의 주의를 산만하게 하거나 심지어 불쾌하게 만들어서 대화와 경청을 중단시키는 손짓도 있다(닫힌 제스처).

이것은 다른 사람들이 당신을 향해 사용하는 손짓의 의미를 알아보는 데도 도움이 된다. 관심을 끄는 제스처를 따라서 해보자. 자연스럽고 느리면서 분명히 강조할 수 있는 제스처가 가장 효과적임을 알게 될 것이다.

⑥ 다른 신체적 신호들도 계속 확인한다

흔들리는 시선, 손으로 옷 만지작거리기, 끊임없이 훌쩍거리기, 돌아다니기, 흔들기 등과 같은 행동에 주의해야 한다. 이러한 작은 제스처들이 합쳐져서 메시지의 전달 효과가 약해지기 때문이다.

다른 사람에게 당신이 연설하는 모습을 녹화하게 한 다음, 빠른 속도로 재생하여 살펴보는 시간을 가진다. 반복되는 제스처와 무의식적인 습관이 너무 눈에 띄거나 다소 우스꽝스러울 수도 있다. 그러한 행동을 발견하는 것을 목표로 삼았다면, 의도하지 않은 보디랭귀지를 수정하고 다시 하지 않도록 노력하는 기회가 될 것이다.

5. 갈등 속에서 효과적으로 의사소통하기

① 동등한 입장에 선다

상대방보다 더 우위에 있다는 느낌이 들지 않도록 주의를 기울인다. 권력 싸움으로 번져 또 다른 차원의 갈등 상황이 초래될 수 있기 때문이다. 자리에 앉을 때도 상대방과 동등한 위치에 앉고, 말을 할 때도 명령조의 말을 사용하지 말고 예의를 지켜야 한다.

② 상대방의 얘기를 충분히 들어 준다

상대방이 어떻게 느끼고 생각하는지를 말하게 하고, 말이 끝날 때까지 충분히 기다렸다가 당신의 의견을 말한다.

③ 차분한 목소리로 말한다

상대방에게 소리를 지르면서 비난하는 말은 삼가고, 분위기를 가라앉힌 후 해야 할 말을 차분한 목소리로 한다.

④ 상대방의 처지를 이해하고 있음을 알게 한다

"그때 말씀하신 뜻을 제가 이해합니다만, 이번 일은~"와 같은 표현을 사용하는 것이 좋다.

⑤ 대가를 치르고서라도 논쟁을 끝내려고 하지 않는다

상대방이 방에서 나가버린다고 해서 따라가지 말자. 마음을 가라앉힌 다음, 대화할 준비를 하고 돌아올 때까지 차분하게 기다린다.

⑥ 극단적이거나 험악한 말을 하지 않는다

극단적이거나 험악한 말은 상황만 악화시킬 뿐 갈등을 푸는데 전혀 도움이 되지 않는다. 도리어 또 다른 싸움의 빌미를 제공할 수 있으므로 사용을 자제해야 한다.

때로는 서로의 의견 차이를 인정하고 넘어가야 한다.

⑦ '나' 메시지를 사용한다

당신의 염려를 표현할 때 '나는~'으로 시작하는 문장을 사용하고, 상대방의 행동으로 인해 어떻게 '느꼈는지'를 분명하게 밝힌다. 그러면 상대방이 당신의 불만을 좀 더 잘 수용하고 공감할 수 있을 것이다.

예를 들어, "당신이 너무 지저분해서 내가 미치겠어요."라고 말하는 대신, "내가 느끼기에 불결함의 기준이 서로 달라서 문제가 되는 것 같아요. 어수선하면 아무래도 분위기가 편치 않지요. 솔직히 주변이 지저분하면 나도 더 불안해지는 것 같아요." 라고 말해 보자.

Tip

• 의사소통하는 동안 반드시 시선을 마주쳐야 한다.

• 유머에 주의한다. 적절한 유머를 사용하면 대화가 매우 효과적이다. 하지만 내용이 자극적이거나 어려운 주제를 피하기 위해 사용하는 유머는 삼가야 한다. 계속해서 웃거나 농담이 이어지면, 진지한 의사소통이 어려워지기 때문이다.

• 부정적이거나 냉담한 보디랭귀지를 사용하면 안 된다.

• 무례한 행동은 삼간다.

• 장황하게 이야기하지 않는다. 메시지가 제대로 전달되지 않아 진지하게 받아들여질 수 없게 된다.

• 우는소리를 하거나 애원하지 않는다. 두 가지 방법 다 존중이나 관심을 불러일으키지 못한다. 당신이 매우 화가 났을 때는 양해를 구한 다음 생각해 보는 시간을 갖고 나서 다시 대화하는 것이 좋다.

• 청중들에게 프레젠테이션할 때, 당황하거나 쩔쩔매는 일이 없도록 어려운 질문들에 대비해야 한다.

효과적인 의사소통을 유지하기 위해서, 마이클 브라운(Michael Brown, CEO이자 비즈니스 북 어워드 수상자)은 모임이나 청중들 앞에서 어려운 질문들에 대처하는 황금률을 소개한다.

질문과 문제점을 반복해서 말하는 것과 함께, 현재 있는 모든 사람을 대신해서 경청하는 것이 좋다고 한다.

또한 답변은 모든 사람과 공유해야 한다고 한다. 즉 모여 있는 모든 사람이 '대답'을 할 수 있도록 질문자와 참석자들에게 눈을 돌려야 한다는 뜻이다.

이 공유된 답변을 활용하여 방향을 전환할 수 있다.

건설적으로 비판하는 방법

건설적인 비판은 타인의 기분을 해하지 않으면서도 개인의 성장을 격려하여, 긍정적인 행동 변화를 꾀하는 언어 기법이다.

이 기법은 개인적으로 강한 공격이 가해지지 않더라도 행동 개선의 동기 부여가 되기도 하며, 달성할 수 있는 명확한 목표에 집중할 수 있도록 긍정적인 메시지를 전달하기도 한다.

1. 건설적으로 비판하기

① 건설적인 비판과 파괴적인 비판의 차이 구분하기

건설적인 비판은 긍정적인 변화를 목표로 격려함으로써 상대방의 행동 변화를 유도하는 반면, 파괴적인 비판은 비난과 좌절로 이어지게 한다.

건설적인 비판은 일방적으로 타인을 공격하지 않고 행동이 개선될 수 있도록 격려하기 때문에 상대방의 자존감이 유지된다. 이와 대조적으로 파괴적인 비난은 상대방을 비하하고 위신을 떨어뜨리며 상처를 준다.

② 좋은 의도 갖기

상대방의 업무나 행동을 비판하는 동기가 무엇인지에 따라 메시지가 달라질 수 있다. 누군가를 돕겠다는 의지 뒤에 숨은 동기가 순수하지 못하다면 비평이 부정적으로 느껴질 수밖에 없다. 당신의 비판이 상대방에게 실제로 생산적인 효과가 있을지 다시 한번 들여다보자.

좋은 의도를 가졌다고 해서 항상 긍정적인 반응으로 이어지는 것은 아니다. 예를 들어, 이전보다 체중이 많이 늘어난 친구의 모습을 보고 건강이 걱정되어 체중을 감량하는 것이 어떻겠냐고 말했다고 가정해 보자. 하지만 그녀는 이를 건설적인 비판으로 받아들이기보다는 마음의 상처로 받아들일 가능성이 크다. 이러한 영역을 다룰 때는 당신의 의도보다도 메시지를 전달하는 방법이 더 중요하기 때문이다.

충동적으로 비판하는 것보다 상대방이 어떻게 받아들일지를 충분히 생각해 보고 이야기하자. 또한 당신이 사용하는 단어들이 적합한지, 사회적으로 어떻게 받아들여질지 생각해 보자. 아울러 당신 자신에 대해서도 생각해 보자. 예를 들어 날씬한 체형을 타고난 당신이 친구의 과체중 문제에 대해 왈가왈부한다면 친구가 상처받을 가능성이 크다. 친구는 당신보다 과체중 문제를 이미 겪었던 사람으로부터 이야기를 들을 때 그 비판을 더 잘 받아들일 수도 있다는 말이다.

③ 비판이 좋은 결과로 이어질지 생각해 보기

변화할 의지가 충분히 있는 주변인이 당신에게 피드백을 요청했다면, 당신의 건설적인 비판은 좋은 결과를 불러올 수 있다. 하지만 건설적인 비판이더라도, 이러한 비판이 그들의 삶에 긍정적인 영향을 줄 수 있을지 당신 자신에게 먼저 물어보자.

물어보지 않은 부분에 대한 건설적인 비판은 오히려 상처가 될 수 있다. 친구가 분홍색 옷을 많이 입는 것이 마음에 들지 않더라도, 사소한 문제는 친구에게 말하지 않는 것이 오히려 더 좋다. 물론 친구의 옷 선택이 특별히 그녀에게 해가 되는 상황이 아니라면 말이다.

비판을 단지 당신의 의견 전달의 도구가 아니라, 다른 사람을 도울 수 있는 수단으로 활용하는 것이 중요하다.

④ 당신이 비판하기에 적합한 사람인지 판단하기

당신이 만약 (주로 직장 등에서) 지휘권이 있는 자리에 있거나, 친구가 당신에게 피드백을 요청했다면 당신은 건설적인 비판을 해도 될 권한이 있다.

예를 들어, 사업체를 운영하는 당신은 분기별로 직원들을 평가해야 하는 위치에 있다. 이런 경우 당신은 성장 가능성이 있어 보이는 직원의 업무를 평가하고, 앞으로 업무가 개선될 수 있도록 전략을 의논해 볼 필요가 있다.

⑤ 시간과 장소 선정하기

여러 사람 앞에서 받는 비판은 스트레스를 일으킬 수 있으므로 안정적인 시간과 장소를 선정하는 것이 중요하다. 예를 들어,

동료들이 모두 모인 직원회의 자리에서 업무 평가를 나쁘게 하는 것은 좋은 생각이 아니다.

회사의 직원일 경우 미팅 시간을 미리 정한다. 많은 사람이 모인 장소는 피하고, 상대방이 질문을 하거나 당신의 피드백을 요청할 수도 있으므로 대화를 편히 나눌 수 있도록 충분한 시간을 할애하자. 이런 미팅을 가질 때 서둘러서 진행하지 않아야만 상대방에게 곧 해고당할 것 같다는 느낌 대신 자신이 존중받고 있다는 느낌을 줄 수 있다.

대화의 장소는 중립적이며 쾌적한 장소여야 한다. 연인과 이러한 대화를 나눌 때는 집에서 나와 산책 중에 이야기하거나 함께 즐겨 찾던 곳에서 드라이브하던 중에 이야기하는 것이 도움이 될 수 있다.

동료나 학생들에게 이야기할 때는 회의실처럼 다른 사람들이 없는 중립적인 공간을 선택하는 것이 바람직하다.

2. 건설적인 비판 제안하기

① 긍정적인 부분부터 시작한다

건설적인 비판을 시작할 때는 상대방의 긍정적인 부분부터 이야기하는 것이 좋다. 진실하고 솔직하게 감사 표현을 함으로써 상대방이 스스로 가치 있는 사람이라는 것을 느낄 수 있도록 한 다음 건설적인 비판으로 넘어가 보자.

타인에게 행동 변화를 요구할 때 대화를 긍정적으로 시도하면 과정과 결과도 긍정적으로 도출해 낼 수 있다.

② 감정은 배제한다

개인적인 문제에 대해 피드백을 할 경우, 자칫 감정이 개입될 수 있다. 화가 난 듯한 보디랭귀지와 목소리 톤을 보이면 상대방이 방어적인 태도를 보이면서 당신의 비판을 수용하지 않을 가능성이 커지므로 주의한다.

침착한 자세를 유지한다. 피드백을 준 다음 상대방의 답변을 받는 과정에서 불안감이 느껴질 수도 있으나, 전달하려고 하는 요점을 강조하고 이루고자 하는 목표를 되새기면서 침착함을 유지하도록 하자.

긴장감이 고조되면 대화를 멈춘다. 이후에 침착함을 되찾은 후 대화를 다시 시작해 보자.

③ 미소를 지으며 따뜻한 보디랭귀지를 사용한다

상대방이 이해심 가득한 당신의 모습을 보면 편안함을 느끼면서, 당신이 자신을 응원하고 있음을 확인할 것이다.

상대방을 가만히 내려다보기보다는 안정적인 아이 콘택트를 유지한다.

또한 다리나 팔을 꼬지 말고 열린 자세를 유지한다. 다리를 꼬거나 팔짱을 끼는 자세는 당신이 상대방에게 분노의 감정을 느끼고 있다고 보일 수도 있으므로 주의한다.

열린 몸 자세를 통해 상대방에게 당신이 대화할 준비가 되었음을 보여 주자.

④ 목소리 톤을 주의한다

부드럽고 친근한 목소리를 유지한다. 목소리 톤도 의사소통의 큰 부분을 차지한다. 가끔은 단어보다 더 큰 의미를 전달할 수도 있다.

언성이 높아지거나 목소리에 날카로움이 묻어나지 않도록 신경 쓴다.

상대방에게 피드백을 줄 때는 서로 입장이 바뀌었을 때 듣고 싶은 목소리로 대화한다.

⑤ 공격하고 비난하는 부정적인 언어를 자제한다

부정적인 언어 사용을 피하면 상대방이 방어적인 자세를 취하거나 화난 감정을 드러낼 가능성을 감소시킬 수 있다.

"당신이 틀렸어요." 혹은 "어리석은 생각이네요." 등으로 강하고 평가하는 듯한 어조는 피한다.

비판을 전달할 때 '저는'으로 대화를 시작해서 당신의 경험에 빗대어 이야기하고, 상대방의 행동이 당신에게 어떤 영향을 주는지 설명해 본다. 예를 들어 "저는 이 리포트를 보고 발전할 가능성이 크다고 생각했어요. 주제에 대해 좀 더 명확하게 설명해 주었다면 앞으로 어떤 방향을 취해야 할지 더 잘 알 수 있었을 거예요."라고 말해 보자.

'당신'으로 시작하여 상대방을 직접적으로 비난하는 문장은 피한다. "당신의 리포트는 본 주제를 효과적으로 전달하지 못했어요."라고 하는 것보다 "이 리포트가 본 주제에 대해 더 세세하게 설명했으면 좋았을 거예요."라고 말하는 것이 더 효과적이다.

⑥ 구체적으로 설명한다

피드백이 더 정확할수록 상대방이 행동 변화에 임하기가 더 쉬워진다. 당신의 의견을 내세우기보다 객관적인 요점들에 더 중점을 두어 보자.

예시를 살펴보자.

직원이 서울의 새로운 식당을 조사한 리포트를 마쳤다. 읽어본 후 "잘했지만 마음에 들지 않네요. 다시 해오세요."라는 피드백을 주었을 때 상대방은 '좋아하다.'라는 주관적인 표현과 명확한 기준이 없어 개선되어야 할 부분이 무엇인지 이해하기 어렵다.

그 대신에 비판의 대상이 되는 문제점을 자세하게 다음과 같이 설명해 보자. "새로운 식당을 잘 찾아 주었어요. 하지만 식당에 대한 설명이 더 구체적이었으면 좋겠어요. 각각의 식당이 어떤 음식을 갖추고 있으며 꼭 먹어야 하는 메뉴는 무엇인지, 위치는 어디인지 등의 정보를 추가해서 리포트를 더 상세히 기술해 주세요."

상대방에게 단지 마음에 들지 않았다고 말하는 것보다 각각의 요점에 대해 자세한 예를 들어주면, 상대방이 개선점에 대해 더 잘 알게 되어 도움이 된다.

⑦ 자기비판을 할 수 있는 분위기를 만든다

가끔은 당신이 무엇인가 의견을 주는 것보다 상대방이 스스로 해결책을 찾도록 하는 것이 더 효과적일 때가 있다.

비판의 내용을 전달하고 나서 상대방에게 어떤 식으로 문제 해결을 했으면 좋겠는지 물어본다. 상대방이 일방적으로 당신의 이야기를 듣는 것보다 자신에 대해 더 가치 있게 느끼게 될 것이다.

⑧ 사람이 아닌 행동에 중점을 둔다

상대방의 외모나 성격에 대한 비판은 상대방에게 상처가 될 확률이 매우 높으므로 주의 깊게 생각해 본다.

하지만 개인적인 문제에 대해 피드백을 해야 하는 상황이라면 상대방과 상대방이 처한 상황을 분리해서 바라보도록 노력한다. 문제에 대해 이야기하되 상대방 자신에 대해 이야기하지 않는다.

예를 들어 "당신 늦었네요."라고 하는 것보다 "리포트를 늦게 제출했네요."라고 말하는 것이 좋다.

자세한 예를 몇 가지 더 소개해 본다.

스타일에 대한 피드백: "당신 옷은 개성이 없고 나이 든 사람처럼 보여요."라는 식으로 상대방을 공격하기보다, 다음과 같이 상황에 대해 말해 보자. "최근에 입은 옷들은 유행이 조금 지난 것 같아요. 저는 괜찮지만 일반적으로 나이가 많다는 인상을 줄 수 있어요."

성격에 대한 피드백: "당신의 부정적인 성격으로 인해 같이 일하기가 힘드네요."라고 이야기하면 건설적인 비판이라기보다는 상처를 주는 말에 가깝다. 건설적인 비판을 하려면 상대방의 행동이 당신에게 어떤 영향을 주는지 설명할 수 있어야 한다. "모든 사람이 문신을 곱게 보지 않는다는 것을 잘 알고 있는데도, 당신의 부정적인 발언을 들으면 더 화가 나고 마음이 상할 때가 있어요."라고 이야기해 보자.

⑨ 도움이 되는 피드백을 전달한다

긍정적인 변화를 끌어내도록 타인을 돕고 싶다면 상대방이 변경할 수 없는 부분에 대해 이야기하기보다는 실제로 변화를 끌어낼 수 있는 부분에 대해 얘기해 보자. 변화가 가능한 부분에 대한 건설적인 비판은 상대방에게 힘을 줄 수 있지만, 변경할 수 없는 부분에 대한 비판은 상대방의 변하고자 하는 의지가 있더라도 상황이 불가능하므로 오히려 상대방에게 좌절감만 안겨 줄 수 있다.

예를 들어, 친구가 사람들의 왕래가 그리 잦지 않은 지역의 공간을 12개월 임대하여 새로운 사업을 시작한 상황이라고 해 보자. 친구가 당신에게 더 많은 사람이 자신의 가게 앞을 지나가게 하려면 어떻게 해야 할지, 당신의 생각을 물었다. 그녀에게 "가게의 위치를 옮겨 봐."라는 피드백은 전혀 도움이 되지 않는다. 건설적인 조언이라면, 1년 후 계약이 끝나면 가게를 옮겨 보라고 권한 다음, 그동안에는 다양한 마케팅 방법을 실행해 볼 것을 권하는 것이 좋다.

⑩ 한 번에 너무 많이 말하지 않는다

너무 많은 정보로 상대방에게 부담감을 주지 않는다. 당신의 비판이 긍정적이라 해도 상대방에게 바라는 바를 너무 줄줄이 이야기한다면, 결국에는 대화가 매우 부정적으로 느껴질 수 있다.

한 번에 실천 가능한 몇 가지 부분만 이야기하자. 사람들은 한 번에 많은 피드백을 감당하기 힘들다. 얘기해야 할 것들이 몇 가지 있다면 여러 번의 대화를 통해 표현해 보자.

⑪ 비판을 멈춰야 할 순간을 파악한다.

특정 주제에 대한 건설적인 비판을 한두 번 했다면 이미 충분히 언급한 셈이다. 같은 주제에 대해 여러 번 이야기하는 것은 전혀 생산적이지 못하며 상대방에게 부정적인 감정을 심어줄 수 있다.

상대방이 이미 들을 만큼 들었다는 신호를 보이면 이를 확인하고, 당신의 의사를 상대방이 묻지 않는 이상 언급하지 않도록 한다.

⑫ 성과에 대해 묻는다

건설적인 비판 후 상대방이 어떤 성과를 이루었는지 알아보자. 이전에 문제가 되었던 주제에 대해 다시 물을 때에는 문제점 개선에 중점을 두도록 한다. 당신이 설정해 준 목표 달성을 위해 상대방이 구체적으로 어떤 노력을 했는지 이야기를 들어보고, 상황이 향상되었다면 칭찬을 아끼지 말자. 상대방의 노력과 성공에 대한 칭찬은 앞으로 더 일을 잘할 수 있도록 하는 격려가 될 뿐 아니라 스스로가 매우 가치 있고 존중받는 사람이라는 느낌을 받게 할 수 있다.

칭찬도 구체적으로 해 보자. 예를 들어 "이번 리포트가 마음에 드네요."라고 하는 것보다 "이번 주 리포트에 신경 써 주어서 고마워요. 건의 사항의 오타들을 잘 잡아 주었어요. 이 오타들이 그대로 나갔다면 이번 회의에서 회사 이미지가 실추될 수 있었을 거예요."라고 말해 보자.

3. 피드백 샌드위치 활용하기

① 강점부터 시작하기

문제점을 얘기할 때는 먼저 당신이 마음에 들었던 점부터 얘기한다. 긍정적인 점에 대해 먼저 이야기를 하면, 당신이 상대방을 공격하려는 것이 아니라 상대방 편에서 이야기한다는 느낌을 줄 수 있다.

개선이 필요한 부분을 말할 때도 긍정적인 언어로 대화를 시작하면 상대방의 거부감을 줄일 수 있다.

또한 문제점에 대해서만 이야기하면 무신경하며 무례한 사람이라는 인상을 줄 수 있으므로, 당신의 건설적인 비판이 무의미해지지 않도록 칭찬할 만한 내용을 적절히 섞어서 이야기한다.

② 비판할 점 솔직하게 말하기

문제점과 개선이 필요한 부분이 있을 때는 감추지 말고 솔직하게 이야기한다.

③ 다시 긍정적인 부분으로 돌아가기

처음에 대화를 시작했던 긍정적인 부분을 반복하고, 비판의 대상이 되는 문제점이 수정되었을 때 도출될 수 있는 긍정적인 결과에 대해서도 이야기해 보자. 긍정적으로 대화를 마치면 상대방이 좌절감보다 경쾌한 기분으로 대화를 끝맺을 수 있다. 또한 현재 무엇을 잘하고 있는지 상기시키면서, 비판을 효과적으로 받아들였을 때 발생하는 이점에 대해 다시 한번 생각하게 해 줄 수 있다.

이 기법은 긍정적인 시작과 끝맺음 가운데 위치한 비판이 마치 샌드위치 빵 속에 패티가 들어 있는 모습과 비슷하다 하여 '샌드위치 기법'이라는 이름이 붙여졌다.

효과적인 샌드위치 피드백 기법의 예이다. "리포트의 첫 부분은 매우 잘해 주었어요. 하지만 중간 부분은 다듬어야 할 필요가 있네요. 오타도 조금 보이고요. 노력을 조금 더 해서 문서가 다듬어지면 훌륭한 리포트가 될 수 있겠네요!"

Tip

• 데일 카네기의 〈인간관계론〉은 유용하게 활용될 수 있는 고전이다. 상대방의 기분을 상하게 하지 않으면서 행동 변화를 끌어내는 방법에 대해 알아보자.

• 당신이 대우받고 싶은 것처럼 상대방을 대하자.

당신의 기분을 상하게 할 수 있는 말은 타인에게도 하지 않도록 한다.

거만하지 않게 자신을 홍보하는 방법

　자기 PR과 거만함 사이에는 분명한 선이 존재한다. 취업 면접을 보는 자리, 승진 기회를 얻을 수 있는 자리, 데이트나 친목 도모를 하는 자리에서 상대방의 기분을 상하게 하지 않으면서 자신의 좋은 점들을 드러내고 싶을 때가 있다.

　보통 사람들은 자신에 대해 긍정적인 이야기를 하는 사람들에게 매력을 느끼고, 관심을 갖는다. 하지만 지나치게 자랑을 늘어놓지 않으면서 긍정적인 인상을 주는 것은 생각처럼 쉽지 않다.

1. 재치 있게 자기 PR하기

① 자기 PR을 해야 할 시점 알기
　취업을 위한 면접이나 첫 데이트처럼 새로운 친분을 만들 때 자기 PR을 해야 한다. 면접이나 데이트 자리에서는 당신의 말 외에 당신을 평가할 기준이 없으므로 자기 PR을 통해 당신의 가치를 증명해야 한다.

첫 데이트라면 데이트 상대가 당신에게 좋은 인상을 받고 당신에 대해 더 알아가고자 하는 마음을 심어주되, 당신이 자만한 사람이라고 생각하게 해서는 안 된다. 당신이 많은 이야기를 하기 전에 상대방이 당신에게 질문할 수 있도록 접근하는 것이 좋다.

예를 들어 데이트 상대가 당신의 취미 활동에 대해 물어본다면, "전 달리기를 아주 좋아해요. 처음에는 동네 조깅으로 시작해서 점차 달리기 거리를 늘려갔어요. 이렇게 해서 지난달에는 첫 마라톤에도 참가했답니다. 혹시 달리기 좋아하세요? 마침 달리기를 함께할 파트너가 있었으면 좋겠다고 생각했거든요."라고 말해 보자. 이렇게 하면 "전 달리기를 무척 잘해요. 얼마 전 완료한 마라톤에서 제 연령대 그룹 2위를 했죠. 올해는 세 번의 마라톤에 참가해 볼까 해요."라고 말하는 것보다 거만한 느낌도 덜 주고 더 친근한 인상을 줄 수 있다.

② 팀 중점적인 성과에 대해 이야기하기

자랑은 보통 경쟁심 그리고 자기중심적인 인상을 주지만, 성과를 팀의 노력으로 돌리면 자만감이 있어 보일 가능성을 최소화할 수 있다.

연구에 따르면 청중들이 포괄적인 용어('우리', '우리 부서' 등등)를 사용하는 사람들의 이야기를 들을 때 더 긍정적으로 평가한다고 한다.

예를 들어, 건축 회사에 근무 중이며 당신의 부서가 최근에 새로운 건물 신축 계약을 성사시켰을 경우 성과에 대해 이야기할 때 '저'라는 용어보다는 '우리'라는 표현을 사용하도록 하자. "수개월 동안 큰 노력을 기울였기 때문에 우리 부서가 새로운 공공도서관을 구상하고 신축할 수 있는 계약을 성사시킬 수 있었어요."라고 하는 것이 "제가 아주 멋진 신축 건설 계획을 성사시켰어요. 이 계약이 저의 경력을 매우 탄탄하게 만들어 줄 거예요."라고 이야기하는 것보다 더 긍정적이며 호감 가게 들린다.

③ '저는' 혹은 '제가'의 표현을 사용할 때 주의하기

자기 PR을 할 때 분명히 1인칭 주어를 사용할 필요가 있긴 하지만, 그보다도 성과에 더 주목하는 것이 바람직하다.

다음과 같이 "저는 저희 부서에서 가장 뛰어난 직원이었어요." 혹은 "제가 저희 부서의 그 누구보다도 항상 열심히 일했어요."처럼 최상급의 표현을 활용할 때도 주의한다. 이와 같은 과도한 표현은 보통 사실이 아닐 경우가 많으며, 정말 이룬 업적이 많은 사람이라 할지라도 과장된 표현처럼 들리기 마련이다.

화자가 '최고' 혹은 '가장' 등의 최상급 표현을 사용하면, 이와 같은 표현들이 설사 사실일지라도 진정한 성과에 대해 이야기하는 것이라기보다는 자랑을 늘어놓는 것처럼 듣는 사람이 받아들이게 된다.

예를 들어 "직원들이 걱정 없이 자신의 근심거리에 대해 털어놓을 수 있는 환경을 조성한 것이 제 아이디어였어요."라고 말하는 것이 "직원들이 자유롭게 대화할 수 있는 환경을 제가 조성했습니다."라고 말하는 것보다 더 거만한 느낌을 줄 수 있다.

그보다는 "제가 전 직장에서 근무할 때 최선을 다해 열심히 일했습니다."라고 말해 보자.

④ 자랑의 표현을 긍정의 표현으로 돌려보기

팀 중심적인 언어를 사용하고 자신의 성과에 대해 얘기하되 더 겸손한 자세로 이야기하면, 자랑하는 것 같은 인상을 주지 않으면서도 긍정적으로 자기 PR을 할 수 있다.

약간의 차이가 자랑과 긍정적인 표현을 구분 지어 주는 예를 한 가지 소개한다.

긍정적인 버전: "저희 소프트볼팀이 어제 축하 저녁 식사를 했어요. 좋은 시즌 성적을 기록해서 모두의 기분이 좋았죠. 게다가 제가 MVP 선수로 뽑혀서 매우 놀랐어요. 여름에 정말 열심히 노력했지만 재미있게 운동하기도 했죠. 그렇기에 상을 받고 인정을 받아 매우 기뻤어요. 저희 팀이 이번 시즌을 잘 마무리하는 데 도움이 된 것 같아 매우 기뻐요."

자랑하는 느낌을 주는 버전: "저의 소프트볼팀이 어제 축하 저녁 식사 자리를 가졌어요. 역대 최고 시즌이어서 저도 기분이 좋았죠. 그리고 팀이 제게 MPV 선수상을 주었어요. 하지만 여름 내내 제가 팀을 이끄는 선수였기 때문에 그리 놀랄 일도 아니었죠. 사실상 저희 리그 창단 이래로 제가 최고의 선수였기 때문에, 내년에는 제가 원하는 팀이라면 어디든지 이적할 수 있어요. 그래서 내년에는 더 잘하는 팀으로 이적할 생각이에요."

⑤ 자기 PR을 하는 사람들의 이야기를 들을 때 나타나는 자신의 반응 살펴보기

아직 자기 PR을 어떻게 해야 할지 잘 모르겠다면, 다른 사람들의 행동을 관찰한 후 나타내는 자신의 반응을 살펴보자. 다른 사람들이 자기 자랑하는 것을 들었을 때 왜 그들이 자기 자랑을 하는지 생각해 보고, 자랑하는 것과 같은 인상을 주지 않기 위해 어떻게 바꾸어서 표현하는 것이 좋을지 생각해 보자.

거만한 인상을 주는 것이 염려된다면 스스로 "내가 말하고자 하는 것이 진실인가? 어떻게 진실이라는 것을 알 수 있는가?"에 대해 생각해 보자.

2. 자신감 있게 행동하기

① 자신의 긍정적인 특성을 인지하고 진정한 자신감 쌓기

자신의 성과, 성과를 이룬 방법에 대한 자세한 리스트를 만든 다음, 왜 자기 자신이 자랑스러운지부터 생각해 보자.

예를 들어, 가족 중에서 당신이 처음 박사 학위를 딴 데다가 직장생활을 병행하며 공부한 것이기 때문에 자신이 자랑스럽다고 생각해 보자.

이렇게 성과를 돌아보면 당신이 무언가 진심으로 이루어냈다는 것을 확인할 수 있고, 이루어낸 성과에 더 깊은 의미를 더할 수 있게 된다.

많은 사람이 자기 자신보다 타인을 더 쉽게 칭찬해 주는 편이다. 자신을 더 객관적으로 바라보고 자기 칭찬을 꺼리게 되는 것을 극복하기 위해 타인의 관점에서 자신의 능력과 성과들을 평가해 보자.

제삼자의 입장에서 마치 친구나 직장 동료에 대한 추천서를 작성하는 것처럼 자기 자신에 대한 긍정적인 점들을 글로 써 보자.

② 자기 자신에 대한 이야기만 하지 않기

거만하고 자기중심적인 사람(그리고 다른 사람과의 관계에 대한 자신감이 없는 사람)들은 심지어 다른 사람들이 더 이상 경청하지 않음에도 불구하고 자신과 자신의 업적에 대한 이야기만 하는 경향이 있다.

초점이 흐려진 눈, 시계를 바라보는 행동, 옷에 보풀을 떼어내는 행동 등 사람들의 보디랭귀지가 주는 신호를 잘 감지해 보자. 이와 같은 신호들을 살펴보면 당신이 주변 사람들의 짜증을 돋우고 있으며, 인제 그만 자랑을 멈춰야 할 시점임을 파악할 수 있게 된다. 당신 자신에 대한 이야기를 멈추고 상대방의 이야기를 들어 보자.

상대방의 이야기를 이해하고 있음을 나타내기 위해 경청해서 들은 이야기를 요약하는 피드백을 보여 보자. 예를 들어서 "당신이 하고 싶은 이야기가 ……이군요."라는 반응을 보여 보자. 이렇게 하면 상대방이 듣기에도 좋으며, 당신의 멋진 모습을 보여 줄 수 있다.

경청하는 자세로 특히 상대방의 입장을 분명하게 이해하면 깊은 인상을 남겨 줄 수 있다.

간결하게 이야기한다. 1~2개의 문장으로 생각을 표현할 수 있다면 당신이 이야기하고자 하는 바를 사람들이 더 쉽게 이해할 수 있을 것이다. 15분 동안 횡설수설한다면 사람들은 당신을 거만하다고 생각하고 짜증스럽게 여길 것이며, 다음부터는 당신을 멀리할 것이다.

③ 개선을 위한 목표 설정해 보기

자신의 성과는 인정하되 개선이 필요한 부분도 간과하지 않도록 한다. 개선이 필요한 부분을 인정하지 않으면 허풍쟁이처럼 보일 수 있다.

개선이 필요한 영역들을 인정하고 나면 당신이 이야기한 긍정적인 점들이 신빙성 있게 들리면서 전문성을 갖췄다는 인상을 줄 수 있다.

④ 여성이라면 능력에 더 집중하기

남성들의 성과는 능력 덕분이라고 생각되지만, 여성들의 성과는 우연의 결과로 여겨지는 경우가 많다. 또한 자랑을 더 자주하는 여성들을 판단할 때 남성들보다 더 엄격한 잣대가 적용되기도 한다.

그러므로 여성이 자신의 긍정적인 성과를 증명하려면 성과와 함께 자신의 능력도 함께 PR할 필요가 있다.

성과를 얻기 위해 어떤 행동을 했는지를 정확하게 설명하는 것이 도움이 된다.

예를 들어 상을 받거나 장학금을 받았을 경우, 어떤 노력을 했는지 더 자세하게 이야기해 보자.

⑤ 필요할 경우 도움 요청하기

낮은 자존감, 우울증, 사회적 불안감 등으로 고생 중이라면 정신 건강 전문가의 도움을 받아보자.

이와 같은 문제점들은 다른 사람들에게 자신의 긍정적인 면모에 대해 이야기하는 것을 어렵게 만들거나 불가능하게 만들 수 있다.

예를 들어, 매우 낮은 자존감을 가진 사람은 자신에 대한 긍정적인 모습을 발견할 수 없으며 이와 같은 결과로 슬픔, 불안감, 공포의 감정이 나타날 수 있다.

정신 건강 전문가들은 사회적 불안감이나 우울증을 이겨내고 자신감을 회복할 수 있도록 도움을 주며, 삶을 개선하기 위해서 현재의 행동과 사고방식을 변화시킬 방법도 안내해 준다.

⑥ 타인을 위해 진심 어린 칭찬하기

당신이 진심으로 우러러보는 상대방의 면모에 대해 칭찬한다. 절대 거짓된 칭찬은 하지 않는다.

누군가가 당신을 칭찬해 줄 때 당신의 장점에 대해 늘어놓지 않는다. 겸손한 자세로 칭찬을 받아들이고 "감사합니다."라고 말한다. 더 말을 붙이고 싶다면 "그렇게 말씀해 주셔서 감사해요. 정말 열심히 했거든요."라는 정도가 적당하다.

진심으로 할 말이 없다면 굳이 칭찬으로 답변하지 않아도 괜찮다. 단순히 "그렇게 말씀해 주셔서 감사합니다."라는 답변만으로도 충분하다.

• 자랑을 늘어놓기 전에, 상대방의 관점에서 자랑을 들었을 때 기분이 상할 수 있을지 먼저 고려해 보자.

• 단지 자랑하기 위해 물질적인 것들을 모으지 않도록 한다. 스포츠카가 있거나 롤렉스 시계를 갖고 있지만 내면이 비어 있다면, 당신의 직업에 대해 자랑을 늘어놓더라도 기분이 전혀 나아지지 않을 것이다.

화난 사람과 대화하는 방법

　살다 보면 화난 사람을 많이 만나게 된다. 자신의 감정과 반응을 조절할 수 없는 사람들이다. 그런데 안타깝게도 그들은 화풀이를 다른 사람에게 한다.

　물론 화가 나면 감정을 조절하는 것이 힘들고 처한 상황을 다루기가 어려워진다. 게다가 가끔은 분노가 자신의 손에서 벗어나기도 한다.

　화가 난 사람들과 대화하려면 인내심을 갖고 침착함을 유지해야 한다. 그리고 상대방의 말을 냉철하게 듣고 문제 해결 방법을 찾을 수 있도록 도와줘야 한다.

1. 화난 사람에게 대처하는 법

① 같이 화내지 않기

　상대방이 특히 당신에게 화가 났을 때는 당신 역시 쉽게 화가 날 수 있다. 하지만 당신이 화난 사람과 정말 소통하려 한다면 먼저 자신의 분노를 조절하고 표출하지 않는 것이 좋다.

② 감정적 거리 유지하기

상대방이 화가 났다고 해서 기분 상해하지 마라. 대신 한 발자국 뒤로 물러나 객관적인 시선을 유지하도록 한다. 그리고 상대방의 분노에 대해 호기심을 품어 보자.

자신에게 다음과 같은 질문을 던져 본다. "이 사람은 정말 화가 났구나. 그런데 무엇 때문에 이렇게 화가 났을까?"

③ 침착하게 천천히 말하기

목청을 높이거나 상대방의 화를 자극할 수 있는 말투로 말하지 않는다.

필요하면 심호흡을 통해 마음을 가라앉히고 평소와 다를 바 없는 크기와 말투로 상대방과 대화하자.

④ 위협적이지 않은 보디랭귀지 사용하기

상대를 반기는 듯한, 열린 형태의 몸짓을 이용하면 상대방의 화를 분산시킬 수 있다. 상대방에게 당신이 적대적이지 않다는 모습을 보여 주자.

긍정적인 보디랭귀지에는 다음과 같은 것들이 있다.

· 시선을 유지한다.
· 팔짱을 끼지 않고 팔을 자연스럽게 옆으로 떨어뜨린다.
· 상대방의 정면에서 맞서는 형태로 마주 보지 말고, 몸을 살짝 옆으로 돌린다.
· 상대방이 거부하지 않는다면 어깨에 살짝 손을 올린다. 대신 상황에 따라 다르다는 점을 이해해라. 상대방이 배우자나 친한 친구라면 접촉이 적절하겠지만, 상대가 고객이라면 적절한

행동이 아니다.

⑤ 도발하지 않기

당신이 상대방을 화나게 하는 방법을 알고 있다면, 당신이 의도치 않게(혹은 의도적으로) 상대방을 화나게 할 수 있을 것이다. 하지만 상대방이 이미 화가 나 있는 경우에는 그런 행동을 최대한 삼가라. 그런 행동을 멈추지 않는다면 상대방은 더욱 화가 날 것이고, 당신이 그(또는 그녀)를 별로 존중하고 있지 않다고 생각할 것이다.

2. 효과적으로 듣기

① 상대방에게 말할 시간 주기

먼저 상대에게 당신이 경청하고 있으며, 상대방을 진지하게 대하고 있다고 느끼게 해 주는 것이 중요하다. 상대방에게 말할 시간을 주고 경청하자.

상대의 말을 끊거나 틀린 부분을 지적하지 않도록 한다.

② 상대방 의견에 동조해 주기

상대방의 의견에 동의하지 않더라도, 상대가 왜 화가 났는지를 이해하려는 모습은 보일 수 있다. 예를 들어 "누가 나를 공평하게 대하지 않는다면, 나도 화가 났을 거야."라고 말할 수 있을 것이다.

더 좋은 방법은 상대방의 말에 동의하는 모습을 보이는 것이다. 화가 난 사람에게 자신이 어느 정도 맞다고 생각하게 해 주면 상대방의 화를 분산시키는 데 도움이 될 수 있다.

③ 계속해서 질문 던지기

'열린' 질문을 던지면 상대방이 왜 화가 났는지 알기가 쉬워진다. 단순히 '예', '아니요'로 대답할 수 있는 질문보다 상대방이 생각한 다음 대답할 수 있는 질문을 하는 것이 더 효과적이다. 이런 질문에 대답하기 위해 상대방은 생각할 시간을 갖게될 것이고, 당신 역시 문제의 근원에 한 발짝 가까이 다가가는 기회가 될 것이기 때문이다.

예를 들면, 다음과 같이 질문할 수 있다. "오늘 아침에 미팅에서 정확히 무슨 일이 있었던 거야?"

더 많은 정보를 얻기 위해 '정확히'라는 단어를 사용한다. "아무도 네 말을 듣지 않았다는 게 정확히 무슨 말이야?"처럼 말하는 것이 좋다.

④ 확인을 위해 상대방의 말 반복하기

당신이 상대방의 말을 이해하고 있다는 것을 보여 줘야 한다. 상대방의 말을 따라 함으로써 당신이 정확하게 상황을 이해하고 있다는 것을 알려 주자.

예를 들어 이렇게 말할 수 있다.

"내가 제대로 알고 있는 게 맞는지 들어 봐. 그러니까 네가 오늘 미팅에 갔는데, 상사가 급히 예정에 없던 발표를 시켰어.

그래서 일단 스트레스를 받았지. 게다가 발표하는 내내 상사가 휴대폰을 만지작거려서 무시당하는 기분이 들었어. 맞아?"

3. 해결책 찾기

① 문제 해결을 위한 적절한 시간 찾기

상대방이 배가 고프거나 피곤하다면 감정적 방어도가 낮아질 수 있다.

따라서 상대가 충분히 휴식을 취한 상태에서 부정적인 생각에 빠지지 않고 문제를 해결하는 데 적절한 시간이 언제인지 찾아보도록 한다.

② 필요하면 사과하기

만약 당신이 뭔가를 잘못했거나 의도치 않게 상대방의 감정을 상하게 했다면 사과해라. 사과하는 것은 약점을 내보이는 것이 아니다. 단지 당신이 상대방을 다치게 했다는 것에 미안함을 느끼고 있다는 것을 보여 주는 것이다. 비록 당신이 의도한 것이 아니라고 해도 말이다.

③ 상대방이 문제를 해결할 수 있도록 도와주기

같이 문제를 해결해 보자.

먼저 상대방에게 어떤 해결 방안이 좋겠는지 물어본다. 만약 당신이 상대방의 기대에 호응할 수 없거나 상대방이 불합리한 요구를 한다면 절충안을 찾아본다.

④ '우리'라는 단어 사용하기

'나', '당신' 대신 '우리'라는 단어를 사용하면 상대방에게 당신이 파트너로서 함께 문제를 해결하기 위해 협력하고 있음을 보여 준다. "우리가 이 문제를 어떻게 해결할 수 있을까?"라고 말해 보자.

⑤ 현재의 문제에 집중하기

만약 상대와 타협하려 한다면 지금 당장 일어나고 있는 일을 먼저 해결하도록 한다. 과거의 문제나 싸움을 상기시키지 마라. 이전에 품었던 불만을 내보이는 것은 현재 상황을 개선하는 데 전혀 도움이 되지 않는다.

⑥ 해결이 어려울 수도 있다는 점을 알기

상대가 진정하기 전까지 같이 해결책을 찾을 수 없는 상황이 올 수도 있다. 이런 경우에는 상대가 분노에서 빠져나와 당신의 말을 합리적으로 듣고 이해할 수 있을 때까지 해결책을 찾는 것을 보류한다.

3부 · 좋아하는 이성과 대화하는 방법

좋아하는 이성에게 말 거는 방법
짝사랑하는 상대에게 고백하는 방법
마음이 가는 상대와 대화하는 방법
좋아하는 여성과 대화하는 방법
여성에게 거절당하지 않고 고백하는 방법
좋아하는 남성과 대화하는 방법
남성에게 좋아한다고 고백하는 방법

좋아하는 이성에게 말 거는 방법

좋아하는 사람에게 말을 거는 것은 누구에게나 어려운 일이지만, 평소 부끄러움이 많은 성격이라면 더 힘들 수 있다. 하지만 간단한 주제로 이야기를 시작해 보면, 부끄러움이 많은 사람이라도 쉽게 대화할 수 있다.

무엇보다도 자신감을 갖는 게 중요하다. 심호흡을 크게 하고, 당당하게 도전해 보자.

1. 용기 내기

① 사람들에게 인사하는 연습하기

인사하는 연습을 많이 하다 보면, 자신을 누군가에게 소개하는 것에 차츰 익숙해진다.

하루에 적어도 한 명 이상에게 안부를 묻거나 간단하게 칭찬하는 연습을 해 보자. 반 친구들에게 인사하거나 같은 수업을 듣는 사람들과 간단한 이야기를 나눠 보자. 자신감이 붙었다면, 좋아하는 사람에게도 인사를 해 보자.

② 대화 주제 몇 가지 생각해 놓기

좋아하는 사람에 대해 아는 것이 있다면 그 사람이 관심 있어 하는 주제나 자신과 공통된 관심사에 대해 생각해 본다. 그 사람에 대해 아무것도 모르는 상태라면 요즘 유행하는 것들이나 연예인 이야기같이 부담 없이 대화할 수 있는 일반적인 주제를 선택한다.

예를 들어, 그 사람이 운동이나 음악을 하는 사람이라면, "어젯밤 경기 어떻게 됐어?"라든가 "요즘 너희 밴드 되게 잘나간다며? 다음 공연은 언제야?" 등의 말을 해 보자.

그 사람과 같은 반이거나 같은 동호회에 소속되어 있다면, 그것과 관련된 이야기를 하거나 농담을 건네 보자. 우리끼리만 아는 이야기를 하게 되거나 다음에 또 대화할 기회로 발전할 수 있다.

간단히 준비하라는 것이지 한 마디 한 마디 대본을 준비해 놓으라는 뜻이 아니다. 한 번 대화를 시작하면, 흐름에 맞춰 진솔하게 이야기할 수 있게 된다.

③ 심호흡하며 긴장 풀기

너무 긴장하다 보면 몸이 굳어 버릴 수 있다. 심호흡을 크게 하면 몸의 긴장을 이완시켜 마음을 진정시키는 효과가 있다. 너무 쑥스러워서 심하게 긴장이 될 때는 숨을 크게 들이쉬고 내뱉고를 반복하며 긴장을 풀자.

④ 웃음으로 자신감 찾기

억지로라도 미소를 지으면 긴장이 완화되고 사람들에게도 친근하고 매력적으로 보인다. 웃음을 짓는 행위 자체가 몸을 편안하게 해 준다. 그뿐만 아니라 자신을 바라보는 사람들에게도 좋은 인상을 준다.

좋아하는 사람이 옆에 있어서 너무 긴장될 때는 웃음으로 자신감을 찾아보자.

2. 대화 시작하기

① 칭찬으로 대화 시작하기

한 번도 대화를 해 보지 않은 사람과는 이야깃거리나 공통점을 찾기가 힘들다. 이럴 때는 그 사람이 입고 있는 옷에 대한 간단한 칭찬 등으로 대화를 시작하는 것이 좋다.

그 사람이 자신이 좋아하는 밴드의 로고나 자신이 여행해 본 곳의 명칭이 새겨진 티셔츠를 입고 있다면 대화를 시작하기가 한결 쉬워진다. 예를 들어 "어? 나도 그 밴드 좋아하는데. 콘서트 가 본 적 있어?"라든가, "뉴욕 갔었어? 지금이 뉴욕 여행하기에는 제일 좋은 때인 거 같아!"라고 말을 거는 것이다.

처음 만났을 때는 형식적으로 서로 자기소개를 하지만, 그다음부터는 굳이 누가 먼저 말을 걸어야 할 의무가 있는 것은 아니다. 그 때문에 간단한 칭찬으로 말을 거는 것이 효과적이다. 안면을 트고 난 뒤에는 지나가다가 만나게 되면 먼저 아는 척을 하고, 잘 웃어주면 더 친해질 수 있다.

② 간단한 부탁하기

연필이나 종이를 빌려달라고 부탁하는 것은 쉽고 부담 없이 대화를 시작할 수 있는 좋은 방법이다. '벤 프랭클린 효과(Ben Franklin Effect)'라는 것이 있다. 누군가와 정서적인 유대를 형성하고 싶을 때는 부탁을 들어주는 것보다 부탁하는 것이 더 효과적이라는 이론이다.

부탁을 너무 많이 하면 상대가 성가시다고 느낄 수가 있다. 한두 번이면 충분하다.

③ 같이 공부하자고 제안하기

좋아하는 사람이 같은 반 친구라면, 함께 공부하자고 말해 보자. 같이 오랜 시간 대화를 나눌 수 있는 쉽고 부담 없는 방법이다. 쪽지시험이나 중간고사를 보기 전에 잠깐 같이 공부하지 않겠느냐고 넌지시 물어보자.

예를 들어, "내일 시험 준비 많이 했어? 오늘 단어 같이 외울래?"라고 친근하게 말을 걸어 본다.

공부할 장소는 그 사람과 자신이 얼마나 친한 사이인지에 따라 달라진다. 도서관이나 카페 같은 공공장소가 될 수도 있고, 우리 집이 될 수도 있다.

좋아하는 사람과 한 번도 이야기를 해 본 적이 없는 사이라면, 다른 친구들과 함께 스터디그룹을 만들어서 그 사람을 초대하는 것도 한 방법이다. 이렇게 하면 티가 나거나 갑작스럽지 않아 부담도 적고 자연스럽다.

④ 질문하기

좋아하는 사람과 이야기할 때, 대화를 지속하기 가장 좋은 방법은 질문하기이다. 질문하게 되면 상대는 내가 경청하고 있다고 느끼고, 나 또한 대화의 부담을 덜 수 있다. 수줍음이 아주 많은 성격이라면 먼저 질문을 던진 다음 상대가 대답할 때까지 하고 싶은 말을 정리해 본다.

좋아하는 사람의 관심사나 취미, 직장생활이나 주말 계획에 대해 물어보거나 좋아하는 영화나 책을 추천해 달라고 하는 것도 한 방법이다.

⑤ 계속해서 눈 맞추기

부끄러움이 많은 타입이라면 눈을 맞추는 게 힘들게 느껴지겠지만 최대한 시선을 떨구지 않도록 노력한다. 이야기 도중에 눈을 맞추면서 자신이 이 대화를 즐기고 있다는 것을 보여 주는 것이 좋다. 하지만 너무 오랫동안 뚫어지게 쳐다보는 것은 차라리 안 하느니만 못할 수도 있으므로 주의해야 한다.

내가 말을 할 때는 그 시간의 1/3 정도, 상대가 말을 할 때는 그 시간의 2/3 정도 눈을 맞추는 것이 좋다.

짝사랑하는 상대에게 고백하는 방법

이제 짝사랑하던 상대에게 마음을 고백할 때가 왔다고 생각할 수도 있다. 하지만 어떻게 고백할 것인가? 진실된 감정을 드러내기 위해서는 용기를 내야 한다. 하지만 일단 고백을 하고 나면 결과가 어찌 되었든 후련한 느낌이 들것이다.

이 글을 통해 상황을 어색하게 만들지 않으면서 긴장하지 않고 짝사랑 상대에게 감정을 고백하는 방법을 배워 보도록 하자. 글만 쭉 읽으면서 따라오면 된다.

1. 올바르게 대응하기

① 상대방이 당신과 같은 감정이 아니더라도 실망하지 않기

상대방이 당신과 같은 감정을 느끼고 있지 않더라도 세상이 끝난 것은 아니다. 당신이 진정한 감정을 고백할 정도의 자신감과 용기를 내었다는 사실에 자부심을 느끼도록 하자. 그리고

상대의 답이 당신이 원하던 것이 아니었더라도, 상대방의 속마음을 알게 된 것만으로 족하면 된다.

상대방이 당신과 같은 감정을 공유하지 않는다고 답했다면, 그냥 "응, 알았어. 괜찮아."나 "그래도 들어 줘서 고마워."와 같이 간단하게 대답하면 된다. 또한 상대방과 작별 인사를 할 때는 친절하고 정중한 모습을 보이도록 한다. "이럴 줄 알았어."나 "아무도 날 좋아하지 않아."와 같은 부정적인 말로 상대방의 기분을 고의로 상하게 하지는 말자.

짝사랑 상대에게 자신의 감정을 털어놓을 정도의 자신감을 지니고 있으면 훗날 인간관계와 자신이 내릴 선택에 긍정적인 영향(자신감)을 줄 것으로 생각해도 괜찮다.

② 상대방이 당신을 좋아하지 않더라도 상대방을 어색하게 대하거나 피하지 않기

짝사랑 상대가 당신과 같은 감정을 공유하지 않는다고 해도 친구로 지낼 수는 있다. 물론 처음에는 약간 어색한 기간이 있을 수 있다. 하지만 조금 어색하다고 해서 상대방을 발견하자마자 도망가거나 의도적으로 피하는 것은 좋지 않다. 그냥 평소 하던 대로 해라.

그리고 짝사랑 상대와 지나칠 때는 평소의 모습을 보여라. 당신이 상대방의 감정을 마음대로 조작할 수 없다는 점을 인지하고 그냥 침착하게 있어라.

③ 짝사랑 상대가 고백을 받아들이면 기쁨 드러내기

당신의 짝사랑 상대가 같은 감정을 되돌려주었다면 기쁨을 마음껏 표현해도 좋다. 당신의 속마음을 밖으로 드러낸 것에 자부심을 느끼고 상대방과 같이 즐겁게 시간을 보내거나 데이트를 해 보자. 이제 상대방의 감정을 알았으니 천천히 진도를 나가면 된다.

다음에는 무엇을 하고 싶은지 생각해 본다. 상대방도 당신의 직설적이고 솔직한 모습에 좋은 인상을 받았을 것이며, 당신과 같이 어울리고 싶어 할 것이다.

2. 직접 대면해 감정 고백하기

① 멋지게, 하지만 너무 뻔하지 않게 꾸미기

감정을 고백할 때는 물론 잘 꾸미는 것이 좋다. 하지만 지나칠 정도로 평소와 다른 모습(정장 등)으로 차려입거나, 평소에는 후줄근한 옷만 입다가 갑자기 새 옷들로 치장하는 것은 그리 좋게 보이지 않는다. 모르는 사람이 봐도 무언가 있다는 사실을 알게 될 테니 말이다.

중요한 점은 짝사랑 상대에게 당신이 속마음을 전달하기 위해 과도하게 노력한다는 모습을 보이지 않는 것이다. 평소보다 약간만 더 세련되게 차려입고 약간만 더 신경 써서 스타일을 다듬어 본다. 이런 행위는 고백할 때 당신의 자신감을 더 키워 주기도 한다.

② 올바른 장소와 시간 고르기

최고의 결과를 얻고 싶다면 상대방이 스트레스를 느끼지 않는 환경에서, 그리고 둘만 있을 수 있는 장소에서 고백하는 것이 좋다.

수업 사이의 쉬는 시간에, 짝사랑 상대가 다음 수학 시험에 대해 걱정하고 있을 때 고백하는 것은 좋지 않다.

방과 후나 동아리 활동 때처럼 여유 있는 상황에서 따로 시간을 내어 둘만 얘기를 나눌 수 있는 때와 장소를 고른다.

③ 말할 것이 있다고 하기

너무 과장하거나 강조할 필요는 없다. 자칫하면 당신이 숙제나 다른 것을 도와달라고 말하는 것처럼 들릴 수 있다.

짝사랑 상대에게 말을 할 때는 일대일로 말하고 싶은 것이 있다고 말하도록 한다. 심각한 문제가 아니라는 점을 전달해 부담감을 주지 않는 것도 중요하다.

고백은 과도하게 편하면 안 되겠지만, 되도록 편안한 분위기에서 하는 것이 더 성공률이 높다. "방과 후에 하고 싶은 얘기가 있는데, 잠깐 시간 내줄 수 있어?"처럼 가볍게 얘기하도록 하자.

④ 웃거나 농담을 해서 상대방을 편안하게 해 주기

바로 "좋아해."라고 고백해 버리면 상대방이 혼란스러워하거나 약간 불편한 기분을 느낄 수도 있다.

그러지 말고 먼저 간단한 농담을 하거나, 재미있는 얘기를 하거나, 상대방의 말에 평소보다 더 활기차게 웃거나 한다. 기분 좋게 웃으면 당신은 물론이고 상대방에게도 긍정적인 기분을 선사할 수 있다. 즉 상대방이 당신에게 더 긍정적인 대답을 돌려줄 수 있다는 뜻이다.

⑤ 고백하기

여기까지 왔으면 이제 더 미룰 필요가 없다. 상대방의 기분을 편안하게 만들었고 둘만의 장소에서 적절한 시간까지 골랐다면 이제 고백만 하면 된다.

이 상황에서는 고백을 미루지 않고 빠르게 하는 것이 긴장을 덜 하고 불필요한 말을 하지 않게 도와준다. 간단하고 직접적으로 "너한테 좋아한다는 말을 하고 싶었어."나 "너랑 같이 보내는 시간이 좋아. 너한테 내 감정을 고백하고 싶어."처럼 고백해 보자.

짝사랑 상대에게 좋아한다고 말할 때는 눈을 보고 몸의 긴장을 풀어라. 상대방과 너무 가까이 있거나 바닥을 보지 말자. 자칫하면 너무 절박해 보이거나 내성적으로 보일 수 있다.

고백할 때는 상대방의 이름을 넣어서 하도록 한다. "○○야, 말하고 싶은 게 있어."라고 하는 것이 "뭐 하나 말해도 될까?"라고 하는 것보다 훨씬 더 가까운 느낌이 든다.

사전 작업에 너무 공을 들이지 말자. 시간이 흐르면 흐를수록 당신이 받는 부담감만 커진다.

⑥ 상대방의 반응 기다리기

상대방에게 압박을 가하듯이 "그래서 어떻게 생각해?"처럼 물어보지 않도록 한다. 아마 상대방은 당신의 말에 놀라 일단 생각과 감정을 추스르면서 당신에게 어떻게 반응해야 할지를 생각하고 있을 것이다. 이때는 심호흡을 몇 번 하고 뒤로 물러나서 상대방의 반응을 기다리는 것이 좋다.

상대방이 바로 당신의 말에 대한 답을 돌려줄 수도 있지만 "말해 줘서 고마워."나 "생각할 시간 좀 줄래?"와 같은 식으로 말할 가능성이 더 크다. 이는 매우 정상적인 반응이다.

상대방이 당신의 고백을 받아들일 확률을 높이려면, 이때 상대방에게 필요한 시간을 주는 매너 있는 모습을 보일 필요가 있다.

3. 짝사랑 상대에게 고백하는 다른 방법들

① 전화로 고백하기

직접 만나서 고백을 하는 것이 더 성숙하고 자신감 있게 보이겠지만 전화로 고백하는 것도 완전히 최악의 고백법은 아니다. 당신이 너무 내향적인 사람이라 직접 만나 고백하는 것이 어려울 것 같으면 전화를 걸어 감정을 고백하는 것이 오히려 좋을 수도 있다.

전화로 고백할 때는 먼저 인사를 한 다음 몇 가지 농담이나 일상적인 대화를 한다. 그리고 "할 말이 있어."라고 말한 뒤에 감정을 고백한다.

전화로 대화하는 것은 얼굴을 마주하지 않아도 되기 때문에 긴장감을 덜어줄 수 있다. 하지만 전화로 말을 해도 긴장이 된다면 페이스를 늦추거나 빠르게 하는 등으로 조절하면서 쌓인 긴장을 풀어 보도록 한다.

당신의 감정을 전화상으로 고백하겠다고 결정했다면, 친구의 도움을 받아 고백 리허설을 몇 번 해 본 다음 실전에 도전하도록 한다.

② 귀여운 쪽지로 감정 고백하기

짝사랑 상대의 사물함이나 공책, 가방에 최대한 친절하고 예의 바르게 당신의 감정을 적은 쪽지를 붙여 보도록 한다.

'안녕, ○○야. 이전부터 좋아한다고 말하고 싶었어.' 정도면 충분할 것이다.

이제부터는 이 쪽지를 발견한 짝사랑 상대가 기쁘고 놀라워하기만을 기다리면 된다. 물론 쪽지인 경우, 찾는 것이 좀 어려울 수도 있다.

③ 격식 없는 데이트 신청해 보기

'좋아한다.' 라고 말하는 것이 너무 긴장된다면, 상황을 살짝 비틀어 먼저 같이 놀러 가자고 말해 본다. 영화표가 있다고 하거나 같이 밥이나 커피를 마시러 가자고 말해 보자. 아니면 그냥 공원에서 산책을 해 보자고 말할 수도 있다.

둘만 따로 나가서 놀자고 하면 당신이 좋아한다는 감정을 혼자서 전부 전달하지 않아도 상대방이 당신의 마음을 어느 정도 알 수 있게 된다.

④ 하지 말아야 할 행동

상대방에게 고백할 때 기본적으로 하지 말아야 하는 행동들이 있다. 특히 성숙하고 자신감 넘치는 사람처럼 보이고 싶다면 고백의 성공률을 높이기 위해 아래 행동들을 피하도록 한다.

친구들에게 당신의 감정을 말해 달라고 부탁하지 말자. 성숙한 모습을 보이려면 스스로 감정을 전달해야 한다.

페이스북으로 하지 말자. 그러면 진지한 것처럼 보이지도 않고, 직접 대화를 나누기에 자신감이 부족한 사람이라고 판단될 수 있다.

당신의 감정을 너무 절박하게 전달하려고 하지 마라. 단순히 "좋아해."면 충분히 효과를 발휘한다. "2학년 때부터 널 사랑했었어."와 같은 말은 오히려 역효과다.

Tip

• 계획을 짠다(예시: 점심시간에 ○○에게 좋아한다고 말하자). 시간과 장소, 말할 내용을 미리 계획해 두면 도움이 된다.

• 너무 긴장된다면 말할 내용을 적어 두는 것이 도움이 될 수 있다. 상대방이 'Yes' 혹은 'No'라고 했을 때의 반응도 미리 생각해 두자.

• 상대방을 정말 좋아하는지를 확실히 하도록 한다. 그렇지 않다면 먼저 상대방에 대해 더 알아가는 시간을 갖는 것이 좋다.

• 긴장을 했어도 너무 심각하게 보이거나 너무 많이 웃지 않도록 한다.

• 자신감을 느낄 수 있도록 옷을 입는다. 옷차림에 자신감이

있으면, 행동도 자연적으로 자신감 있게 변한다.

• 얼굴이 쉽게 붉어지는 편이라면 굳이 숨기지 않아도 된다. 심호흡하고 상대방의 눈을 바라본다.

• 당신의 친구들이 전부 여자친구 혹은 남자친구가 있어서라거나, 또는 상대방이 '잘생겨서' 와 같은 얕은 이유로 상대방에게 고백하지 마라.

• 먼저 주변 환경에 익숙해지도록 해라. 그렇지 못하다면 장소를 옮겨라.

• 주변에 다른 사람들이 있을 때는 고백하지 마라. 놀림거리가 될 수도 있다.

• 친구에게 대신 고백해달라고 하는 사람이 되지 말자.

Caution

• 상대방에게 거절당한 다음, 바로 다른 사람에게 고백하지 말자. 특히 그 두 명이 서로 아는 사이일 때는 더 곤란한 상황에 부닥칠 수도 있다.

• 당신의 감정을 부적절하거나 성적인 방법으로 전달하지 마라. 적절하게 관심을 보이는 것은 괜찮지만 너무 나가면 문제가 될 수 있다.

• 거절을 당하면 한동안 힘들 수 있다. 하지만 친구, 가족, 삶의 소소한 기쁨들이 실연을 극복하도록 도와줄 것이다. 시간만이 답이다.

마음이 가는 상대와 대화하는 방법

자꾸만 마음이 가는 상대가 있는데 뭔가 말을 하려고 할 때마다 겁이 나서 말이 제대로 나오지 않는다고? 아마 상대방으로부터 거절당할 것이 두렵거나 스스로 바보 같은 말을 할 것이 우려되기 때문일 것이다.

너무 걱정할 것 없다. 당신이 생각하는 것만큼 상황이 나쁘지 않다(특히 마음이 가는 상대와 이미 친구라면 더 좋다). 당신이 아무것도 하지 않으면 확률도 0이 된다는 사실만 기억하면 된다.

이런 점들을 기억하고, 자꾸만 마음이 가는 상대와 자연스럽게 대화하는 방법을 알아보자.

1. 무대 만들기

① 마음이 가는 상대에게 말을 걸기 전에 준비하기
약간의 시간을 가져 스스로를 준비시키도록 한다. 필기시험도 합격하고 운전 연습도 충분히 해서 실기시험에도 붙어야만

운전면허를 딸 수 있는 것처럼, 마음이 가는 상대와 어떻게 말을 해야 할지를 미리 생각해 둔 사람이 상대방의 마음을 더 성공적으로 빼앗을 수 있다.

잘 준비한 것과 섬뜩할 정도로 준비된 것 사이의 균형을 잘 조절해야 한다. 자꾸만 마음이 가는 그 사람은 당신이 주는 특별한 관심을 좋아하긴 하지만, 최근 3일 동안 24시간 내내 일거수일투족을 지켜본다는 느낌은 결코 받고 싶지 않을 것이다. 잘못하면 스토커라는 느낌을 줄 수도 있으므로 주의한다.

② 사전에 긴장 푸는 시간 가지기

심호흡하고 몸의 긴장을 쭉 풀어 주도록 한다.

이는 특히 주변에 사람이 없을 때 더 쉽다. 집에 돌아온 후 샤워를 하거나 자기 전에 스트레칭 등으로 긴장을 풀어 몸 상태를 이완시키도록 하자.

③ 말하기 전에 생각하기

긴장은 충분히 극복할 수 있다. 심지어 긴장을 아예 지워버리는 것도 가능하다. 잠깐 말할 내용을 생각해 보는 것만으로도 충분히 가능하다.

실제로 상대방과 말을 하기 전에 집에서 연습하는 시간을 따로 가지면 어색한 침묵 속에 갇히는 일도 피할 수 있다. 당신이 자신에게 중요한 사람한테 좋은 첫인상을 남기고 싶다면 시간을 투자하도록 하자.

거울을 보고 연습해라. 당신이 말하고 싶은 내용을 확실히 알아야 한다. 하지만 실제로 말할 때 리허설을 한 것 같은 느낌이

나서는 안 된다. 자꾸만 마음이 가는 상대와 대화하는 등 다양한 상황을 상상하면서 연습해 보자. 다양한 상황을 여러 번 연습하면 실제로 대화할 때 자신 있게 말할 수 있게 된다.

즐겨라. 진지하게 말하고 싶은 내용이 있다면 진지한 분위기를 만든다. 하지만 당신을 웃게 할 재미있는 말투로 똑같은 내용을 말해 보는 것도 괜찮다. 진지한 분위기를 줄이면 실제로 대화할 때 더 자연스럽게 얘기할 수 있다.

④ 상대방에 대해 더 알아보기

상대방의 공책에 어떤 낙서들이 적혀 있는지 힐끗힐끗 살펴보고, 점심 먹을 때도 상대가 어떤 음식을 좋아하는지 살펴본다. 좋아하는 스포츠가 있다면 그 역시 기억해 둔다.

이렇게 작지만 중요한 정보들을 모아 놓으면 나중에 상대방과 대화할 때 확실히 도움이 될 것이다. 적어도 아래와 같은 말을 해 볼 수도 있다.

"우연히 네가 공책에 적어 놓은 영화 이름을 봤는데, 나도 그 영화 진짜 좋아해. 혹시 그런 장르의 영화를 좋아하니?"

"친구랑 같이 방과 후에 농구하기로 했는데, 같이 할래?"

⑤ 자신감을 키울 수 있는 색다른 방법 찾아보기

당신이 자꾸만 마음이 가는 상대와 대화하는 것을 두려워하는 이유 중 하나는 자신감에 상처를 입기 싫어서일 것이다. 절대 그런 일이 일어나게 하지 마라.

애초에 당신의 자신감은 한 사람에 의해 좌지우지될 만한 것이 아니다. 당신의 자신감은 스스로를 어떻게 생각하느냐에 따라 달라진다. 따라서 마음이 가는 상대에 대해 좀 더 알아보고 그와 대화를 나누기 전에 먼저 자신감을 키워 보도록 한다. 그러면 상대방이 보기에도 당신이 더 매력 있어 보일 것이고, 대화가 좋지 않은 방향으로 흘러가도 크게 실망하거나 낙담하지 않을 것이다.

페이스북 담벼락을 살펴보는 것도 자신감을 키우는 데 도움이 된다. 한 연구에 의하면, 자신의 페이스북 담벼락을 3분 동안 살펴보면 자신감을 크게 키울 수 있다고 한다.

그런가 하면 아버지와 시간을 보내는 것도 한 방법이다. 한 연구에 따르면, 청소년기에 아버지와 더 많은 시간을 보낸 아이가 그렇지 않은 아이에 비해 더 높은 자신감을 지니게 된다고 한다. 한 번 시도해 보자.

참고: 자꾸만 마음이 가는 상대와 대화하기 몇 시간 전에 아버지를 만나 얘기를 나누는 것이 가장 좋을 듯하다.

⑥ 결과에 신경 쓰지 않기

이 말인즉슨, 자꾸만 마음이 가는 그 사람이 당신을 좋아하지 않는다고 말해도 크게 신경 쓰지 않는 사람이 되라는 뜻이다. 이는 두 가지 이유로 인해 중요한 의미를 지닌다.

첫째는, 일단 결과와 분리된 사람이 되면 거절을 쉽게 극복할 수 있게 된다. 누구나 살다 보면 거절당한 경험을 갖기 마련이다. 지금부터라도 결과에 크게 신경 쓰지 않는 성격을 길러 두면 도움이 될 것이다(살면서 거절을 한 번도 당해 보지 않았다고 생각한다면, 당신은 이미 결과에 연연하고 있는 것이다). 둘째는, 결과와 무관하게 사고하는 습관을 들이면 마음이 자꾸만 가는 그 상대와도 건강한 관계를 맺을 수 있게 된다. 상대방이 당신의 세계를 구할 유일한 히어로라고 생각하기보다는, 평범하지만 당신에게 특별한 의미를 지닌 사람이라고 생각하자.

'뭐? 내가 왜 그렇게 해야 해? 내가 통제할 수 있는 것도 아니잖아!' 라고 생각할지도 모른다. 그러나 그건 사실이다. 가끔 짝사랑하는(마음이 가는) 상대를 너무 깊게 생각한 나머지, 상상 속에서 자칫 잘못된 관계를 형성할 수도 있다. 이처럼 상상 속에서만 존재하는 관계는 건강에 매우 좋지 않은 영향을 미친다. 현실도 아닐뿐더러, 상대방 없이는 당신이 존재하지 않는다는 잘못된 생각을 만들 수도 있기 때문이다. 무엇보다도 상대방은 당신에 대해 아직 잘 알지 못하는 상태인데 말이다.

당신이 결과에 크게 연연하지 않는 사람이 되면 자신감도 따라서 성장하게 된다. 그리고 이러한 성격은 많은 사람에게 매력적으로 인식된다. 한 사람에게 거절당했더라도 크게 낙심하지 않고 금방 이를 극복해낸다면, 당신의 자신감이 한 사람의 거절보다 훨씬 더 커지게 되는 것이다.

2. 행동으로 옮기기

① 마음이 가는 상대가 혼자 있을 때 다가가기
처음 상대방과 만나는 상황은 격식 없고 편한 상황이 가장 좋다. 주변에서 다른 사람들이 방해하지 않는 장소라면 더욱 좋다. 파티장 한가운데 같은 곳은 긴 대화를 나누기에 적합한 공간이 아니다. 아래 예시를 살펴보자.

마음이 가는 상대가 점심시간에 식당에서 보인다면 다가간다. 가서 옆에 앉아도 되느냐고 물어보고 승낙을 받으면 자리에 앉아 대화를 나눈다. 매우 간단하지 않은가?

파티에 참석했을 때 마음이 가는 상대에게 말을 걸어본다. 생일 파티도 좋고, 어떤 파티라도 좋다. 둘 다 초대를 받았다면 대화를 할 조건이 모두 마련된 셈이다.

같이 아는 친구가 있다면 그(또는 그녀)를 통해 상대방과 대화를 나눠보도록 한다. 상대방의 친구를 당신이 알고 있다면 그 친구에게 먼저 다가가 말을 건다. 그리고 마음이 가는 상대가 당신에게 말을 걸 때까지 친구랑 이야기한다.

② 자신을 소개하기

이미 정식으로 당신을 상대방에게 소개했다면 그냥 "안녕." 이라고 인사만 하면 된다. 이때 중요한 것은 눈을 보면서 인사를 하는 것이다. 많은 사람이 인사를 할 때 무의식적으로 바닥을 바라보면서 인사하는데, 이는 바람직하지 않다.

③ 상대방에 대해 물어보기

생각하게 만드는 질문, 특히 현재 상태와 관련된 질문을 해본다. 무엇이 '왜' 그런지, '어떻게' 그런 일이 일어났는지에 대한 질문이 가장 좋다. 이처럼 열린 질문은 대화를 오래 지속하게 해 준다.

마음이 가는 상대와 길게 대화를 하고 싶을 때는 깊은 토론

방식으로 양측이 참여할 수 있는 대화가 이상적이다.

간단하게 '예'나 '아니요'로 대답할 수 있는 질문은 피하도록 한다. 마음이 가는 상대에게 "캐나다에 가 본 적 있어?"라고 물어보면 따로 길게 대답할 거리가 없을 것이다. 하지만 "캐나다에 갔을 때 어땠어?"처럼 그 과정을 물어보는 질문을 하면 자연스럽게 더 긴 대답을 돌려줄 것이다.

마음이 가는 사람의 배경에 대해 물어본다. 고향이 어디인지, 부모님은 어떤 일을 하시는지, 친구들과 어떻게 알게 되었는지 등 다양한 질문을 해 본다. 사람은 누구나 자신에 대해 얘기하는 것을 좋아한다.

④ 주기적으로 말에 끼어들기

마음이 가는 상대가 눈앞에서 길게 이야기를 하고 있으면 그 질문과 관련된 몇 가지 질문을 주기적으로 한다. 그러면 당신이 상대방의 말을 경청하고 있음을 나타내 보일 수 있게 된다.

당신이 길게 할 말이 있을 때는 먼저 상대방이 말을 끝내기를 기다렸다가 말하도록 한다. 그리고 될 수 있으면 말을 짧게, 친절한 뉘앙스로 끝내 상대방에게 당신이 자기중심적인 사람이 아니라는 점을 알게 한다.

⑤ 보디랭귀지에 신경 쓰기

당신은 알게 모르게 보디랭귀지로 많은 내용을 전달한다. 무의식적인 측면에서도 보디랭귀지로 소통하는 경우가 적지 않다.

하지만 당신이 보디랭귀지를 완전히 조절하지 못하는 일도 간혹 생기는데, 만약 당신이 스스로 어떤 몸짓을 하고 있는지를 알 수 있다면 당신이 원하는 목적대로 이를 조종할 수 있게 될 것이다.

아래 보디랭귀지에 특히 신경 쓰면서 대화를 하도록 하자.

· 시선 마주치기 ― 눈을 마주치고 이를 유지하는 것은, 상대방이 말하는 것에 관심이 있다는 뜻이다.

· 상대방의 방향으로 얼굴 돌리기 ― 상대방이 있는 방향으로 얼굴을 돌린다는 것은, 당신이 내성적이지 않고 상대방의 말에 관심을 두고 있음을 보이는 것이다.

· 미소 짓기 ― 미소는 상대방이 당신을 행복하게 만들고 있음을 인정하는 것이다.

· 보디랭귀지로 유혹하기 ― 여성이면 머리를 꼬거나, 상대방의 어깨를 치거나, 눈을 깜빡여 볼 수 있다.

· 상대방의 농담에 웃어 보이기 ― 농담이 재미없더라도 미소를 짓고 웃어 보이면 상대의 기분을 좋게 만들어 준다.

⑥ 작업용 멘트 말하지 않기

다른 말은 다 해도 좋다. 하지만 작업 멘트만은 피해야 한다. 이런 문장들은 정말 느끼하고 실제 효과도 없다. 만약 당신이 남자라면 인터넷에서 작업 멘트를 찾아보는 대신 여자와 대화하는 법에 대해 읽어 보는 것이 훨씬 낫다.

⑦ 스스로를 너무 진지하게 받아들이지 않기

실제로 당신이 보통 사람이라면, 마음이 가는 상대와 가까이 있을 때 정신을 차리기 힘들어진다. 그리고 정신이 없을 때는 바보 같은 짓을 하기 마련이다. 하지만 걱정하지 말고 털어버려라. 말을 더듬었다면 "와 진짜 말하기 힘들다. 원래 예쁜 여자 옆에 있으면 좀 그래." 같은 말을 해 볼 수 있다. 자기 발에 걸려 넘어질 뻔했을 때 상대방이 당신을 부축해 주면서 "괜찮아?!"라고 했다면 "응, 바닥에 절하려고 했는데 실패했네."와 같은 농담 식의 말을 해 볼 수 있다.

⑧ 데이트 신청하기

대화가 잘 진행되는 것 같다면 상대방의 스케줄을 물어보도록 하자. 내일 점심도 좋고 몇 시간 뒤나 몇 분 뒤도 좋다. 진짜 데이트를 신청해 보도록 한다. 같이 저녁을 먹어도 좋고 영화를 봐도 좋다. 당신이 상대방과 대화를 하며 자신감을 느꼈다면, 그리고 상대방의 호응이 좋았다면 데이트를 신청해 보자.

아무리 생각해 봐도 상대방이 당신에게 관심을 두고 있는 것 같다는 결론이 나왔다면, 대화를 마치기 전에 '다시 만나고 싶다.'라는 말을 걱정 없이 해 보도록 하자.

⑨ 상황 파악하기

처음에 대화를 시도할 때는 상대방이 따뜻하게 받아주지 않을 수도 있다. 만약 상대방이 지루해 보이거나 심심해 보인다면 뭔가 잘못된 점이 있는지 물어보도록 한다. 어쩌면 상대방이 좋지 않은 시간을 보내고 있을 수도 있다. 아니면 다른 생각을 하고 있을 수도 있다.

따로 상대방의 주의를 흐트러뜨릴 법한 것이 없는데도 상대방이 계속해서 불편해하는 것 같다면, 말을 하고 자리를 피하는 것이 좋다. 다른 날 다시 시도해 보도록 하자.

⑩ 거절을 침착하게 받아들이기

상대방이 당신과 다른 감정을 가지고 있을 수도 있다. 이 경우에는 둘이 대화하는 것은 가능하지만 둘 사이에 그 어떤 로맨틱한 관계가 없을 것이라는 점을 받아들여야 할 것이다.

상대방이 모르는 짝사랑을 하는 것은 정말 슬픈 일이다. 만약 상대방이 당신을 친구로만 받아들인다면 인정하고 다른 사람을 찾도록 하자.

Tip

• 자신감을 가지고 쿨하게 행동한다. 그렇다고 너무 자만해선 안 된다.

• 예의 바르게 행동하고 너무 겁먹지만 않으면 된다. 어쩌면 당신이 생각한 것보다 더 좋은 결과가 나올 수도 있다.

• 상대방이 가는 장소를 다 따라다니지 마라. 상대방에게 부담을 줄 수 있으며 무례하게 보일 수도 있다.

• 같은 반이라면 상대방 옆에 빈자리가 있는지 찾아본다.

• 장난치는 것은 좋지만 친절하게 해야 한다. 상대방이 당신과 마찬가지로 가벼운 장난을 쳤다면 효과가 있는 것이다. 사실 장난치듯이 얘기를 나누는 것이 가장 재미있는 대화가 될 수 있다.

• 상대방 주변에서 기운이 넘친다고 바보 같아 보이는 행동을 하지 않도록 한다. 어쩌면 상대방이 당신의 행동을 잘못 이해하고 당신이 사귀기를 원하지 않는다고 받아들일 수도 있다.

- 상대방에게 데이트를 신청하기 전에 먼저 상대방에 대해 자세히 알아본다.
- 상대방과 둘만 대화하는 것부터 시작하는 것은 힘들 수 있다. 먼저 여러 사람이 있을 때 같이 친해진 다음, 그다음 단계로 넘어가도록 한다.
- 같이 어울려 보자고 말해 본다. 같이 보내는 시간이 길어지면 서로를 더 잘 알게 될 것이고, 사이도 더 가까워질 것이다. 둘만 있게 되면 보다 다양한 주제로 대화할 수 있게 될 것이다.
- 마음이 가는 상대의 친구들과 친해지도록 한다. 상대방도 당신이 자기 친구들과 친하면 당신을 더 편하게 대할 것이다.

Caution
- 여러 번 실패했다면 포기할 때가 된 것일 수도 있다. 당신이 상대방의 마음을 돌릴 수 있다고 생각하거나 상대방과 충분히 대화했다고 생각하더라도 정체된 관계는 결국 실연으로 이어지게 되어 있다.
- 열심히 연습하고, 준비를 해왔다면 크게 문제가 되지 않을 것이다. 머릿속에서 모든 상황에 대해 대비를 해놨기 때문이다.

좋아하는 여성과 대화하는 방법

　여성과 대화하려고 할 때마다 말을 더듬고 심지어 자기 이름조차 까먹는다고? 그렇다면 여성과의 대화를 매끄럽게 해나갈 방법을 배울 필요가 있다.

　여성과 대화를 하기 위해서는 먼저 친절하고 격식 없는 분위기로 다가간다. 그리고 그녀의 생각에 관심을 보임으로써 그녀에게 특별한 느낌을 받게 한다. 또한 개방적인 보디랭귀지를 사용하여 그녀를 진심으로 칭찬한다. 이 모든 것을 한꺼번에 해내기가 초기에는 어려워 보이겠지만, 약간의 연습만 하면 식은땀 흘리지 않고도 거의 모든 여성과 원활하게 대화할 수 있게 될 것이다.

1. 대화 시작하기

① 그녀의 관심 사로잡기
극적이거나 공들인 무언가를 따로 할 필요가 없다. 오히려

하지 않는 것이 더 효과적이다. 단순히 사무실 건너편에서 미소를 지어 주거나, 그녀를 스쳐 지나갔을 때 사과하거나, 시선을 마주 보다가 고개를 돌린 뒤 다시 그녀를 잠시 바라보는 정도만 해도 좋다.

그녀를 봤을 때 바로 인사를 하지 않아도 된다. 먼저 그녀에게 시간을 주고 당신에 대한 호기심을 갖도록 만든다. 당신이 그녀를 먼저 알았다면 인사를 하는 것이 정상적인 반응이겠지만, 그렇다고 해서 허겁지겁 인사를 할 필요는 없다.

그녀에게 접근할 때는 자신감 있는 보디랭귀지를 유지하도록 한다. 고개를 똑바로 들고, 시선을 살짝 위로 두고, 자세를 올곧게 유지하는 것이 좋다.

인사를 하는 데 시간이 너무 길어지면, 그녀는 당신이 자신을 무시한다고 느낄 수도 있으므로 주의한다.

② 자기소개하기

단순히 "안녕. 난 ○○인데, 이름이 어떻게 돼?"나 "난 ○○야. 만나서 반가워."와 같은 인사를 해 보도록 한다. 처음에는 공통 관심사에 대해 이야기를 나누거나 질문을 해 볼 수 있다. 그녀가 당신의 질문에 대답하고 이름을 알려 주었다면, 만나서 반갑다고 하면서 가볍게 악수를 해 보자. 악수에 어색해질 필요는 없다. 물론 약간 오래된 스타일 같은 느낌이 있지만, 성숙한 사람들은 그렇게 대화한다는 점을 기억하도록 하자. 이미 상대방 여성을 알고 있다면 그냥 인사를 한 다음 이름을 언급하면 된다.

상대방 여성이 이름을 알려주었으면, 당신이 그녀와의 대화에 정말 관심을 두고 있으며 그녀가 말하는 내용에 집중하고 있다는 느낌을 받게 하자. 이름은 한두 번 정도 언급하면 충분하다.

새로운 여성에게 자신을 소개할 때의 유용한 팁은 여자친구(또는 아내)가 자신의 앞에 서 있다고 생각하는 것이다. 자신과 가까운 사람 앞에서 말하기에 불편한 이야기는 새로 만난 여성에게도 하지 않는다. 이렇게 하면 불쾌한 말을 하게 되지 않을 것이다. 처음에는 가볍고 격식 없게 시작해 본다.

③ 자연스럽게 행동하기

원래의 자기 자신처럼 편하게 행동해서 상대방 여성에게 진실된 모습을 보인다. 당신이 재미있고 약간 얼빠진 느낌의 사람이라면 그 점을 활용해 그녀를 웃게 만들자. 당신이 매사에 진지한 사람이라면 너무 진지하지 않게 그녀가 관심 두는 얘기를 나눠 보자. 적어도 억지로 농담을 하는 것보다는 나을 것이다(물론 농담이 취미라면 해도 좋다).

또한 그녀를 알아가는 과정에서 당신에 대한 얘기를 해야 그녀가 당신을 더 잘 알게 될 것이다. 그리고 무엇보다 중요한 것은 그녀와 대화를 할 때 당신에 대해서만 얘기하지 말고, 그녀에 대해서도 물어본다. 딱히 관심이 없더라도 그녀의 말과 대답에 관심 있는 모습을 보이도록 한다.

자연스럽게 행동하는 것도 중요하지만 특이하거나 별난 이야기는 아껴 두는 것이 좋다. 이런 이야기들은 많은 사람이 얘기하듯이 '먼저 잘 알게 되고 난 후에' 하는 것이 좋다. 상대방 여성에게 좋지 않은 인상을 남기는 게 목적이 아니라면 그녀가 관심을 가질 법한 내용에 먼저 주목해서 이야기를 전개해나가는 것이 좋다.

④ 미소 짓기

미소를 짓는 것이 대화에 많은 도움이 될 수 있다. 미소를 지으면 당신이 대화를 즐기고 있다는 점을 어필할 수 있으며, 동시에 당신이 그녀와의 대화를 편안하게 생각하고 있음을 전달할 수 있다. 그러면 상대방 여성도 당신과의 대화를 자연스럽게 이어 나갈 것이다. 입술을 부드럽게 움직여 최대한 자연스러운 미소를 짓도록 하자. 그리고 적절한 때에 종종 크게 웃거나더 큰 미소를 지어 보자. 항상 미소를 지으라는 것이 아니다. 하지만 대화를 시작할 때 미소를 지으면 상대방의 기분도 좋아지기 마련이다. 그리고 그녀가 재미있는 얘기를 했다면 웃는것도 잊지 마라.

미소를 지으면 상대방을 편안하게 만들고, 당신이 상대방의말에 관심을 두고 있다는 느낌을 전달할 수 있다.

하지만 계속 미소를 짓고 있으면 오히려 긴장한 것처럼 보일수 있다는 사실을 기억해라.

⑤ 개인적인 이야기하지 않기

그녀를 좋아할 수도 있다. 하지만 일단 당장의 목표는 그녀를 더 깊이 있게 아는 것이다. 그렇다고 해서 당신의 할머니가돌아가셨을 때 슬퍼했던 이야기나 등에 난 발진 같은 개인적인이야기를 만난 직후에 한다면 오히려 역효과가 날 것이다. 그런얘기보다는 사적인 공간을 침해하지 않는 가벼운 주제로 대화를 풀어나가는 것이 좋다. 처음에는 반려동물이나 좋아하는 가수, 취미 등이 무난하고, 서로를 더 잘 알아가면서 상대방 여성을 불편하게 만들지 않는 주제를 선택한다.

가벼운 주제로 시작해야 한다는 점에만 얽매여 지루한 주제를 고르지 않도록 한다. 개인적인 것을 피한다고 날씨에 대해서만 얘기할 필요는 없다.

대화의 흐름을 따라가라. 가끔은 대화의 죽이 아주 잘 맞아 빠르게 친해지는 경우도 있다. 상대방 여성이 당신에게 마음을 열기 시작하고 당신을 믿기 시작했다면 당신도 좀 더 개인적인 내용에 대해 이야기를 해 볼 수 있을 것이다.

2. 그녀에게 특별한 느낌 선사하기

① 공통 관심사 찾기

당신과 상대방 여성 둘 다 관심을 두고 있는 주제로 대화의 방향을 틀도록 해라. 좋아하는 드라마에서부터 당신이 자전거 타기를 얼마나 좋아하는지까지 말이다. 그녀가 좋아하는 가수, 음식, 취미, 운동에 대해 다 물어볼 필요는 없다. 자연스럽게 대화의 흐름을 따라가다가 두 사람이 다 좋아하는 것이 있으면 기억해 놓으면 된다. 예를 들어, 당신이 좋아하는 스포츠팀의 경기를 봤다는 얘기를 하자, 그녀가 자기도 그 스포츠팀 팬이라고 했다면 그 주제를 가지고 대화를 더 나눠 볼 수 있을 것이다.

질문할 때는 '예'나 '아니요'로 대답하는 단답식 형태의 질문 대신 끝이 열린 질문을 해야 오래 대화를 지속할 수 있다.

어색한 침묵을 최대한 피하려고 노력한다. 그러기 위해서는 자신감을 가지고 공통 관심사를 찾아 최대한 대화의 흐름을 원활하게 유지하도록 한다.

공통 관심사가 없을 수도 있다. 공통 관심사가 없다고 해도 재미있게 대화를 지속하다 보면 무언가 대화할 거리를 찾을 수 있을 것이다. 또한 비슷한 성격이거나 외견이 비슷하다면 그 점에 대해 얘기를 나눠 볼 수도 있다.

당신이 좋아하는 가수에 대해 얘기하면서, 그녀에게 그 가수를 좋아하는지 물어본다. 그녀가 이야기하면 그녀의 관심사에 흥미를 보이도록 한다.

② 대화를 나눌 때는 아이 콘택트 유지하기

시선을 마주치는 것은 그녀에게 특별한 기분을 선사하는 또 다른 방법이다.

하지만 그녀의 눈동자에 비친 당신의 눈을 바라보기라도 하는 것처럼 그녀의 눈을 지나치게 빤히 바라보면 상대방이 소름 돋는다고 할 수도 있으니 적당함이 중요하다. 단순히 그녀에게 집중한다고 생각하면 된다.

대화할 때는 휴대폰을 쳐다보지 말고, 주변에 관심이 가는 사람이 걸어 다녀도 그녀 한 명에게만 주의를 기울인다. 시선을 계속해서 마주칠 필요는 없으며, 관심을 보일 때만 간간이 마주치면 된다. 물론 지루함을 보여서도 안 된다.

시선을 마주치는 것은 자신감의 표출이 될 수 있다. 당신이 여성과 눈을 마주치고 있으면, 당신이 그녀를 알아가고 싶다는 자신감을 그렇게 전달한다고 받아들일 것이다.

③ 그녀의 생각과 의견에 관심 보이기

그녀가 말을 할 때는 경청해라. 여성은 관심 갖고 자기 말을 들어 주는 남자를 좋아한다. 그녀가 말을 하는 중간에 당신의 의견을 말하기 위해 그녀를 방해하지 않도록 한다. 중간중간에 고개를 끄덕이면서 적절하게 호응을 하고, 그녀가 당신에게 무엇인가를 질문하면 생각을 한 다음 답변하도록 한다.

당신이 관심이 있는 것들 — 좋아하는 음악, 이번 계절의 패션 트렌드, 우정의 중요성 등 — 에 대한 의견을 그녀에게 물어보는 것도 좋다.

다만 정치나 종교에 대해서는 예상치 못한 논쟁을 겪을 수도 있으므로 섣불리 대화하지 않는 것이 좋다.

그녀가 무언가 말을 했다면 그녀가 말한 내용을 요약해서 말을 하거나 반응을 보임으로써 당신이 그녀의 말에 귀를 기울이고 있음을 보이도록 한다.

예를 들면 "친구가 다른 곳으로 이사 갔을 때 계속 연락하기가 힘들다는 점에는 완전히 동의해."라는 식으로 말한다.

그녀가 말한 내용을 제대로 요약하는 것이 중요하다.

④ 그녀에게 적당한 칭찬하기

그녀에게 잘못된 인상을 주지 않고 그녀에게 관심이 있음을 나타내기 위해서는 그녀의 외모나 성격에 대해 약간의 칭찬을 하도록 한다. 그녀가 좋아하는 음악에 관심이 있거나, 그녀가 좋아한다고 말한 책을 당신도 좋아한다면 그녀에게 좋은 취향을 가지고 있다고 칭찬해 보자. 옷과 머리, 액세서리에 대해 칭찬하는 것도 괜찮다.

하지만 당신이 정말 그녀의 마음을 얻고 싶으면 그녀의 외견보다는 내면에 집중하는 것이 좋다. 또한 자신감이 정말 넘친다면 그녀에게 약간 섹시한 느낌이 드는 칭찬을 건네도 무방하다.

외모를 칭찬하기로 했다면 옷이나 머리카락 정도만 칭찬하고 선을 넘지 않는 것이 중요하다. 좀 더 친밀한 느낌의 칭찬을 하고 싶다면 눈을 칭찬하면 된다.

그녀가 당신의 이름도 완전히 기억하고 있지 못한데 갑자기 그녀의 신체적 조건을 칭찬하면 별로 기분이 좋지 않을 것이다. 물론 그녀가 잘 웃는다면 위험을 무릅쓰고 그런 칭찬을 해 볼 수도 있다.

⑤ 그녀의 공부에 대해 물어보기

그녀가 수학 II에서 어떤 부분을 가장 좋아하는지를 물어보면서 대화를 지루하게 끌고 가지 말자. 대신 그녀가 학교에서 가장 좋아하는 과목이 무엇인지를 물어보면서 관심을 보이도록 한다. 과목과 관계없는 선생님에 대해 물어봐도 좋다. 그녀가 나이가 더 들었을 때 무엇을 하고 싶은지를 물어볼 수도 있다. 그리고 대화를 할 때는 그냥 고개를 끄덕이며 "아, 그렇구나. 흥미롭네."와 같이 단답형으로 하지 말고 왜냐고 물어본다. 왜 그녀가 특정 과목을 좋아하는지, 왜 그녀가 간호사나 변호사가 되고 싶어 하는지를 물어봐라.

일부 여성은 학교에 대해 얘기하는 것을 별로 좋아하지 않는다. 얘기를 꺼냈을 때 상대방의 무관심을 느꼈다면 빠르게 주제를 바꿔라.

심문하는 것과 같은 분위기를 피하도록 해라. 물론 당신이 좋아하는 주제에 대해서도 얼마든지 얘기해 볼 수 있다.

⑥ 당신의 유머 감각을 이해하기 전까지는 장난치지 않기

상대방이 진지하게 받아들일 소지가 있는 장난은 하지 않는다. 특히 외모나 지능, 몸무게와 관련해서는 아예 언급을 피하는 것이 현명할 수도 있다. 특히 막 알기 시작한 여성과 대화를 할 때는 선을 넘는 듯한 말은 피해야 한다. 처음부터 상대방에게 무례하단 인상을 심어주면 그 인상을 지우기가 매우 어렵다.

말을 신중하게 한다. 당신이 진중하면서도 자신감 있어 보이면 그녀가 당신의 장난을 있는 그대로 받아들일 것이다.

그녀의 리드를 따라가도록 한다. 그녀가 당신에게 한동안 여러 장난을 쳤다면 그녀에게 역으로 장난을 쳐도 좋다. 중요한 것은 장난의 수준을 동등하게 유지하는 것이다.

3. 그녀의 관심 유지하기

① 그녀를 웃게 만들기

여성은 자신을 웃게 만드는 남성을 좋아한다. 따라서 당신의 위트와 유머 감각을 뽐내는 것을 두려워하지 마라. 물론 초반부터 과도하게 선정적이거나 무례한 농담을 하면 분위기가 깨

질 수 있지만 적당히 재미있는 이야기나 가벼운 농담은 그녀의 관심을 유지할 수 있다. 가벼운 농담, 날카로운 멘트, 그녀의 농담에 대한 빠른 반응, 그녀를 사색에 잠기게 하는 독창적인 얘기 등을 말해 보도록 한다. 그렇다고 너무 과도하게 하지는 말자. 당신이 진부하거나 얼빠진 농담밖에 하지 못한다면 그 모습을 있는 그대로 보여라.

당신이 농담했는데 그녀가 웃지 않았다면 그 사실을 너무 진지하게 받아들이지 않도록 해라. 단순히 "다음번에는 더 노력해 보도록 하지."와 같은 말로 그녀를 미소 짓게 해라.

그녀가 재미있는 말을 했다면 "와, 진짜 웃긴다."와 같은 뻔한 말만 하지 말고 그녀에게 재미있는 말을 되돌려주고, 같이 웃어라.

② 너무 노력하지 않기

당신이 너무 어렵게 노력하고 있다면 그 모습이 있는 그대로 그녀에게 비치게 된다. 당신이 그녀의 관심을 원한다면 그녀가 관심 보이지 않는 분야를 억지로 밀어붙여서는 안 된다. 예를 들면 그녀가 눈에 띄게 불편해하는데 반복해서 억지로 칭찬을 하거나, 당신이 벤치 프레스를 얼마나 많이 할 수 있는지를 말하거나, 달리기 신기록을 세울 수 있다고 말하는 것 등 말이다. 일단 진정하고, 그녀에게 좋은 인상을 남기는 것에 너무 집중하지 않도록 한다. 그러면 그런 행동이 오히려 그녀에게 좋은 인상을 남길 것이다.

그녀가 당신의 자연스러운 모습을 본다면(과도하게 노력해서 그녀의 호감을 사려고 하지 않는 모습) 오히려 당신과 더 많이 얘기하고 싶어 할 것이다.

이두박근을 자랑하는 등으로 몸을 열심히 관리하고 있다고 뽐내거나, 당신이 셔츠를 벗었을 때 얼마나 멋진 몸을 가졌는지를 말한다면 도리어 그녀의 관심은 식을 것이다.

③ 자신감 유지하기

자신감을 가지고 그녀에게 말을 하다가 실수하는 것을 두려워하지 마라. 두려움을 갖고 있지 않으면 실수도 적게 하게 된다. 어색한 분위기와 침묵이 흐르더라도 그것을 자연스럽게 받아들이면서 그녀와의 대화를 계속 이어 갈 수 있도록 올바르게 말하는 연습을 하도록 한다.

긍정적이고 이완된 모습으로 꾸준히 얘기를 나누다 보면 그녀도 차츰 당신과 대화하는 것을 즐기게 될 것이다. 다만 그녀를 웃게 할 수 있다 하더라도 자기 비하는 최대한 하지 않는 것이 좋다. 자기 비하가 잦으면 그녀가 당신을 자존감이 낮은 사람으로 생각할지도 모른다.

자신감이 넘친다고 지나치게 자랑할 필요는 없다. 당신이 야구를 잘한다는 점을 얘기하지 않고 얼마나 야구를 좋아하는지를 얘기하면 된다.

웃으면서 얘기하는 것은 자신감을 드러내는 방법의 하나다. 일을 너무 심각하게 받아들이지 않는 모습을 보여라.

④ 긴장 풀기

여성들은 상대방이 긴장하고 있거나, 두려움을 느끼거나, 식은땀을 흘리고 있으면 그것을 바로 알아차린다. 여성이랑 대화하는 것이 긴장된다면, 말을 천천히 하면서 한 단어 한 단어에 집중하는 대신 대화의 전체 흐름에 집중해 보도록 한다. 그리고 대화하고 있는 공간 전체를 둘러보거나 손가락을 만지작거리지 않도록 한다. 그래도 긴장이 풀리지 않는다면 상대방도 당신이 긴장하고 있음을 알아차리고 덩달아 긴장할지도 모른다. 이럴 때는 심호흡을 한 다음 말과 행동의 속도를 늦추도록 한다. 그리고 최악의 상황보다는 최고의 상황을 생각해라.

당신이 숨길 수 없을 정도로 긴장하고 있다면 가벼운 농담을 해서 분위기를 밝게 만들어 보는 것도 괜찮은 방법이다.

당신이 쉽게 긴장하는 타입이라면 물 또는 탄산음료를 주변에 놓고 가끔 마시도록 한다. 음료를 마시면서 짧게 호흡을 가다듬으면 마음을 침착하게 만들 수 있다.

⑤ 깊은 인상을 주려고 거짓말하지 않기

그녀에게 정직하게 얘기하되 과장하지 마라. 이야기에 몇 가지 장식을 하는 것은 어찌 보면 자연스러운 것이지만, 이는 거짓말의 일종이기 때문에 진심으로 호감 사고 싶은 상대에게는 사용하지 않는 것이 바람직하다. 게다가 자칫하면 신뢰(또는 우정)가 깨질 수도 있고, 거짓말을 들켰을 때는 극심할 정도로 수치심을 느낄 수밖에 없다. 따라서 그녀가 보는 앞에서만 짐짓 연기를 하는 것도 피해야 할 것이다.

그녀의 행동이 당신을 볼 때와 보지 않을 때가 다르다면, 당신이 그녀 주변에서만 좋은 인상을 남기기 위해 연기하고 있다는 사실을 다른 사람들이 알아차릴 것이다.

상대방 여성을 다시 만나 얘기를 하고 싶다면, 당신이 한 거짓

말이 언젠가는 들통난다는 것을 염두에 두도록 한다. 그녀의 호감을 사고 싶다면 그녀에게 항상, 처음부터 진실된 모습만을 보여야 한다.

⑥ 긍정적인 자세 유지하기

사람들은 자신을 웃게 만들고 행복하게 해 주는 사람, 세상을 긍정적으로 바라보는 사람과 어울리고 싶어 한다. 당신이 어느 날 비관적인 생각이 들면서 세상 사람들이 다 싫게 느껴졌다면, 그런 날에는 좋아하는 여성과 대화하지 않는 것이 낫다.

대화할 때는 당신을 행복하게 만드는 것 또는 생각하면 기분 좋아지는 사람에 대해 이야기하는 것이 좋다. 또는 당신과 상대방 여성이 가졌던 긍정적인 경험에 대해 얘기를 나눠 보는 것도 괜찮을 것 같다. 부정적인 얘기는 나중에 서로에 대해 더 많이 알게 되었을 때 해도 늦지 않는다. 처음 얘기를 막 시작했을 때는 가능한 한 긍정적인 톤으로 얘기하도록 한다.

대화하는 중에 부정적인 순간이 언제인지 스스로가 알 수 있다. 예를 들어 상대방 여성이 '오늘 교통 사정이 어땠냐?'고 물어봤을 때 즉답으로 "끔찍했어."라는 대답이 나왔다고 하자. 이때 스스로가 자신의 대답이 부정적이라는 것을 알았다면, 대답 뒤에 "그래도 새로 산 오디오북을 흥미롭게 들으면서 왔어." 또는 "오다가 귀여운 고라니 가족을 봤어."와 같은 긍정적인 이야기를 달아 전체적인 분위기를 긍정적으로 만들어나가는 것이 좋다는 말이다.

당신이 진심으로 싫어하는 밴드에 대해 그녀가 질문했다면

"그 밴드의 음악을 내가 제대로 들어 본 적이 없는 거 같아."라고 말하거나 "내 취향은 아니지만 음악적으로는 상당히 괜찮은 거 같아."라고 말할 수 있다. 당신이 대화하는 여성과 만난 지 얼마 되지 않았다면, 당신이 그 밴드를 얼마나 싫어하는지에 대해 얘기를 나눌 단계는 아니라는 것이다.

⑦ 그녀의 연락처 받기

그녀와 정말 궁합이 잘 맞는 것 같다면 그녀에게 휴대폰 번호나 메신저 아이디, 이메일 주소 등을 물어보도록 한다. 아니면 페이스북에 친구 추가를 해도 되느냐고 말해 보자.

그녀에게 데이트를 신청하고 싶다면 직설적으로 말하는 것이 더 좋다. 하지만 그녀에게 호감이 느껴져 단순히 얘기를 더 하고 싶은 것이라면 이렇게 말해 보도록 한다. "지금 가야 하는데, 나중에 시간 내서 다시 얘기할 수 있을까? 언제 시간 돼?" 아마 크게 고민하지 않고 바로 긍정적인 답변을 돌려줄 것이다.

당신이 내성적인 성격이라면 페이스북이나 이메일을 받은 뒤에 재미있는 이야기나 사진을 보내 본다. 적어도 전화로 얘기를 나누는 것보다는 덜 어색할 것이다. 이 방법을 사용하면 그녀도 당신에 대해 더 잘 알게 되어 관심을 두게 될 것이고, 나중에 다시 만나 얘기할 가능성도 커진다.

대화가 좋은 방향으로 흘러가고 있을 때 연락처를 물어보도록 한다. 특히 재미있는 이야기를 하고 있을 때 연락처를 물어보면 성공 확률이 높다. 반면 대화가 지루해졌을 때 연락처를 물어보면 상대방 여성으로서는 다시 만나 얘기를 하고 싶은 생각이 없어 거절하거나 다음으로 미룰 수도 있다.

• 여성에게 예쁘다고 칭찬하는 것은 좋지만, 이것도 과도하면 독이 된다.

• 자기 위생에 신경 쓰도록 한다. 여성은 목욕을 자주 하지 않는 것을 바로 알아차린다. 머리를 잘 빗고 이를 자주 닦도록 한다.

• 그녀의 친구들과도 자주 어울리되 오해를 살 법한 장난은 치지 않는다. 이런 행동은 여성에게 불성실한 사람이라는 인상을 심어주어, 당신의 기회를 완전히 사라지게 만든다.

• 항상 아이 콘택트를 유지해라. 하지만 시선이 30초 이상 마주치지 않게 주의하자. 시선을 오래 마주치면 상대방이 불편함을 느낄 수 있다.

• 어떤 여성들은 말하는 것보다 듣고 관찰하는 것을 더 좋아한다. 그녀가 말을 많이 하지 않는다면, 그녀가 관심 있게 당신의 말을 듣고 있다는 뜻으로 받아들이면 된다.

• 미소를 짓고, 개방적인 몸짓을 하고, 외투 단추는 풀어 둔다. 그녀가 바로 당신에 대해 편한 느낌을 받게 될 것이다. 당신 스스로도 좋은 느낌이 들 수 있다.

• 그녀를 위협하고 싶지 않다면 옆이나 뒤에서 접근하지 말고 앞에서 다가가도록 한다. 보디랭귀지 전문가에게 물어봐도 똑같이 대답할 것이다.

• 그녀에게 남자친구가 있다는 사실을 알았다면 접근하지 않는 것이 좋다. 그녀는 물론이고 그녀의 남자친구에게도 무례

하게 여겨질 수 있다.

• 직설적인 사람이 아니라면, 그녀가 보일 때마다 인사를 하면서 말을 붙여 보도록 한다. 조만간 그녀도 당신을 인식하게 될 것이다. 그러면 더 쉽게 대화를 시작할 수 있으며, 서로 이름을 알아가는 과정도 자연스러워진다.

Caution

• 그녀 앞에서 다른 여성들 얘기를 하지 말고, 그녀를 다른 여성과 비교하지도 마라. 특히 그녀의 친구와 비교하는 것은 금기다.

• 그녀가 원치 않는 대화를 억지로 들이밀지 않도록 한다. 대화는 두 명이 같이 참여하는 것이다. 당신 혼자서만 말을 하고 있다면 절대 좋은 방향으로 흘러가지 않을 것이다.

• 그녀가 흥미를 보이지 않는다 하더라도 상처받지 마라. 어쩌면 그냥 부담스럽게 느끼는 것일 수도 있다. 그녀를 놔두고 다른 사람으로 넘어가도록 해라.

• 당신의 전 여친에 대해서도 얘기하지 마라. 당신이 그녀에게 아직 미련이 있다고 생각할 수 있다.

• 그녀가 당신에게 화가 났거나, 단순히 '얘기하고 싶지 않다.'라고 말했다면 한동안 말을 걸지 않는 것이 좋다. 시간은 정해지지 않았지만, 그녀가 얘기할 준비가 되었을 때 알아서 말을 걸 것이다.

• 원래의 자기 모습, 자연스러운 모습을 보이도록 한다. 사람과의 관계를 진심으로 즐기고 소중히 여기고 싶다면 진정성을 지녀야 한다. 처음 만났을 때 자신을 더 멋지게 보이고 싶어

하는 것이 사람 마음이지만, 과시하는 모습을 보이는 것은 좋지 않다. 그녀가 당신을 귀엽다고 생각하고 있다면 단순히 칭찬으로 받아들이도록 해라.

• 절대로 그녀의 몸무게에 대해 얘기하지 마라!

• 그녀가 관심을 보이지 않는 주제에 대해 얘기하지 마라. 예를 들어 당신이 축구를 좋아하는데 그녀는 축구가 지루하다고 생각한다면, 축구에 대해 많이 얘기하지 않도록 한다.

• 그녀가 다시 대화할 준비가 되었다면 그녀에게 존중과 감사를 표하며, 기존의 잘못된 행동을 고치려고 노력하는 모습을 보여라.

• 그녀를 괴롭히거나 못살게 구는 등으로 무례한 모습을 보이지 마라. 나쁜 남자 흉내는 대부분 여성의 흥미를 식어버리게 하고, 결국 차이게 만든다.

• 절대 느끼한 픽업 라인을 말하지 마라.

여성에게 거절당하지 않고 고백하는 방법

오래된 여사친에게 데이트를 신청하고 싶은가? 어쩌면 같은 반 여자애 중에 가까워지고 싶은 여자애가 있는데 어떻게 해야 할지 방법을 알지 못했을 수도 있다. 하지만 상황과는 무관하게 당신이 상대방을 좋아하는 것만큼 상대방이 당신을 좋아하게 만들 수 있다. 좋아하는 그녀에게 거절당하지 않고 마음을 고백하는 방법, 몇 가지 요령을 배워 보자.

1. 당신의 감정 전달하기

① 칭찬과 친절함으로 먼저 상황 살피기
바로 로맨틱한 분위기로 넘어갈 필요는 없다. 먼저 칭찬과 좋아하는 마음이 드러나는 행동으로 그녀의 반응이 어떤지 살펴보도록 한다. 그녀가 미소를 짓거나 볼을 붉히거나, 살짝 부끄러워하거나, 비슷한 느낌의 단어로 대답을 했다면 당신이 전달하고자 하는 바를 알아차렸을 가능성이 크다.

그녀의 말을 들어 보자. "오늘 하루 어떻게 보냈어?"

그녀에게 선물과 추억을 주자. "네 생각이 나길래 작은 선물을 하나 준비해 봤어."

볼일을 보러 밖에 나갔을 때 그녀를 짧은 시간 동안이라도 만나보자. "주변에 일이 있어서 잠시 왔다가 들렀는데, 같이 커피 한잔할래?"

② 감정을 전달할 준비가 되었을 때 그녀에게 말하기

주변에 다른 사람들이 없을 때, 말할 준비가 되었을 때 감정을 전달하도록 한다. 주변에 사람들이 많으면 그녀가 갇힌 듯한 느낌과 불편한 느낌을 동시에 받아 원치 않는 대답을 할 수도 있다.

먼저 조용하고 편안한 기분을 느낄 수 있는 곳으로 그녀를 데려가 그녀의 긴장을 풀어 주고, 그 이후에 마음을 털어놓도록 한다.

– "잠깐 하고 싶은 이야기가 있는데, 시간 있어?"
– "잠깐 같이 산책할래? 털어놓고 싶은 이야기가 있어서."
– "○○야, 잠깐 시간 있어?"

③ 당신이 그녀와의 우정을 소중하게 여기고 있다는 사실을 간결하게 전달하기

그녀에게, 당신이 그녀와 같이 보내는 시간이 즐겁고 재미있다고 말해 본다. 이 부분을 최대한 빨리 끝내야 다음 단계로 빠르게 나아갈 수 있다.

– "넌 진짜 대단한 사람이야. 깜짝 놀랄 때가 많아."

- "우리가 올해 같이 보낸 시간 동안 너무 즐거웠어."
- "내가 너한테는 항상 진실만 말하는 거 알지? 넌 진짜 최고의 친구야."

④ 심호흡을 하고 고백하기

이 부분이 가장 어려운 단계일 것이다. 일단 심호흡을 하면서 '3'까지 천천히 센 다음 털어놓도록 한다. 그러면 더 쉬울 것이다. 마음을 담아 진심으로 고백하고 나면 스스로의 용기가 자랑스럽게 여겨질지도 모른다.

- "널 좋아해."
- "널 좋아한다는 사실을 말하고 싶었어."
- "너한테 감정이 없는 것처럼 행동하는 게 너무 힘들어. 넌 아무 감정 없이 대하기에는 너무 멋진 여자야."
- "너는 정말 소중한 친구지만, 난 우리가 친구 이상의 관계였으면 해."

⑤ 바로 결정하지 않아도 되고, 시간이 필요하면 기다릴 수도 있음을 전달하기

그녀가 당신의 감정에 대해 생각하느라 바로 답을 하지 못할 수도 있다. 이럴 때는 당신에 대한 그녀 자신의 감정을 정리할 시간이 필요하다. 그녀에게 시간과 여유를 주도록 한다.

- "나와 같은 감정이 아니라고 해도 괜찮아. 하지만 내가 널 정말 좋아한다는 사실은 말하고 싶었어."
- 어색하거나 부담스러운 기분을 주고 싶지 않아. 그냥 내 감정을 너한테 알리고 싶었을 뿐이야."

– "너무 갑작스럽다고 생각할 수도 있을 거야. 하지만 너에 대해서는 정말 오랫동안 생각했어. 내 마음이 어떤지 말해야 한다면, 난 항상 네 옆에 있고 싶어."

⑥ 데이트 신청하기

시간과 날짜를 구체적으로 정하도록 한다. 그녀가 데이트 이상의 것을 원한다면 '공식'으로 사귀고 첫날을 기념하도록 하자.

– "내가 너랑 같이 있다는 것 자체가 너무 기뻐. 네가 날 기쁘게 하는 것처럼 나도 널 기쁘게 해 주고 싶어. 이번 주 금요일에 같이 저녁 먹지 않을래?"

– "너를 더 자세히 알 기회를 줬으면 좋겠어. 나랑 같이 이번 주말에 전시회에 가지 않을래?"

– "이번 주말에 배구 경기 티켓이 두 장 있는데, 같이 가서 우리 둘이 얘기도 하고 서로를 더 알아갔으면 좋겠어."

⑦ 너무 '로맨틱'하거나 드라마틱한 반응 피하기

영화나 드라마에서 본 대사나 상황은 현실과는 거리가 있다. 단순히 자기 자신의 모습으로 간단하게 마음을 전달하도록 하자. 그 이상의 것은 필요 없다.

하지 말아야 할 행동과 말들을 살펴보자.

– "사랑해.": 사랑까지는 너무 이르다. 당신의 고백을 들은 직후에 사랑한다는 말을 들으면 부담을 먼저 느낄 것이다.

– "너랑 사귈 수 없다면 친구로 지낼 수도 없어.": 이와 같은 최후통첩은 사람들에게 끔찍한 기분과 압박감을 준다. 절대로

로맨틱한 대사가 아니다.

- "몇 개월 동안 너만을 생각했어.": 무겁다. 최대한 경쾌하게 말하도록 한다. 그녀에게 갑작스럽게 부담감을 심어주려는 것이 아니라 그녀를 편안하게 만드는 것이 목적이다.

- "난 벌이 꿀에게 끌리는 것처럼 널 좋아해. 바다 너머의 바람이…… (어쩌고저쩌고).": 고백은 간단하고 직설적으로 하는 것이 좋다.

2. 친구 되기

① 같은 단체 안에서 함께 시간 보내기

좋아하는 여자아이와 친구가 되려면 그녀와 같은 사회적 그룹에 속하는 것이 좋다. 그녀가 당신이 아는 모임이나 파티에 참석한다는 사실을 알았다면, 그 자리에 참석하여 그녀가 당신의 얼굴을 익힐 수 있게 한다. 그리고 더 자주 대화를 나누다 보면 어느샌가 친구가 되어있을 것이다.

② 서로의 본모습 알아가기

그녀가 좋아하는 것과 싫어하는 것, 그녀의 신경을 거슬리게 하는 것, 그녀의 별난 점 등을 알아본다. 이런 정보들이 당신의 고백을 성공적으로 만들어 주는 데 도움이 된다.

여성들은 예쁘다는 말만 듣고 데이트 상대를 고르지 않는다.

오히려 자신이 '정말 누구인지를' 알아주는 사람을 좋아한다. 종교, 정치, 그녀의 고향, 그녀의 가족 등 중요한 주제에 대해 얘기를 나눠 보자. 바보 같고 익살스러운 주제에 대해 얘기를 나누는 것도 잊지 말자.

그녀가 당신에 대해서도 알게 하자. 친근한 대화를 나누면서 그녀의 말을 들어 주는 것도 좋지만, 가끔은 당신이 주도적으로 스스로에 대해 얘기할 필요도 있다.

③ 서로의 열정에 동참하기

그녀가 좋아하는 일을 지지하도록 해라. 그녀가 좋아하는 활동을 배우고, 시도해 보고, 즐겨 봐라. 당신이 그렇게 할 수 없는 연기와 공연 같은 것이라면 그녀가 공연할 때 그 자리에 참석해라. 그녀의 삶을 행복하게 만들어 주는 것들을 당신도 좋아하고 응원해 준다고 생각하게 만들어라.

그리고 반대로, 당신이 좋아하는 것들을 열정적으로 즐기는 모습을 그녀에게 보여 줘라. 열정은 전염도 되지만 매우 매력적인 요소로도 작용한다.

④ 좋은 친구 되기

그녀가 어려운 시기를 겪을 때 곁에 있어 주는 좋은 친구가 되어라. 그녀의 문제를 앞장서서 도와주고, 그녀가 웃을 수 없을 때 그녀를 웃겨 줘라. 그녀에게서 항상 새로운 것을 발견하고 같이할 수 있는 것들을 찾아 그녀의 삶을 즐겁게 만들어 줘라.

친구 관계라는 것을 두려워하지 마라. 당신이 정말 유능한 남자라면 그런 경계선은 중요치 않다. 그녀가 당신의 감정에 반응할 날이 올 것이다.

3. 관계 형성하기

① 신뢰 관계 형성하기

먼저 서로를 신뢰하는 환경을 만들어야 한다. 그녀에게 데이트를 신청하기 전까지 항상 믿음직스러운 모습을 보이고 그녀 앞에서 다른 여성들과 많은 시간을 보내거나 장난치는 모습을 보이지 않는다.

그녀가 당신에게 비밀을 말했다면 당신 역시 그녀에게 당신의 비밀을 말해라. 그리고 절대 발설하지 마라. 그녀의 말을 비웃거나 당신의 잣대로만 판단하지 마라. 당신에겐 뭐든지 다 말해도 괜찮을 거라는 믿음을 그녀에게 주도록 해라.

② 둘만의 시간을 즐겁게 보내기

그녀가 당신에 대해 진지한 감정을 갖도록 하려면 서로에게만 집중할 수 있는 둘만의 시간이 필요하다. 그녀에게 같이 무언가를 해 보자고 제안해 보자. 데이트가 아닌 친구끼리 같이 시간을 보내자고 하자. 아니면 당신 집으로 불러, 그녀가 보지 못한 영화를 같이 보거나 게임을 해 볼 수도 있다.

③ 그녀를 격려하고 지지해 주기

당신과 함께 있을 때 그녀의 기분이 좋아야 한다. 그녀가 당신에게 중요한 사람이란 것을 스스로 느낄 수 있게 한다.

그녀를 절대 무시하지 않고, 칭찬한다. 항상 그녀가 원하는 것을 이룰 수 있도록 격려하고 지지해 준다. 아주 사소한 일이라도 그녀가 무언가를 잘하고 있다면 그 부분을 콕 짚어 칭찬해 보도록 한다.

④ 그녀가 두려움을 느끼지 않도록 배려하기

많은 사람이 데이트 신청을 꺼리는 이유는 상대방과 만날 때 자기 자신의 원래 모습을 보이지 못할 것을 염려하기 때문이다. 즉 모든 자유 시간과 친구를 잃게 된다거나, 사람들을 다르게 대해야 한다고 생각하기 때문이다.

그녀가 그런 기분을 느끼지 않도록, 그녀가 당신과 함께 보내는 시간을 두려워하지 않도록 배려한다. 그녀와 함께하는 시간을 즐겁게 보내면서, 그녀가 자연스럽게 자신의 모습을 보일 수 있게 하자.

4. 자기 계발하기

① 새롭게 시작해 보기

그녀가 거절했다고 해서 세상이 끝나는 것이 아니다. 물론

슬프겠지만 언젠가는 다른 사람을 찾게 되어있다. 감정이나 관계를 강요해서는 안 된다. 당신 스스로도 당신을 더 잘 알고 인정해 줄 수 있는 사람을 만나는 것이 바람직하다.

그녀가 당신의 감정을 되돌려주지 않는 것이 당신 잘못은 아니다. 그녀의 잘못 역시 아니다. 어떤 사람끼리는 그냥 맞지 않을 수도 있다. 따라서 누군가를 좋아하게 되었을 때는 항상 다른 사람을 흉내 내지 말고 자신의 진실된 모습을 보이는 것이 중요하다. 그래야 당신의 있는 그대로의 모습을 좋아하는 여자를 만날 수 있다.

② 얼굴을 마주하고 대화하기

두려울 수도 있겠지만 당신이 느끼는 바를 직접 얼굴을 마주하고 얘기할 필요가 있다. 문자나 이메일, 다른 친구 및 기타 방법을 통해 감정을 전달하면 어린애 같은 느낌이 들게 하며, 당신이 그 감정을 소중하게 생각하고 있지 않다는 뜻으로 전달될 수도 있다.

③ 자기 몸 관리하기

우리가 자기 몸을 관리하지 않으면, 다른 사람 관점으로는 당신이 스스로를 관리하지 않거나 스스로를 사랑하지 않는 것으로 비칠 수 있다. 당신이 스스로를 존중하면서 소중하게 다룬다면 자연스럽게 그 매력이 표출될 것이다.

주기적으로 샤워를 하고, 향수를 뿌리고, 몸에 잘 맞는 깨끗한 옷을 입도록 한다. 몸을 잘 관리하는 것은 자신을 존중하고 있다는 또 다른 표현이다.

④ 가치 있는 일 찾기

아무것도 하지 않는 사람과 사귀고 싶어 하는 여성은 없다. 여성은 텅 빈 사람이 아닌 무엇인가로 가득 찬 사람에게 흥미를 느낀다. 이제부터라도 소파에서 일어나 가치 있는 일을 찾아보도록 하자. 스포츠를 배우거나, 새 기술을 익히거나, 동아리에 가입해 보자. 학교 과제에 집중하는 것도 좋다. 당신을 행복하게 만드는 것을 시도해 봐라.

⑤ 다른 사람 돕기

좋아하는 그녀가, 당신이 좋은 사람이라는 걸 알아주기를 바라는가? 만약 당신이 자기중심적인 경향이 강한 사람이라면 이제부터라도 주변 사람들에게 친절하게 대하고 봉사활동 등을 해 봐라. 특히 타인을 돕는 활동은 좋은 여성과 어울릴 수 있는 기회가 되어 준다.

⑥ 멋진 기술 배워 보기

따로 할 일이 없다면 여성의 관심을 자극하는 멋진 기술이나 능력을 배워 본다. 무언가 잘할 수 있는 것이 따로 없다면 이 기회를 살려 새로운 기술을 배워 보도록 하자. 그러면 장기적으로 봤을 때 더 많은 여성을 만날 수 있게 될 것이다.

⑦ 그녀가 사귀는 사람이 있는지 확인하기

그녀를 알아가는 과정에서, 또는 그녀의 친구를 통해 그녀가 이미 사귀고 있는 사람이 있는지를 확인해 보도록 한다.

이미 남자친구가 있다면 당신이 데이트 신청을 했을 때 거절할 확률이 더 높다. 물론 시도해 볼 수는 있겠지만 아마 그날 하루가 슬퍼지는 결과밖에 나오지 않을 것이다.

5. 더 배우기

① 데이트 신청하는 법 제대로 알기

모든 사람이 데이트 신청에 능숙한 것은 아니다. 만약 당신이 그녀에게 어떤 말을 해야 할지 잘 몰라서 마음을 털어놓지 못하고 있다면 걱정할 필요 없다. 생각한 것처럼 어렵지 않으니 일단 도전해 보도록 하자.

② 자신감 키우기

좋아하는 사람과 말할 때는 자신감이 매우 중요한 역할을 한다. 자신감은 사람을 매력적으로 만들기 때문에 당신이 좋아하는 여성의 마음을 사로잡고 싶다면 필수적으로 길러야 할 덕목이다.

③ 대화의 기술 습득하기

좋아하는 그녀가 당신에 대한 마음을 키워나가기를 원하는가? 그렇다면 대화의 기술을 키워 보는 것도 좋다. 대화를 어떻게 시작하고 유지해야 하는지를 잘 알면, 그녀가 당신을 더 원하게 될 수도 있다.

• 그녀의 친구에게 예의 바른 모습을 보여라. 하지만 너무 친절한 모습을 보이면, 당신이 그녀가 아닌 그녀 친구를 좋아한다고 생각할지 모르므로 주의해야 한다.

• 그녀를 도와라. 그녀가 무거운 것을 들고 있다면, 당신이 대신 들어 그녀가 가져다 놓아야 하는 장소에 놓도록 하자.

• 그녀에게 여러 번 질문하지 마라. 그녀가 당신이 그녀의 말을 귀담아듣지 않는다고 생각할 것이다.

• 그녀에게 친한 친구가 널 좋아하는데 어떻게 생각하느냐는 식으로 묻지 말자.

• 그녀가 당신을 좋아하지 않더라도, 진짜 자신의 모습을 보이는 것이 중요하다. 당신의 있는 그대로의 모습을 사랑해 줄 사람을 언젠가는 만나게 될 것이다.

• 그녀에게 당신의 솔직한 감정을 말했는데도 그녀가 당신을 거절한다면, 남자답게 그녀를 놓아주도록 한다. 정말 사랑하는 사람은 놓아주라는 말도 있지 않은가.

• 그녀를 진심으로 좋아하면, 얼굴을 마주하고 '좋아한다.'고 말하도록 한다. 전화를 걸거나 문자를 보내지 말고 직접 만나서 말하도록 한다. 두려울 수도 있겠지만 그렇게 해야 진심이 전해진다. 그렇게 해야만 자신이 고백이 받아들여지지 않았을 때 덜 어색하고, 그냥 친구로서 대화 나누기도 쉬워진다.

• 그녀에게 너무 빨리 데이트 신청을 하거나 키스를 하면 이후에는 기회가 없을 것이다.

좋아하는 남성과 대화하는 방법

좋아하는 남자에게 용기를 내서 말을 걸기는 쉽지 않다. 겁이 나서 이상한 말을 하거나, 무슨 말을 해야 할지 전혀 생각나지 않을 수도 있다.

하지만 좋은 소식이 있다. 좋아하는 남자에게 더 쉽게 말을 걸고 대화할 방법 몇 가지가 있다.

긴장해도 괜찮다. 당신이 좋아하는 그 남자도 떨고 있을지 모른다.

1. 좋아하는 남자에게 말 걸기

① 긴장된다면 하고 싶은 말을 미리 연습해 본다

좋아하는 남자에게 말을 걸 때는 겁이 날 수도 있다. 바보같이 느껴지겠지만, 하고 싶은 말을 미리 연습하면 도움이 된다고 많은 사람이 말한다.

그에게 어떻게 다가갈지 모르겠다면 집에 있는 거울 앞에 서서 연습을 해 봐라. 그리고 대화를 어떻게 시작할지 고민해 봐라.

좋아하는 남자를 주로 어디서 만나는가? 학교에서 같은 반이라면 숙제에 대해 물어보거나 가장 최근에 본 시험에 대한 이야기를 할 수도 있다.

정확히 무슨 말을 할지 모든 단어를 일일이 생각할 필요는 없다. 너무 준비를 많이 하면 오히려 대화가 경직된다. 대신에 어떤 주제에 대해 이야기하고 싶은지를 생각해 본다.

② 처음에 무슨 말을 할지 찾아본다

대화 시작 전에, 상대방에 대해 본인이 가지고 있는 의견이나 느낌을 정리해 본다. 대화를 시작하는 방법은 여러 가지가 있는데, 대화가 시작되면 흐름을 유지하면서 상대에 대해 차차 알아가는 것이 효과적이다.

칭찬으로 대화를 시작한다. 예를 들면 "오늘 입은 스웨터 색상, 정말 마음에 들어." 같은 말을 해 보자.

본인의 의견을 말한다. 예를 들면 "어제 쪽지시험 어려웠지? 나는 거의 다 틀린 것 같아." 같은 말을 해 보자.

들려오는 음악에 대해, 또는 두 사람이 자리한 장소로 지나가는 사람들을 보며 관심사를 꺼내 본다.

질문을 해 본다. 예를 들면 "숙제 언제까지 제출해야 하는지 알아? 날짜를 적어 놓는 걸 깜빡했어."라고 말해 보자.

편안한 상황에서 그에게 다가간다. 주변에 방해하는 것이 없는 상황에서 다가가면 그의 주목을 받기가 더 쉽다.

③ 질문한다

대화가 시작되었어도 자연스러운 흐름을 만들기는 그리 쉽지 않다. 대화가 시작되었다면 그에게 질문을 해 봐라.

한 가지 유용한 팁은, 일반적으로 사람들은 자기 자신과 관련된 이야기를 좋아한다고 한다. 당신이 좋아하는 남자가 계속 말하기를 원한다면 그가 길게 답할 수 있게 질문해라. 그의 답변을 듣다 보면 그에 대해 더 많이 알게 될 것이다.

우선 공유하는 점들에 대해 물어보자. 예를 들면 "이 수업 좋아해?" 또는 "이번 시즌에 축구 경기 보러 갈 거야?" 같은 질문을 해 본다.

대화하는 도중에 대화 주제와 관련된 보다 넓은 질문을 해 보자. 수업 시간에 영화에 대한 이야기를 하고 있었다면 "어떤 장르의 영화를 좋아해?"라고 물어본다.

④ 적당한 시간만큼만 대화한다

첫 대화는 너무 오랫동안 하지 마라. 좋아하는 남자가 어떻게 반응하는지 살펴본 다음 대화가 끝날 기미가 보이면 자연스럽게 마무리한다.

대화 주제가 고갈되면 둘 다 더 할 말이 없을 가능성이 크다. 그리하여 상대방은 더 짧게 대답할지도 모른다.

대화를 계속 이어 나가지 않는다고 해서 그가 대화에 적극적으로 참여하지 않는다고 생각할 필요는 없다. 보통 대화는 자연스럽게 시작해서 자연스럽게 끝나기 마련이다. 대화를 억지로 계속 이어 나가는 것보다 마무리를 잘하는 것이 더 중요하다. 대화를 자연스럽게 끝낼 방법을 찾아보자. 예를 들면 "나 이제 교실에 들어가야 해. 다음에 또 봐."라고 말해 본다.

2. 자주 대화하기

① 공통되는 관심사를 주제로 대화를 나눠 본다

좋아하는 사람과 함께 있을 때 본인의 본모습을 유지하는 것이 좋다. 그와 그의 관심사에만 집중해서 대화를 나누지 말고, 그가 당신에 대해 알아갈 수 있도록 본인에 대한 이야기도 해라. 자주 대화하는 사이가 되면 공유하는 관심사에 대해 대화를 나눠 보자. 이런 대화들과 공통적인 특징들을 통해 서로를 더 알아가다 보면 유대감이 생길 수 있다.

만약 둘 다 즐겨 보는 음악 프로그램이 있으면, 기장 최근에 방송된 에피소드에 대해 물어본다. 예를 들면 "엊저녁에 '복면가왕' 봤니? 정말 재밌었어."라고 말해 보자.

그다음에는 더욱 넓은 주제에 대해 대화를 나눠 본다. 예를 들면 "노래하는 거 좋아해? 나는 노래는 못 부르지만 뮤지컬을 엄청 좋아해." 같은 말을 해 보자.

② 질문을 통해 상대방을 차차 알아간다

대화의 흐름이 더딜 경우 질문을 해 본다. 보통 사람들은 자신에 대해 물어보면 대화에 더 적극적이고 더 많은 관심을 보인다. 그리고 그러한 질문들을 통해 상대방에 대해 좀 더 알게 된다. 같이 공통으로 아는 사람이 많고 관심사가 비슷하다면 서로 잘 맞는 사이일 확률이 높다.

다음과 같은 질문들을 해 보자.

"가장 좋아하는 영화가 뭐야?"

"혹시 취미를 가지고 있어?"

"가장 좋아하는 과목이 뭐야?"

"여행해 본 곳 중에서 가장 좋았던 곳이 어디야?"

"가장 좋아하는 연예인은 누구야?"

③ 본인 모습 그대로 자연스럽게 행동한다

누군가를 정말 좋아하면 그가 좋아하는 스타일의 여자처럼 행동하고 싶을 수도 있다. 예를 들어, 본인은 스포츠를 전혀 좋아하지 않는데도 스포츠를 좋아하는 남자를 좋아하게 되면 스포츠 팬인 것처럼 행동하고 싶어지는 것 말이다.

하지만 가식적으로 행동하지 마라. 그의 관심에서 멀어지거나 거절당할까 봐 본인의 관심사, 취미, 친구 등을 부정하지 마라. 대신에 "그렇구나. 정말 재밌겠네. 근데 사실 나는 축구를 잘 몰라."라고 공손하게 말해 보자. 또는 "나는 라이브 음악 공연에 가는 걸 정말 좋아해." 같은 말을 함으로써 그가 당신에 대해 더 잘 알 수 있도록 기회를 주는 것이 낫다.

물론 그를 엄청나게 좋아하면 본인의 모습 그대로 행동하기가 쉽지 않다. 하지만 그가 당신의 본모습이 아닌 가식적인 모습을 좋아하는 거라면, 당신과 그는 성향이 잘 맞지 않는 것일 수 있다. 사정이 이렇다면 지속해서 관계를 유지해 나가는 것도 어려워질 게 뻔하다.

④ 자주 그에게 문자를 보낸다

그의 전화번호를 알고 있다면 문자를 보내 본다. 문자로 연락하면 그에 대해 더 많은 것을 알 수 있게 된다. 가끔 문자를 보낸 후 답장을 기다려라. 그가 문자를 보내는 방식을 보면 당신에게 관심이 있는지 없는지 알 수 있다. 그가 당신이 보낸 문자에 열심히 답장한다면, 그는 당신에게 관심이 있을 확률이 매우 높다.

문자를 보낼 때는 자연스럽게 해라. 그가 당신에게 질문하면 솔직하게 대답하고, 자신만의 독특한 말투나 유머 감각을 활용해 보는 것도 괜찮은 방법이다. 가끔 이모티콘을 사용한다. 너무 자주 사용하는 것은 좋지 않다. 때때로 웃는 이모티콘을 사용하면 밀당하는 것처럼 느껴질 수도 있다.

때로는 그가 먼저 문자를 할 때까지 기다려라. 항상 먼저 문자를 보내면서 그에게 부담을 주는 것은 좋지 않다.

⑤ 밀당을 시도해 본다

좋아하는 남자에 대해 어느 정도 알게 되면 밀당을 시도해 봐라. 밀당을 통해 당신의 관심을 표현할 수 있으며, 상대방이 당신에게 관심이 있는지 없는지도 파악할 수 있다. 상대방도 밀당을 한다면 당신에게 관심이 있는 것으로 봐도 무방하다.

웃어라. 웃음은 전염된다. 웃을 때 시선을 맞추는 것이 핵심이다. 웃으면서 시선을 맞추면 즐거우면서도 미묘하게 살짝 긴장된 분위기를 유지할 수 있다. 그를 향해 미소 지으면, 당신에 대한 그의 관심이 부쩍 커질 것이다. 살며시 미소를 지은 후 다른 곳을 쳐다봐라.

아울러 관심을 표현하기 위해 시선을 맞출 수도 있고, 가벼운 스킨십을 할 수도 있다. 예를 들면, 대화할 때 그의 눈을 바라보며 팔을 살짝 만져 보는 것이다.

⑥ 특정 주제들은 피한다

어떤 주제들은 대화의 흐름을 완전히 끊어지게 만들기 때문에 피해야 한다. 좋아하는 남자에 대해서 더 많이 알고 싶다면 그를 불편하게 만드는 주제들은 피해라.

자신을 비하하지 마라. 스스로를 사랑하고 자신감 있는 모습을 보여 준다.

그의 가족 또는 친구에 대해 부정적으로 말하지 마라.

3. 솔직하게 감정 고백하기

① 상대방도 당신을 좋아하는지를 살펴본다

사귀자고 물어보기 전에 우선 상대방도 당신에게 관심이 있는지를 파악하는 것이 좋다. 만약 당신을 좋아하는 것 같지 않다면 그냥 친구로 지내는 편이 낫다.

당신에게 관심이 있는 남자는 흔히 몸짓 언어로 관심을 표현할 가능성이 크다. 대화할 때 당신 쪽으로 몸을 기울이거나, 시선을 맞추거나, 자주 웃을 것이다.

사람들은 보통 관심이 있는 상대의 몸짓을 살짝 따라 하는 경향이 있다. 예를 들면, 당신이 다리를 꼬면 상대방도 다리를 꼴 것이다.

상대가 당신에게 스킨십을 하기 위한 구실을 만든다면 관심이 있다는 뜻이다. 팔을 살짝 쓰다듬거나, 가볍게 포옹을 하거나 또는 다른 방식으로 스킨십을 하려 할 것이다.

당신과 함께 있을 때와 다른 사람들과 함께 있을 때 그의 행동에서 차이가 있는지를 파악해 본다. 만약 그가 다르게 행동한다면 당신을 좋아하고 있는 것일 수 있다. 예를 들면, 그는 다른 사람들과 있을 때는 말을 많이 하고 적극적으로 행동하는데 당신과 함께 있을 때는 조용하고 쑥스러워할지도 모른다. 그 이유는 당신과 함께 있을 때 긴장해서 그럴 것이다.

하지만 위에 언급한 행동을 했다고 해서 당신을 100% 좋아한다는 뜻은 아니다. 당신을 좋아하는 그는 도리어 보통 사람들이 표현하는 것과 다른 방식으로 관심을 표현할 수도 있다는 점을 기억해라.

② 단도직입적으로 말한다

때로는 단도직입적으로 말하는 것이 가장 좋다. 본인의 감정을 고백할 때 겁이 날 수도 있지만, 상대방도 당신에게 관심이 있을 때는 에둘러서 말하는 것보다 직접적으로 말하는 것이 더 낫다.

간단하게 말해라. "사실 나는 너를 많이 좋아해. 그리고 너도 나를 좋아하는지 궁금해."라고 말해 본다.

대화를 시작하기 전에 심호흡을 몇 번 해라. 침착함을 유지하는 데 도움이 된다.

③ 데이트 신청을 한다

만약 상황이 좋게 흘러가고 있다면 데이트 신청을 해 봐라. "오늘 저녁에 같이 영화 보러 갈래?" 또는 "학교 축제 때 나하고 같이 다닐래?" 같은 말을 해 본다.

데이트 신청을 먼저 하기는 쉽지 않지만 서로 좋아하고 있을 때는 보다 수월할 것이다.

④ 상대방의 거절에 대처한다

누군가가 당신에게 100% 관심이 있다는 것을 스스로 장담하기는 쉽지 않다. 심지어 당신에게 관심이 있다는 증거를 확실히 포착했다고 생각되더라도 무조건 그가 당신을 좋아할 거라는 보장은 없다. 만약 그가 당신을 좋아하지 않는다면 그냥 받아들이고 포기해라.

상대방이 거절할 경우, 거절하는 이유를 물어보거나 화를 내지 마라. "아, 알았어. 조금 실망스럽지만 이해해." 같은 말을 하면 민망함을 드러내지 않은 채 그 자리를 떠날 수 있다.

친구와 가족에게 위로해 달라고 요청한다. 실망감을 떨쳐버리는 것을 도와줄 수 있는 사람을 찾아봐라.

실망감을 곧바로 떨쳐버릴 수 있도록 자신을 즐겁게 만드는 일을 한다. 새 옷을 사거나 맛있는 음식을 먹는 것도 한 방법이다. 하루 동안 휴식을 취하면서 친구와 함께 영화를 보는 것도 좋다.

Tip

• 좋아하는 사람과 대화할 때는 팔짱을 끼거나, 손톱을 만지작거리거나, 휴대폰을 계속 들여다보지 마라. 이러한 행동을 하면 지루하거나 불안한 것처럼 보인다.

• 긴장을 풀어라. 대화하는 상대가 가족 또는 같이 있기에

편한 친구인 것처럼 행동해라.

• 강의 시간에 누군가의 도움이 필요하다면 그에게 도움을 청하고, 만약 그가 도움을 청하면 기꺼이 도와준다. 도움을 주든 받든 상관없이 둘만의 시간을 가질 수 있다.

• 자연스럽게 행동해라. 자신의 본모습을 그대로 보여 주는 것이 가장 좋다. 그가 당신의 본모습을 좋아하지 않을 때는 노력할 만한 가치가 없으므로 마음을 접도록 한다.

• 불평하거나, 다른 사람에 대해 좋지 않은 말을 하거나, 죽음 등 이상한 주제에 대해서는 이야기하지 않는다.

• 당신에게 전혀 관심이 없는 것 같지 않다면 포기하지 마라. 다만 가망 없는 것처럼 보일 때는 지나치게 노력하지 마라. 너무 적극적으로 대시하면 그는 긴장해서 물러서거나 곤란해서 어쩔 줄 몰라 할지도 모른다.

남성에게 좋아한다고 고백하는 방법

그를 좋아하게 되었다면, 그에 대한 감정을 인정했다면 그와 함께할 수 있는 첫 번째 단계를 이수한 셈이다. 하지만 그에게 좋아하는 마음을 직접 전달하는 것은 지금까지 과정보다 더 어렵다.

그에게 다가가는 방법, 그를 더 잘 알 수 있는 방법 그리고 용기 내어 그에게 좋아한다고 고백하는 방법을 알아보자!

1. 그에게 다가가기

① 그가 당신을 좋아하는지 알아본다

그도 당신을 좋아한다면 자신감을 가지고 좋아한다고 이야기해 보자. 하지만 그가 당신을 좋아하지 않더라도 실망하지 말자. 그의 마음을 돌릴 기회는 아직 있다. 그에게 여자친구가 있다면 그를 좋아하는 마음을 접어야겠지만, 아직 그가 당신을 좋아하지 않는 상태라면 친근하게 다가가서 농담도 던져 보자.

그에게 접근하기 전에 그에 대해 알아볼 수 있는 몇 가지 방법을 소개한다.

다른 사람에게 그에 대해 물어본다. 수줍음을 많이 탄다면 그를 잘 아는 친구에게 그가 당신을 좋아하는지 물어보자. 그가 당신을 좋아한다는 사실을 확인했다면, 용기 내서 그에게 다가가 보자.

그의 행동이나 말에서 힌트를 얻어 본다. 그가 당신을 좋아한다면 당신과 함께하기 위해 그가 무척 노력할 것이다(항상 그런 것은 아니지만, 보통 당신을 좋아한다는 신호가 될 수 있다). 당신 옆자리에 앉기 위해 이유를 만들어 내고, 당신이 참가하는 행사에 나타나며, 당신 친구들과 시간을 보내기 시작한다면 그를 면밀하게 살펴보자.

당신을 바라보고 있는 그를 발견했다면, 당신도 그의 눈을 몇 초간 응시해 본다. 그가 당신을 계속 바라보고 있다면 당신을 좋아하는 것이다. 그가 시선을 돌렸다면, 당신을 좋아하지만 부끄럼을 타기 때문일 수도 있다. 하지만 그가 당신을 이유 없이 응시한다면 주의하도록 하자. 당신 옷에 뭔가가 묻어 있어서 당신을 쳐다보는 것일 수도 있다.

② 그와 간단한 대화를 나눠 본다

그를 좋아한다고 이야기하기보다는, 먼저 남녀관계에 대해 그와 이야기를 나눠 본다.

이야기를 나누면서 서로에 대해 알아가다 보면 친밀한 감정이 생길 수 있다.

대화하는 동안 그에 대한 관심이 더 커졌더라도, 먼저 좋아하는 마음을 표현하기보다는 그에 대해 좀 더 알아보는 것이 더욱 현명한 처사다.

친근하게 대화를 하려면 그의 기분을 띄워 줄 수 있는 칭찬으로 대화를 시작해 본다.

- "지난주 친구들과 오빠가 경기하는 거 봤는데 너무 멋졌어요. 축구하신 지 얼마나 되셨어요?"
- "영어 시험 결과를 보면 항상 상위권에 이름이 있던데, 선생님의 마음이라도 읽을 수 있는 거야?"
- "머리 모양이 잘 어울려요. 머리 손질은 누가 해 주나요?"

③ 공통 관심사에 대해 이야기해 본다

함께할 수 있는 활동(같은 관심사일 필요는 없다. 그가 당신을 좋아한다면 당신이 좋아하는 활동을 그도 함께하고 싶어할 것이다.)에 대한 이야기로 대화를 시작해 본다. 서로 편안하게 이야기를 나눌 수 있게 될 것이다.

- "독서 동아리에서 이달에 읽기로 한 책 빌리러 도서관에 가려 하는데, 같이 가지 않을래?"
- "혹시 너희 형도 이 수업 들니? 우리 언니랑 너희 형이 함께 수업을 듣는 것 같더라."
- "골프채가 있는 것 같던데, 골프 자주 해? 나도 이번 주말에 부모님이랑 라운딩하러 갈 계획이거든."

너무 당연한 이야기인 것 같지만, 그에게 말을 건네는 것조차 두렵게 느껴진다면 좋아한다는 말을 하지 마라. 서로가 잘 알지도 못하는데 좋아하는 감정을 느끼고 있다고 말하면 그가 겁을 먹거나 의심할 수도 있다. 그렇게 되면 앞으로 그와의 관계나 우정에도 영향을 줄 수 있으므로, 말을 하기에 앞서 신중을 기해야 한다.

④ 그에게 가벼운 끼를 부리거나 부탁을 해 본다

일반적으로 남성들은 여성들이 던지는 진한 농담을 잘 이해하지 못한다고 한다. 인터넷에 '그녀가 저에게 끼를 부리고 있는 건가요?'라는 질문에 따른 답들이 넘쳐나는 것을 보면 남성들이 여성들의 행동을 잘 이해하지 못하는 것이 어느 정도 사실인 듯싶다. 그가 당신을 좋아하면서도 당신의 진한 농담에 제대로 응하지 못하는 것도 그런 이유 때문일 수 있다.

그와 대화할 때 그의 이야기를 들으면서 머리카락을 꼬아 보자. 어느 정도 자연스러워 보일 수 있는 행동이지만, 그가 머리카락을 꼬는 당신 행동을 언급했다면 그는 당신의 행동 하나하나에 주의를 기울이고 있는 것이 분명하다. 이렇게 쉽게 끼를 부리는 방법도 있다.

그에게 부탁을 해 보자. 귀여운 방법이기는 하지만, 여러 가지 역효과가 발생할 수도 있다. 그가 당신이나 당신 친구들 앞에서 부끄러워서 부탁을 거절할 수도 있으니 매우 간단한 부탁을 해 보도록 한다.

산행 중이었다면, 중간에 당신의 배낭을 들어 달라고 부탁해 보자. 가방이 너무 무거워서 힘들다고 이야기해 본다.

그의 도움이 크게 필요하지 않더라도 이달에 해야 할 과제를 같이 하자고 요청해 보자. 그와 가까워질 수 있고, 그의 인내심을 살펴볼 수 있는 괜찮은 방법이다. 하지만 그에게 무거운 물건을 옮겨 달라는 등으로 너무 무리한 부탁은 하지 않는다.

그와 시간을 같이 보내게 되었을 때는 미소를 짓고 눈을 마주 치면서 당신의 매력적인 모습을 보여 주도록 한다. 그와 많은 시간을 보내다 보면 그도 당신의 특별함을 금세 알아챌 것이다.

⑤ 스킨십 장벽을 허물어 본다

안전하면서도 다소 도발적인 스킨십을 시도하면서 그를 좋아 하는 마음을 에둘러서 표현해 본다.

무료함이나 피로함을 표하면서 그의 어깨에 머리를 기대거나 손을 올려 본다. 그리고 그가 당신을 바라본다면 그의 눈을 응시한다.

그가 당신을 놀린다면 그의 어깨를 가볍게 쳐 본다. 남성들이 놀릴 때 대부분의 여자가 자주 하는 행동으로, 살짝 기분이 상한 척해 보거나 그와 함께 웃어 본다.

스킨십을 할 이유를 만들어 본다. 그의 손이 크다면 손을 만지면서 "와, 너 손 정말 크다. 내 손의 두 배쯤 되는 것 같아." 라고 말해 본다.

⑥ 그에게 데이트 신청을 해 본다

좋아하는 감정이 그에게 완전하게 표현되지 않았을 때는 어 딘가 함께 가 보자고 말해 보자. 그가 당신과 대화를 나누는 동안 당신의 농담에도 잘 반응해 주었다면, 그러한 요청을 거절 하지 않을 것이다.

다음처럼 그에게 데이트 신청을 해 보자.

－"토요일에 친구와 영화를 보기로 해서 예매해 뒀는데, 급 한 일이 생겨서 친구가 갈 수 없대. 나랑 같이 영화 보러 가지

않을래?"

 - "중심상가에 근사한 카페가 생겼다는데, 아직 가 보지 못했어. 샐러드 쿠폰도 있는데, 같이 가 보지 않을래?"

 - "우리 가족은 매년 지방으로 여행을 가. 부모님이 혹시 친구를 데려가고 싶지 않은지 물어보셨는데, 함께 갈래?"

⑦ 간접적으로 얘기하고 싶다면 쪽지를 활용한다

직접 쪽지를 전달해 보거나 친구에게 부탁해 보자.

'나, 너 좋아해.'와 같은 문구를 적은 쪽지를 그의 사물함 안에 넣어 둔다.

'나, 너를 좋아해.'라고 적을 때 받는 사람은 명확하게 적되, 누가 쓴 것인지는 잘 모르게 해 보자. 그리고 친구들에게 그가 잘 눈치채지 못하게 그에게 전달해 달라고 부탁해 보자. 그가 쪽지를 읽고 기대하는 듯한 표정을 짓는다면, 그를 바라보면서 당신이라는 힌트를 주어도 좋고, 그가 쪽지를 보낸 사람을 계속 추측하도록 만들어도 좋다.

⑧ 용기가 난다면 마음을 전해 본다

용기가 난다면 그에게 직접 고백해 보자. 그가 친구들과 함께 있지 않고, 시간적 여유가 있을 때 그에게 다가간다.

자신감을 가지고 일반적인 대화로 시작하다가, 잠시 대화가 중단되면 그에게 당신의 속마음을 고백한다.

⑨ 그의 응답에 구애받지 않는다

그가 응답했다면 그가 당신을 좋아하는 것이니 자신감을 가져라. 다만 그의 행동에 질문은 하지 않는다. 그가 당신을 좋아한다고 했다면 '정말?' 처럼 자신의 발등을 찍는 질문은 하지 않는다.

그가 당신을 좋아하지 않는다고 하면, 태평스럽게 "아, 괜찮아. 신경 쓰지 않아도 돼."라고 말한다. 그리고 앞으로 나아가는 것이다.

그가 당신을 거절했다 하더라도 그를 좋지 않은 사람이라고 생각하거나 실망할 필요는 없다. 여러 가지 상황적인 원인이 있을 수도 있고, 그의 취향이 당신의 가치를 정의하는 것도 아니니까 말이다.

2. 마음의 준비하기

① 그에 대한 마음 확실히 하기

로맨틱한 감정은 다소 혼란스러울 수도 있다. 그러므로 최소 며칠 간은 그의 감정에 대해 생각해 보고 정리해 보는 것이 바람직하다. 너무 급하게 행동하면, 훗날 그에 대한 감정에 변화가 생길 수도 있으므로 신중해질 필요가 있다.

다음과 같은 질문의 답을 스스로 찾아보자.

"그에 대한 감정이 진실한 감정일까, 단순한 열병일까?", "내가 이 남자의 어떤 면을 좋아하는 것일까?", "난 어떤 결과를 원하는 걸까?"

이런 질문에 대해 확신하는 답을 찾을 수 없다면, 더 나아가기 전에 그에 대해 좀 더 알아보는 시간을 갖도록 한다.

'당신은 그를 진심으로 좋아하는가?'

그것을 알 수 있는 사람은 오직 당신뿐이다.

② 머릿속으로 너무 많은 '상상하지 않기'

아직 잘 보이지는 않겠지만, 귀엽기만 한 그에게도 분명 결점이 있다. 아직 시작하지 않은 연애에 너무 많은 감정을 투자하지 말자.

너무 완벽한 그의 모습 외에 다른 면모의 그가 떠올려지지 않는다면, 조금은 잉뚱하고 조금은 바보 같은 모습을 떠올려봐라. 그에게 대머리 조짐이 보이는가? 그가 때때로 맞춤법을 틀리고, 띄어쓰기를 제대로 하지 못한 적은 없는가?

모두에게 결점이 있다는 것을 인식하게 되면, 마냥 귀엽기만 한 그에게 조금은 더 쉽게 다가갈 수 있을 것이다.

③ 그의 행동에 집중하기

그가 당신에게 관심을 보이는가? 당신 주변에서 그가 미소를 짓거나, 당신을 놀리거나, 장난스럽게 당신을 무시하는가? 이러한 행동들은 그가 당신을 좋아한다는 신호이다.

이런 신호들을 감지했다면, 이미 그의 감정을 알고 있는 만큼 그에게 더 쉽게 고백할 수 있다.

남자들의 보디랭귀지는 그의 감정을 드러내 준다.

그가 다른 일을 하는 도중에 몸과 어깨의 방향을 당신 쪽으로 틀었는가? 그와 눈이 계속 마주치는가?

그가, 당신에게 어떻게 고백하는 것이 좋을지를 계속 고민하는 것이 분명하다.

④ 부정적인 답변, 크게 개의치 않기

당신이 준비를 아무리 잘하더라도 그가 관심을 보이지 않을 수 있다. 이런 가능성을 인지하고 크게 걱정하지 말자.

그가 당신을 싫어하기 때문에 거절하는 것이 아니라, 단지 현재 상태에서 연애를 원치 않는 것뿐일 수도 있다.

이외에도 다양한 이유가 존재할 수 있는데, 그가 부정적인 답변을 하면 그것이 마음에 들지 않더라도 그에게 내색하지 않도록 한다.

- 그가 힘겨웠던 이별의 상처를 이겨 내는 중일 수 있다.
- 아직 감정적으로 미숙해서 연인을 원치 않는 상태일 수 있다.
- 솔로 생활을 즐기고 있는 것일 수 있다.

⑤ 남자가 먼저 고백해야 한다는 고정관념 깨뜨리기

과거에는 여자가 남자에게 데이트 신청을 하면 자존심을 내팽개쳤다고 여겨졌지만, 이런 개념은 사라진 지 오래다.

하지만 여전히 많은 여성이 데이트 신청을 먼저 하는 것을 꺼리고 있다. 2011년의 한 조사에서, 93%의 여자 대학생들이 남자가 먼저 데이트 신청을 해 주는 걸 선호한다고 답했다.

더 적극적으로 행동해 보자. 자신 있게 먼저 마음을 전달하면 더 많은 데이트 상대를 만날 수 있을 것이다.

3. 그가 승낙한 후 데이트 준비하기

① 데이트 계획 세우기

둘 다 데이트 계획을 세우는 걸 두려워하면 싹트는 감정이 시들 수 있으니, 가까운 시일 내에 데이트 일정을 잡아보자.

서로를 좋아하는 마음을 확인한 당일에 데이트할 필요는 없지만, 1~2주일 안으로 날짜를 잡는 것이 좋다. 데이트는 서로에 대해 더 알아보고, 앞으로 커플로서 잘 어울릴 수 있을지를 확인하는 기회이다.

서로의 마음을 확인한 주의 주말은 데이트를 계획하기에 아주 좋은 타이밍이다.

첫 데이트 때는 서로를 잘 알아가는 데 필요한 대화를 할 수 있도록 계획해 보자. 예를 들어서 영화를 함께 보기로 했다면, 영화 이후에 저녁을 함께 먹으면서 이야기를 나눠 보자. 첫 데이트는 편하고 부담감이 느껴지지 않으면서도 자신만의 색깔이 담겨 있는 것이 좋다.

거창한 데이트일 필요는 없다. 함께 뮤지컬을 보거나, 공원에서 피크닉처럼 하는 간단한 데이트도 좋다.

어떤 데이트가 좋을지 생각이 잘 떠오르지 않는 경우를 위해 저렴하게 즐길 수 있는 데이트 아이디어를 몇 가지 소개한다.

- 근처에서 열리는 음식 축제 행사장이나 놀이공원.
- 롤러스케이트장이나 아이스링크: 스케이트를 잘 타지 못해도 좋다. 넘어지지 않도록 상대방을 꼭 잡아 주자.
- 하이킹: 언덕 끝까지 올라가 보면 로맨틱하고 예쁜 전경을

선물로 받을 수 있다.

② 너무 스트레스받지 말기

고백하고 나서 첫 데이트를 기다리기까지의 기간이 견디기 힘들겠지만, 너무 걱정하지 말자. 첫 데이트는 서로를 알아가는 기회이니 말이다.

너무 긴장된다면 친구들과 이야기를 나눠 보자. 친구들이 우스꽝스러웠던 첫 데이트 경험을 들려줄 수도 있다. 또한 첫 데이트는 스트레스를 받는 일이 아님을 친구들이 일깨워 줄 것이다.

③ 그와 연락을 주고받되 너무 과하지 않게 하기

첫 데이트 전에 그에게 마음을 드러내는 문자를 몇 개 보내는 것은 좋지만, 과하게 하지는 말자.

서로를 좋아한다면 그를 과하게 칭찬하는 것도 금하는 것이 좋다. 특히 당신보다 연애 경험이 적은 그에게 초반에 너무 강하게 애정을 드러내면, 그가 겁을 먹을 수 있다.

첫 데이트 전에 연락을 뜸하게 해서 어느 정도의 미스터리를 그에게 안겨 주는 것도 좋은 방법의 하나다.

④ 꾸밈없는 모습 그대로 보여 주기

그가 당신을 좋아한다는 것을 알았다면, 행동에 변화가 생기기 마련이다. 하지만 그는 현재의 당신 모습을 좋아하고 있으므로 첫 데이트를 하는 자리에서 당신이 아닌 다른 사람의 모습을 보일 필요는 없다.

당신의 꾸밈없는 모습을 있는 그대로 보여 주고, 지금까지

해왔던 것처럼 농담도 하면서 다정한 모습을 보여 주도록 한다.

서로가 잘 맞는 타입이라면, 당신의 진실된 모습을 그도 좋아해 줄 것이다.

Tip

• 그가 혼자일 때 당신을 좋아하는지를 물어보는 것이 좋다. 그가 친구들과 함께 있다면 친구들 앞에서 약해 보이고 싶지 않기 때문에, 그가 실제로 당신을 좋아하더라도 "아니."라고 대답할 수 있다.

• 남자들도 감정이 있다. 그가 긴장한 듯 보이거나 얼굴이 빨개졌다면 웃거나 그에게 모욕감을 주지 않는다.

• 당신의 마음을 고백하기 전에, 그에게 당신을 좋아하는지 먼저 물어보아도 좋다. 그가 "아니."라고 했다면, "다행이다! 내 친구들이 네가 나를 좋아한다고 엄청 놀리길래, 아닌 걸 알았지만 한번 확인해 보고 싶었어."라고 잘 마무리한다.

• 데이트를 원한다면 그에게 직접 물어보거나 친구를 통해 물어본다. 긴장된다면 친구와 함께 가 보거나 더블데이트를 요청해도 좋다. 친구가 있다면 긴장감이 심하게 느껴지지 않을 수 있다.

• 그와 더 많은 시간을 보내면 서로에 대해 좀 더 깊게 알 수 있다.

• 그와 눈이 마주치면 시선을 피하지 마라. 시선을 피하면, 당신이 그를 좋아하지 않는다고 생각할지도 모른다.

• 긴장할까 봐 걱정되거나 그를 만나지 못할 것 같다면, 그에게 문자로 감정을 표현해도 괜찮다.

- 산책, 피크닉, 영화 보기처럼 심리적으로 부담이 되지 않는 데이트를 즐겨 보자.
- 건강한 연인 관계를 원한다면 그에게 하루 정도 생각할 시간을 줘 본다. 대부분의 남자는 얼굴을 맞대고 이야기를 하게 되면 긴장감으로 인해 나중에 후회할 수 있는 말들을 내뱉기도 한다.
- 그의 사물함에 쪽지를 넣을 때 그의 사물함이 맞는지를 반드시 확인하고, 아무도 보지 않을 때 넣거나 친구에게 부탁해 본다.

Caution

- 그에게 시종일관 문자를 보내지 마라. 그가 답변을 바로바로 보내지 않는 이상, 그는 당신을 어리석고 집착이 심한 사람이라고 생각할 확률이 높다. 문자를 할 만한 이유가 확실히 있을 때만 문자를 보내도록 하자.
- 그가 전에 누굴 만났는지 알았더라도 그의 과거에 대해서는 언급하지 않는다. 과거는 우리가 통제할 수 없다. 가장 좋은 시나리오는, 질문을 무시하고 왜 과거 이야기를 꺼냈느냐고 그가 당신에게 되묻는 것이다. 최악의 경우는, 그가 당신이 정보를 캐냈다고 생각하는 것이다.
- 그에게 고백했을 때, 그가 충격을 받은 것처럼 보이더라도 놀라지 마라. 당신이 그를 좋아하는지 그가 전혀 몰랐을 수 있다.
- 그와 같은 학교에 다니고 있다면 소문이 빠르게 퍼질 수 있으므로, 그를 좋아한다는 사실을 누군가와 공유할 때 조심

해야 한다. 비밀을 지키는 가장 좋은 방법은 아무에게도 이야기하지 않는 것이다.

누군가에게 꼭 이야기하고 싶다면 당신의 비밀을 지켜줄 수 있는 친구한테 한다. 또한 멀리 살기 때문에 그에게 이야기를 전해 줄 수 없는 친구(펜팔이나 다른 학교 친구)에게 하는 것이 좋다.

4부 · 여러 가지 상황에서 대화하는 방법

설득력 있게 연설하는 방법
학교에서 발표하는 방법
감사함을 전하는 연설법
준비 없이 발표하는 방법
'나의 어떤 점이 좋아요?' 질문에 답하는 방법
취업 면접에서 자기소개하는 방법
취업 면접 통과하는 방법

설득력 있게 연설하는 방법

투표를 독려한다든지, 쓰레기의 재활용이라든지, 중요한 이슈에 대한 생각을 바꾸길 원한다든지, 사람들이 어떠한 행동을 하길 바란다면 연설에 그만한 설득력이 있어야 한다. 설득력 있는 연설문에 반드시 들어가야하는 요소가 무엇인지, 그리고 청중의 공감대를 얻기위해서는 연설을 어떻게 해야 하는지 알아보자.

1. 연설문 준비하기

① 주제에 대해 공부한다

말하려는 주제에 대해 많이 알고 있어야 한다. 주제에 대해 모르는 부분이 많다면, 최대한 조사하고 공부해 보자.

특히 논란을 일으키고 있는 주제라면, 양쪽의 의견을 모두 조사해 보는 것이 좋다. 어떤 주장을 펴든 상대편의 주장도 함께 언급하는 것이 좀 더 설득력 있게 느껴지기 때문이다.

주제에 대한 책이나 기사를 찾아 읽어 보자. 도서관에 가서 사서에게 책을 추천해 달라고 부탁하거나 인터넷에서 주제에 대해 검색해 보자. 대형 언론사나 학술서, 논문 등 신뢰할 만한 출처의 자료를 사용하는 것을 잊지 말자.

사람들이 주제에 대해 어떤 생각을 하는지 알아보기 위해, 신문 사설, 라디오 대담, 편파적인 케이블 TV 뉴스 등과 같이 일정 집단의 의견을 강하게 대변하는 자료들을 참고하자.

하지만 편견에 사로잡힐 수 있으므로 이런 정보만 읽고 글을 쓰면 안 된다. 주제와 관련된 여러 가지 의견을 전부 읽어 보기 위해 노력하는 것이 중요하다.

② 목표를 실정한다

연설을 통해 이루고 싶은 것이 무엇인지 결정해야 한다. 그래야만 목표에 맞게 내용을 조정할 수 있다.

주제가 재활용이라면, 우선 재활용에 대해 많이 알아야 할 것이다. 연설문에는 재활용에 대한 지식과 더불어 청중들이 해 주었으면 하는 행동이 잘 드러나야 한다. 시(市)의 재활용 정책에 우리의 의견을 제시하자는 것과 플라스틱과 캔을 잘 분리해 넣어 달라는 것은 다른 행동이다. 이에 따라 연설의 내용과 방향은 크게 달라질 수밖에 없다.

연설문을 작성하기 전에 연설의 목표를 먼저 결정하면 글을 써나가는 데 큰 도움이 된다.

③ 청중에 대해 조사한다

청중이 주제에 대해 어떻게 생각하는지, 얼마나 알고 있는지 알아본다. 연설에 들어갈 내용에 큰 영향을 끼치기 때문이다.

주제에 대해 잘 모르는 사람들에게 이야기한다면, 쉬운 단어를 사용하고 배경 지식에 대해 더 많이 설명해야 할 것이다. 하지만 전문가들에게 그런 방식으로 연설한다면 무척 지루하다고 느낄 것이다.

비슷한 이유로, 내 주장에 동의하는 사람들에게 어떤 행동을 하라고 설득하는 것은 쉬운 일이다. 왜 내 의견이 맞는지 설득할 필요가 없고, 어떤 행동만 하면 된다고 이야기하면 끝나기 때문이다. 하지만 내 주장에 반대하는 사람들에게는 왜 내 의견에 귀를 기울여야 하는지부터 설명해야 한다.

예를 들어, 새로운 재활용 정책을 시행해야 하는 이유에 대해 연설한다고 하자. 재활용이 중요하다고 생각하는 사람들에게는 이 정책이 왜 필요한지만 설득하면 된다. 하지만 재활용에 관심이 없거나 재활용에 반대하는 사람들에게는 우선 재활용이 필요한 이유부터 설득해야 한다.

④ 적절한 설득 방식을 선택한다

자신의 관점을 사람들에게 설득하려면, 주제와 청중에 따라 적절한 설득 방식을 골라야 한다.

고대 그리스 때부터 연설가들은 세 가지 설득 방법을 사용했다.

– 에토스(ethos): 청중의 도덕적 사고, 양심에 호소하는 방식이다. 이를테면 "우리는 재활용을 해야 합니다. 자원 낭비는 우리 자녀들에게서 소중한 것을 도둑질하는 것과 같습니다."처럼 쓰는 것이다.

– 파토스(pathos): 청중의 감정에 호소하는 방식이다. "숲이 파괴되고 동물들은 살아갈 집을 잃어버립니다. 그 동물들의 고

통에 대해 생각해 봅시다. 재활용을 더 활성화한다면, 우리는 숲을 보호할 수 있습니다."처럼 쓰는 것이다.

 - 로고스(logos): 논리나 지성에 호소하는 방식이다. "누구나 알고 있듯이, 천연자원은 한정되어 있습니다. 재활용을 하면, 이런 자원들을 좀 더 오래 쓸 수 있습니다."처럼 쓰는 것이다.

셋 중 하나를 고르거나 둘 혹은 셋을 조합해 보자.

⑤ 글의 요점을 개요로 작성한다

청중을 설득할 수 있는 가장 좋은 방법이 무엇인지 결정했다면, 연설에 들어가야 하는 요점들에 대해 브레인스토밍한다.

연설 시간이 어느 정도인가에 따라 필요한 요점의 개수가 달라질 것이다. 대개 세 개에서 네 개 정도의 요점을 언급한다.

예를 들어 재활용에 대한 연설에서는 '① 재활용을 하면 자원을 절약할 수 있다. ② 재활용을 하면 쓰레기의 양이 줄어든다. ③ 재활용은 비용 절감에 도움이 된다.' 등과 같이 세 가지 요점을 꼽을 수 있을 것이다.

2. 연설문 작성하기

① 강렬하게 시작한다

청중을 설득하기 전에 그들의 관심을 끌 수 있는 도입부를 작성하자. 강렬한 도입부에는 다섯 가지 요소가 포함되어 있다.

- **마음을 사로잡는 부분:** 청중의 관심을 끌 수 있는 문장이나 놀랍거나 인상적인 내용이 들어가게 된다.

예를 들면, 근처 쓰레기장이 거의 포화 상태에 이르렀다는 이야기 또는 사진으로 연설을 시작해 볼 수 있다.

- **청중과의 연관성:** 청중과 자신의 공통점을 보여 준다. 성장 배경, 비슷한 감정처럼 공감할 수 있는 부분을 공유하자.

청중에 따라 해야 할 이야기는 천차만별로 달라질 것이다. 만약 당신이 부모라면, 청중인 다른 부모들에게 자식의 미래를 걱정하는 마음을 강조할 수 있을 것이다. 청중과 공통된 관심사나 생각이 있다면 강조해 보자.

- **경험에서 비롯된 전문성:** 말하려는 주제에 대해 잘 알고 있으며 전문가라는 것을 보여 주는 것이다. 주제에 대해 조사한 부분을 강조하자. 주제에 대해 개인적으로 혹은 직업적으로 경험해 본 적이 있다면, 그 부분을 강조하자.

재활용의 예로 돌아가면, "저는 긴 시간에 걸쳐서 재활용 과정에 무슨 문제가 있는지, 다른 도시에서는 재활용 문제를 어떻게 해결하고 있는지 조사했습니다."처럼 적어 본다.

- **목표:** 이 연설에서 무엇을 달성하고 싶은지 설명한다.

예를 들면, "이 연설이 끝날 때쯤이면, 여러분은 우리 도시에 새로운 재활용 정책이 필요하다는 것에 동의하시게 될 것입니다."처럼 적어 볼 수 있을 것이다.

- **미래 계획:** 마지막으로, 연설에서 무슨 이야기를 하게 될지 적어 본다.

예를 들면, "저는 세 가지 이유로 우리가 이 재활용 정책을 시행해야 한다고 생각합니다."처럼 적어 볼 수 있다.

② 설득력 있는 증거를 제시한다

연설문의 본문에는 준비 과정에서 수집한 요점들이 포함되어 있어야 한다. 그리고 사람들이 여러분의 주장에 동의할 수 있도록 설득력 있는 이유를 제시해야 한다.

요점들을 논리적으로 배열한다. 이야기가 갑자기 삼천포로 빠졌다가 돌아오지 않도록 해야 한다. 글이 논리적으로 흐르도록 한 가지 요점을 끝낸 후에 다른 요점으로 넘어가도록 하자.

요점을 잘 뒷받침해 줄 수 있는 신뢰할 만한 출처의 근거를 사용한다. 감정에 호소한다고 해도(파토스), 관련된 사실을 근거로 제시하면 주장을 좀 더 강화할 수 있다.

예를 들면, "'미국 재활용 학회'에 따르면, 매년 약 4만 에이커(161㎢, 490만 평) 정도 되는 숲이 종이를 만들기 위해 사라지고 있습니다."처럼 적어 볼 수 있을 것이다.

살면서 겪을 수 있는 공감할 만한 예시를 들어본다. 사실과 논리에 기반한 주장이라고 해도(로고스), 청중의 인생과 관심사에 부합하는 내용을 말하는 것이 좋다.

예를 들면, "지금처럼 경제가 어려울 때는 이런 재활용 정책으로 인해 세금이 올라가는 것은 아닐까 걱정하는 분들도 있으실 겁니다. 하지만 스프링필드(미국 일리노이주의 도시)에서는 이 정책을 3년 전부터 시행했습니다. 그 결과 시 매출이 증가하고, 그에 따라 세금이 감소하는 효과를 보고 있습니다."처럼 적어 볼 수 있다.

③ 반대 주장을 언급한다

꼭 그럴 필요는 없지만, 상대편 관점의 몇 가지를 언급하고 반박하면 주장을 강화할 수 있다.

상대편의 주장은 공정하고 객관적으로 언급되어야 한다. 상대편 관점을 가진 사람도 자신의 주장을 올바르게 설명했다고 인정할 수 있을 정도여야 한다. 제대로 설명했는지 잘 모르겠다면, 상대편 관점을 가진 사람을 찾아서 물어본다.

예를 들어, "재활용에 반대하는 사람들은 귀중한 자원 혹은 돈을 낭비하고 있는지에 대해 관심조차 없습니다."처럼 쓰는 것은 당신의 생각일 뿐이다. 이것은 상대편의 의견에 대한 공정한 표현이 아니다.

그 대신 "재활용에 반대하는 사람들은 재활용한 재료를 쓰면 제품 생산 비용이 올라간다고 주장합니다."라고 쓰고, 실제로는 재활용을 통해 비용이 절약되는 이유를 서술한다.

④ 해야 할 일을 명확히 이야기하며 마무리 짓는다

연설의 결론부에서는 청중에게 지금까지 했던 이야기를 다시 해 주어야 한다. 그리고 이 연설을 듣고 나서 그들이 무엇을 해 주기를 바라는지 명확하게 말해야 한다.

했던 이야기를 토씨 하나 다른 점 없이 그대로 또 하지 말자. 그 대신, 지금까지 이야기한 요점들을 이용해서 왜 그 행동을 해야 하는지 뒷받침해 준다.

예를 들면, "지금까지 왜 재활용 정책이 필요한지 설명해 드렸습니다. (이유 요약은 생략한다.) 이 세 가지 사실에 비추어 볼 때, 새로운 재활용 정책은 더욱 나은 미래를 여는 상식적이고도 올바른 첫걸음이라고 하겠습니다. 부디 11월 투표에서 해당 정책에 찬성표를 던져 주시길 바랍니다."라고 말할 수 있다.

3. 연설하기

① 연설을 연습한다

연설을 제대로 하고 싶다면 연습을 최대한 많이 해야 한다. 자신이 어떻게 연설하고 있는지 보기 위해 거울 앞에서 연습을 해 보자. 자신의 표정과 몸동작을 확인할 수 있을 것이다. 표정과 몸동작 하나하나가 연설의 메시지를 효과적으로 전달하는 데 도움이 될 수도, 방해될 수도 있음을 명심하자.

일례로 구부정한 자세로 연설하거나 손으로 옷자락을 만지작거리는 모습을 발견했나고 하자. 청중은 이런 모습을 보면, 연설가가 자기의 주장에 자신이 없어서 그렇다고 생각할 것이다.

더 좋은 방법은 자신의 모습을 녹화한 후 살펴보는 것이다. 그러면 어느 부분을 좀 더 고쳐야 할지 직접 보고 (듣고) 확인할 수 있을 것이다. 이렇게 하면 자신의 목소리나 발음도 확인해 볼 수 있고, 거울을 보고 연습할 때처럼 방해가 되지도 않는다.

혼자서 여러 번 연습하고 난 후에는 친구들이나 가족 앞에서 연습해 보자. 그리고 연설 내용이나 연설 방식에 대한 조언을 구해 보자.

② 적절한 복장을 갖춘다

때, 장소, 청중에 맞는 옷을 입는다.

일반적으로 적절한 복장이란 전문적인 의상을 뜻하지만, 격식을 차린 정도는 경우마다 다를 수 있다. 영화 제작 동호회에 가서 촬영한 영화를 세상에 공개하라고 연설할 때와 영화 배급

사 임원들 앞에서 연설할 때에는 의상이 달라야 한다. 임원들 앞이라면 정장을 차려입어야겠지만, 영화 동호회에서 하는 연설이라면 정장은 지나치게 격식을 차렸다고 할 수 있다.

③ 마음을 편하게 가라앉힌다

많은 사람이 대중 앞에서 이야기하는 것을 두려워한다. 하지만 마음을 편하게 가라앉히고 자신답게 이야기하면 별문제 없이 해낼 수 있을 것이다.

연설할 때 유의해야 할 사항을 살펴보자.

- 친근한 자세로 사람들과 눈을 마주친다.
- 가능하다면 몸을 움직이되, 옷이나 머리카락을 만지작거리지 않는다.
- 연설문을 읽지 않는다. 가끔 참조하기 위해 메모를 볼 수는 있지만, 연설문 대부분은 미리 외워 와야 한다.
- 실수에 파묻히지 않는다. 자칫 사소한 실수 때문에 연설을 망칠 수도 있다. 실수를 오히려 개그로 바꾸어 보자. 그리고 자연스럽게 넘어가자.

④ 청중의 참여를 유도한다

청중들이 직접 했으면 하는 것이 있다면, 같이할 수 있도록 준비한 자료를 제공한다.

사람들이 직접 무엇인가를 하도록 만들기는 쉽지 않지만, 그렇게 만들 수만 있다면 같이하게 될 것이 분명하다.

예를 들어, 그들이 재활용 정책을 시행해 달라고 시장에게 연락하기를 원한다면, 단순히 연락하라고 이야기만 하지 말고,

시장의 전화번호와 이메일이 인쇄되어 있고 우표도 부착된 편지 봉투를 나누어 주자. 이렇게 하면 더 많은 사람이 바로 전화나 편지를 보내는 등 행동에 나서게 될 것이다.

Tip

• 앞을 보고 말해라. 또렷한 목소리로 크게 멀리 이야기한다. 바닥에 대고 이야기하지 말자.

• 객관적이고 신뢰할 만한 출처의 자료와 통계를 인용한다.

• 청중이 원하는 것이 무엇인지 조사한다. 그들이 중요하다고 여기는 생각이나 가치를 이용해서 이야기해라.

• 필요에 따라 유미 사용하는 것을 두려워하지 마라. 어려운 주제도 듣기 쉽게 만들고, 사람들이 여러분을 좀 더 친근감 있게 느낄 것이다.

• 청중들을 둘러봐라. 눈을 마주쳐라. 특히 잠깐 말을 멈출 때 그렇게 해라. 이렇게 하는 것이 부담스럽게 느껴지면, 처음에는 한 사람을 정해서 그 사람에게만 이야기한다고 생각해라. 한참 연설이 진행되면, 차츰 다른 사람들에게도 시도해 볼 수 있게 될 것이다.

Caution

• 연설 도중에 잘난 체하거나 교만한 태도를 보이지 마라. 질문, 제안, 평가는 겸손한 자세로 받아들여라.

• 최대한 대립을 삼가라. 다른 사람의 관점을 이야기할 때 빈정대거나 장난치지 마라. 그러면 여러분의 의견에 동의하는 사람이라도 부담스럽게 느끼고 여러분과 멀어질 수 있다.

학교에서 발표하는 방법

　학교에서 멋진 연설로 선생님들과 친구들을 사로잡
아 보자. 영화에서 보던 것처럼 근사하게 하기는 어렵겠
지만 그래도 괜찮다. 사람들은 나의 개성 있는 연설을
더 좋아할지도 모른다.
　연설 아이디어를 생각해 내는 것부터 무대 공포증을
극복하는 방법까지, 아래 순서를 차근차근 따라가며
기억에 남을 만한 멋진 연설을 준비해 보자.

1. 연설문 쓰기

① 주제 선택하기
　연설의 대부분을 한 가지 주제, 혹은 그와 관련해 이어지는
주제들로 구성해야 한다.
　주제는 연설의 성격에 따라 달라진다. 졸업 연설은 보통 학교
에서의 추억이나 미래 계획이 주제가 되고, 선거 연설은 사람들

에게 나를 뽑는 것이 최선의 선택임을 어필하는 것이 핵심이며, 수업 과제용 연설에서는 대개 논쟁적인 주제를 선택하게 된다.

어떤 주제를 선택해야 할지 모르겠다면, 연설에 녹여 낼 수 있는 이야기들이나 문장들을 적어 본다. 그중 가장 마음에 드는 것을 고른 다음, 함께 묶어 이야기할 수 있는 주제들이 있는지 생각해 본다.

뒤에 언급한 항목 '3. 해야 할 것과 하지 말아야 할 것'에서 주제에 대한 더 많은 이야기를 살펴볼 수 있다.

② 가장 편한 어조 선택하기

사람들을 웃기는 것을 좋아한다면 유머러스한 연설문을 쓰고, 평소에 진지한 편이라면 자신의 그런 면을 보여 주도록 한다.

자신에게 가장 어울리고 편한 어조를 선택해야 연설이 자연스럽게 이어질 수 있다.

③ 짧은 문장으로 말하고, 청중들이 이해하기 어려운 단어 사용은 피하기

너무 복잡한 문장이나 길고 두서없는 문장 사용을 피한다. 에세이를 쓰는 것과는 달리, 연설에서는 기술적인 용어를 설명하거나 앞서 이야기한 요점을 다시 언급하는 것이 힘들다. 그러니 모든 문장을 이해하기 쉽게 말해야 한다. 어린이들이 참석하는 경우에는 반드시 아이들이 이해할 수 있을 만한 단어와 개념을 사용해야 한다.

한 문장 안에 쉼표나 괄호를 넣어가며 장황하게 늘어뜨리면 요점이 흐려진다.

예를 들면, "우리 테니스팀과 농구팀은 아시다시피 2년 전에 지역 대회에서 우승했고, 이제 경기를 준비할 자금이 더 많이 필요합니다."라고 말하기보다는 "우리 테니스팀과 농구팀은 2년 전에 지역 대회에서 우승했습니다. 이제 다른 학교에 대항하기 위해 자금이 더 많이 필요합니다."라고 하면 보다 효과적으로 전달된다.

학생들 사이에서 통하는 은어는 한두 번 정도 사용하면 웃음을 유발할 수 있겠지만, 자주 쓰지 않도록 한다. 특히 청중 가운데 학부모들이 있을 때는 더욱 조심해라.

④ 나만의 이야기와 메시지를 적어 보기

전체 초안을 대략적으로나마 적어 보는 것도 좋고, 이야기하고 싶은 주제에 맞춰 몇 가지 이야기나 명언을 준비하는 것도 좋다. 다만 자신만의 아이디어를 구체적으로 말할 수 있어야 한다.

사람들은 "저는 우리 학교를 자랑스럽게 만들 것입니다."나 "우리 반은 위대한 일을 해낼 것입니다." 같은 두루뭉술한 문장보다는 독창적이고 구체적인 느낌이 드는 말을 더 잘 기억하고 또 좋아한다.

모든 청중이 공감할 수 있을 만한 넓은 주제를 다루되, 구체적으로 이야기하는 걸 잊지 않도록 한다. 예를 들면, "여러분에게 영감을 주는 영웅의 업그레이드 버전이 되어 보세요!"와 같은 문장을 사용한다. 대신에 웹사이트에서 베끼지 말고 자신만의 독창적인 아이디어를 생각해 낸다.

자신의 이야기가 본인에게는 특별한 일이겠지만 조금 더 일반적인 개념으로 연결해야 한다. 예를 들면, 가족의 병문안을 하러 갔던 이야기를 통해, 두려움과 고통을 극복해 나가는 법에 대해 말할 수 있을 것이다.

작성한 내용이 마음에 들지만 계획한 주제와 맞지 않을 경우, 주제를 약간 혹은 완전히 바꾸는 것이 좋다.

진도가 잘나가지 않을 때는 스토리 구상과 주제 브레인스토밍을 반복해 보도록 한다.

⑤ 연설 시작부터 청중들을 사로잡기

청중들의 이목을 끌 만한 주세를 골라 전체적인 어조와 메시지에 맞게 원고를 준비한다. 특히 연설의 첫 문장에 공을 들이도록 한다.

"저는 열 살에 아버지를 잃었습니다."와 같이 조금은 무거운 이야기를 꺼냄으로써 청중들을 집중하게 만들 수 있다.

"안녕하세요, 여러분. 먼저, 에어컨을 개발한 사람에게 큰 박수를 보냅시다."와 같이 모든 사람이 웃을 수 있는 농담을 건네는 것도 한 방법이다.

"우리 은하에는 지구와 유사한 수십억 개의 행성이 있고, 우리는 이제 막 그것들을 발견하기 시작했습니다."와 같이 시사하는 바가 큰 이야기부터 시작하는 것도 괜찮다.

보통은 다른 사람이 나를 소개하면서 연설이 시작되지만, 반에서 하는 연설은 다른 학생들이 나를 이미 알고 있는 상태에서 할 확률이 높다. 특별히 자기소개를 해야 하는 상황이 아니라면 바로 본론으로 들어가도 된다.

⑥ 주제를 명확히 하기

처음 몇 마디만으로도 청중들에게 핵심 주제를 어필할 수 있어야 한다. 그러려면 무엇에 대해 이야기할 것인지를 정확히 언급하거나 최소한 초반에 강하게 각인시켜야 한다.

예를 들어 나의 주제가 '나에게 영감을 주는 영웅의 업그레이드 버전 되기'라면, "우리는 저마다 마음속에 존경하는 영웅 한 분쯤은 품고 삽니다. 그렇다고 그분들을 마냥 따라 할 필요는 없습니다. 존경하는 그분보다 더 위대한 사람이 될 수 있으니까요."라는 문장으로 연설을 시작하는 것이다.

⑦ 자연스럽게 다른 이야기로 넘어가기

이를테면, 농담을 하다가 난데없이 차 사고에서 살아남는 법으로 바로 넘어가면 안 된다. 말이 끝날 때마다 청중들이 어떻게 느끼고 있을지, 다음에는 어떤 이야기를 기대할지 생각해 봐야 한다. 내 이야기로 사람들을 놀라게 하는 것은 좋지만, 완전히 다른 주제로 혼란을 주어서는 안 되기 때문이다.

"지금 제가 하고 싶은 이야기는……."이나 "우리가 꼭 기억해야 하는 것은……."과 같은 문장을 사용해 다음 이야기로 자연스럽게 넘어가는 것이 바람직하다.

⑧ 기억에 남을 만한 문장으로 연설 끝맺기

전체적인 분위기에 맞게 적절한 농담이나 여운이 남는 이야기로 연설을 마무리하는 것이 좋다. 요점을 다시 상기시키고 싶다면, 요약해서 다시 한번 언급한 다음 자신의 의견을 확고히 밝히고서 끝맺음한다.

사람들의 기억에 남게 하려면 적절한 농담을 섞어 연설을 마무리하는 것도 한 방법이다.

"저는 여러분이 내일 투표하러 가서 좋은 결정, 옳은 결정을 하시리라 확신합니다. 하지만 투표 전에는 꼭 손을 씻으세요. 엄청나게 많은 사람이 투표함을 만진다는 거 아시죠?"

학교 행사 중에서, 졸업은 아주 중요한 이벤트이다. 따라서 졸업 연설을 할 때는 사람들이 미래에 대한 기대와 두려움을 느낄 수 있도록 만들어야 한다.

"몇 년 뒤, 여러분은 자녀들이 우러러보는 멋진 부모가 되어있을 것입니다. 우리의 사고방식을 바꿔 줄 작가, 우리 삶에 새로운 길을 열어 줄 탐험가! 단상에 올라와 영웅이 될 첫걸음을 내디뎌 보세요!"

⑨ 최대한 많이 수정하고 다듬기

드디어 초안 작성을 마쳤다. 하지만 아직 다 끝난 건 아니다. 좋은 연설문을 쓰기 위해서는 더 많이 노력하고, 생각해야 한다. 필요하다면 처음부터 다시 써야 할 수도 있다.

선생님, 가족 또는 믿을 만한 친구에게 연설문의 문법적인 오류 검토나 피드백을 부탁해 본다.

⑩ 필요하다면 시각 자료 준비해 가기

교실 안에서 이루어지는 연설 같은 경우는 지도나 사진, 혹은 다른 시각 자료를 준비하는 것이 유용할 수 있다. 자료들을 밖으로 가지고 나갈 필요도 없고, 무언가를 쓸 수 있는 칠판도 있기 때문이다. 연설 내용에 숫자가 많이 등장한다면 사람들이 기억하기 쉽게 칠판에 써 두는 것도 좋다.

하지만 졸업 연설 같은 경우에는 이런 시각 자료들이 필요하지 않다.

⑪ 연설문을 작은 카드 형태로 만들어 연습하기

에세이를 읽는 것처럼 들리는 연설을 좋아하는 사람은 아무도 없다. 청중들을 보면서 자신감 있게 연설하기 위해서는 내가 무엇을 썼는지를 충분히 숙지해야 한다.

중요한 사실이나 다음에 무슨 내용을 이야기할지를 상기시키기 위해 메모를 준비한다. 작은 카드에 메모해 두면 더 잘 기억할 수 있다.

2. 연설이 잘 전달될 수 있도록 연습하기

① 소품과 동선 생각하기

연설을 서서 할지 앉아서 할지, 살짝 걸어 다닐 수 있을 만한 공간이 있는지, 참고용 카드나 시각 자료 그리고 다른 소품들을 어디에 둘 것인지 등을 미리 생각한다.

최대한 실제 연설 환경과 비슷한 상황에서 연습하도록 하자.

연설은 보통 차분하게 서서 하지만, 작은 제스처를 쓰거나 조금씩 자리를 이동하는 것이 더 마음 편하고 자신감을 느끼게 해 준다면 이런 점들도 고려해서 준비한다.

② 크고 명확하게 말하는 연습하기

대규모의 청중 앞에서 연설한다면 중얼거리거나 소리 지르는 일이 없도록 목소리를 조절하는 방법을 익혀야 한다.

그러려면 다리를 어깨너비로 벌리고 허리를 곧게 펴는 것이 좋다. 횡격막에서 소리를 낸다고 생각하고 가슴 깊은 곳에서 공기를 내뱉으며 말을 한다.

③ 연설에 걸리는 시간을 염두에 두고 연습하기

위에 설명한 자세와 발성법으로 연설문을 읽는 연습을 한다. 이미 연설문을 다 외웠다면 참고용 카드를 이용하고, 아직 못 외웠다면 원고를 보고 읽어도 괜찮다.

연설이 너무 긴 것 같으면 이야기들을 축약하거나 불필요한 내용을 빼야 한다. 졸업 연설의 경우 10분에서 최대 15분을 목표로 잡고 준비한다. 선거 연설의 경우에는 3~4분이 적당하다. 수업 과제용 연설의 경우에는 선생님이 정해 놓은 시간제한이 있을 것이다.

④ 천천히 말하고 중간중간 쉬어 주기

긴장하면 서두르게 된다. 한 문장을 마칠 때마다 잠시 쉬도록 한다. 한 이야기를 마치면, 다음 이야기로 넘어가기 전에 청중들과 눈을 맞추는 척하며 좀 더 오래 쉬도록 한다.

서둘러서 말하는 경향이 있다면, 참고용 카드 상단에 각 이야기마다 몇 분을 소비해야 하는지를 메모해 둔다. 아울러 시계를 옆에 두고 시간을 잘 맞추고 있는지를 확인하면서 연습한다.

⑤ 연설문을 외울 때까지 거울 보며 연습하기

처음에는 연설문을 큰 소리로 읽어 본다. 그리고 점점 연설문을 보는 횟수를 줄이고, 청중들과 눈을 맞추는 연습을 한다. 참고용 카드를 살짝만 보고도 연설을 잘할 수 있을 때까지 연습을 계속해라.

매번 조금씩 다른 단어를 사용해 연습한다. 너무 정확하게 외워야 한다는 강박관념을 버린다. 자연스러운 연설을 위해서 조금씩 다른 문장들을 사용해 보도록 한다.

⑥ 내용이 익숙해지면 세밀한 부분까지 신경 쓰기

중요한 내용이 어느 정도 외워지고 각각의 이야기들을 잘 연결할 수 있게 된 것 같으면 이제는 거울을 보면서 더 정확하게 말하는 연습을 해라.

말할 때의 자세 등 기술적인 것들이 잘 다듬어졌다고 판단되면 다양한 표정을 연습해 본다. 목소리의 톤이나 말투도 다양하게 연습한다. 모든 단어를 외워서 나열하는 것처럼 들리지 않도록 자연스러운 대화 톤으로 연습해 본다.

⑦ 사람들 앞에서 말하는 연습하기

가족들이나 친구들 앞에서 연습해 본다. 조금 긴장되겠지만 연습을 거듭하다 보면 실제 상황에서 더 자신감 있게 연설할 수 있다.

연설하는 동안 청중들 한 명 한 명과 눈을 맞추도록 노력한다. 너무 오랫동안 한 사람만 쳐다보지 않도록 한다. 큰 물체 뒤나 구석으로 숨지 않도록 노력한다.

발을 동동 구르면서 초조해하거나, 긴장한 티가 나는 제스처를 쓰지 마라. 긴장감을 늦출 수 있도록 무대 앞뒤로 천천히 왔다 갔다 해라.

⑧ 주변 사람들의 피드백을 받아들여 개선하기

연설 연습을 지켜보는 사람들은 연설 내용이나 말하는 방식 등에서 내가 생각하지 못한 문제들을 잡아낼 수 있다.

사람들의 충고를 겸허히 받아들인다. 어떤 점을 개선해야 하는지를 알려 주는 것은 굉장히 고마운 일이다.

⑨ 연설 당일에 자신감을 가질 수 있도록 준비하기

연설 전날에는 일찍 자고 위에 무리가 가지 않는 식사를 한다. 연설 몇 시간 전부터는 다른 일들에 일체 신경을 쓰지 말고 오로지 연설에만 집중한다.

옷을 단정히 차려입는 것은 청중에 대한 예의이다. 동시에 사람들의 이목을 끌 수 있는 모멘트가 되어 자신감을 갖도록 도와준다.

3. 해야 할 것과 하지 말아야 할 것

① 선거 연설, 적합한 주제 선택하기

왜 자신을 뽑아야 하는지를 설명하는 데도 시간을 할애해야 하지만, 당선 후에 실천할 공약에 대해 집중적으로 이야기하는 것이 더욱 중요하다. 가능하면 공약들을 기억하기 쉽게 분류해 두거나 친근한 말들로 바꿔 보자.

② 졸업 연설, 적합한 주제 선택하기

졸업 연설에서 흔히 선택하는 주제들은 아래와 같다. 이러한 주제들을 구체화하고 독창적으로 만들어 보자.

- 같은 반에서 있었던 추억 회상: '등교 첫날'과 같이 개인적이지만 모두 공감할 수 있는 이야기들을 떠올려 본다.

- 어려운 일을 극복한 이야기: 학업, 재정, 건강 문제를 이겨낸 친구들 이야기를 하고, 그 친구들이 지금 이 자리에 함께하고 있는 것이 얼마나 자랑스러운지를 표현한다.

- 반 친구들의 개성과 그들의 풍부하고 다양한 경험, 성격과 관심사에 대한 칭찬: 이 친구들이 세상을 살면서 더 좋은 일을 많이 할 수 있도록 격려한다.

③ 기억에 남을 만한 연설을 하기 위한 기법 개발하기

비록 필력이 좋은 편이 아니더라도, 연설을 좀 더 흥미롭게 만들어 주는 몇 가지 기법들이 있다.

- 청중에게 직접적으로 연설하기: 대답을 기대하지 말고, 듣는 사람들이 생각할 수 있도록 질문을 던진다.

- 숫자 3 이용하기: 인간의 뇌는 반복, 특히 3을 좋아한다. 세 가지 이야기를 같은 문장으로 시작하고, 그 문장을 더 크게 말해 강조한다.

- 감정적인 언어 사용하기: 사실을 나열하기보다는 청중들이

강한 감정적 반응을 일으킬 법한 화법을 사용한다.

④ 특정인들에게 감사함 표시하기

연설이 감사와 관련된 것이라면 선생님, 부모님, 자신의 인생에 영향을 주는 것들에 대해 감사를 표해야 한다. 하지만 재밌는 내용이 아니라면 너무 자세히 이야기하지는 말자. 청중들이 쉽게 지루해하고 혼란스러워할 수 있다.

⑤ 청중들이 이해할 수 있는 인용구 사용하기

너무 남발하지만 않으면, 잘 알려진 영화의 대사나 학교에서의 에피소드를 인용해 이야기하면 청중들이 더 흥미를 느낀다.

소수의 사람만 이해할 수 있는 이야기는 하지 말자. 학부모들도 참가하는 연설에서는 수업 내용에 대한 인용도 피하는 것이 좋다.

⑥ 진부한 표현 사용하지 않기

모든 연설에서, 특히 졸업식 연설에서는 늘 똑같은 명언들이 등장한다. 그런 뻔한 것들을 최대한 자제해야 연설이 돋보인다. 졸업식이나 선거 연설에서 자주 사용되는 진부한 표현들을 살펴본다.

– 세상을 바꿉시다!
– 오늘은 우리가 공부를 끝내는 날이 아니라 다시 시작하는 첫날입니다.
– 미래는 당신의 것입니다.
– 제가 당선된다면, 여러분의 목소리가 되겠습니다.

- 이제 변화가 필요한 때입니다!

⑦ 누군가를 공격하거나 모욕하지 않기

연설은 농담이나 하며 다른 학생과 수다를 떠는 것이 아니다. 선거에서도 상대를 공격하는 것보다 장점을 어필하는 것이 더 자신을 돋보이게 한다.

고등학교 졸업 연설에서는 반 친구들이 모두 다 대학에 가지 않는다는 점을 유념해야 한다. 교육을 받았으니 '형편없는' 직업은 갖지 말자는 농담 따위는 금물이다. 친구들의 부모님 가운데 그 직업을 가지신 분들이 있을 수도 있다.

Tip
- 한 사람만 보지 말고 모두를 골고루 바라본다.
- 청중들이 불쾌하거나 당황하는 일이 없도록 주의한다.
- 연설을 시작하기 전에 맞은편 벽의 어느 한 부분을 골라서 거기에 집중한다. 이야기가 하나 끝날 때마다, 다시 그 부분을 쳐다본다. 그렇게 하면 청중들은 내가 연설을 하는 동안에 눈을 맞추고 있다고 느끼게 된다.
- 연설 내용에 친숙해지도록 계속 연습하고 외운다.
- 청중들이 흥미를 느낄 만한 표현을 사용한다.

감사함을 전하는 연설법

상을 수여 받거나 명예로운 자리에 오르게 되었을 때 대중 앞에서 소감을 발표해야 할 경우가 있다. 당신을 이곳까지 올 수 있도록 도와준 사람들에게 진심 어린 감사를 표하거나 재치있는 이야기를 통해 모두를 웃게 할 기회이다.

1. 수상 소감 작성하기

① 감사를 표하는 말로 시작한다

시작하자마자 바로 감사함을 먼저 표현한다. "감사합니다." 또는 "상을 받게 되어 영광입니다."라고 말하고, 소감을 발표하게 된 이유를 거론하며 시작하는 것이 자연스럽다.

아래 지침들을 고려해 당신이 말하고자 하는 내용을 검토해 보자.

 - 당신이 수여 받는 상의 종류: 상이나 감사패를 받을 때 감사를 표현하려면, "오늘 이 자리에 설 수 있어 영광이고 상을

받게 되어 참으로 감사합니다."라고 말한다.

– 행사의 형식: 친구나 가족들과 함께 여는 기념일 같은 가볍고 편안한 행사에서는 더 따뜻한 감사의 표현을 한다.

예를 들어 "오늘 밤 여러분 모두와 함께 이 자리에 있을 수 있어 정말 감사함을 느낍니다."라고 말할 수 있다.

② 당신에게 영광을 안겨 준 사람들에게 존경을 표한다

좀 더 깊은 감사를 표현하여, 당신에게 상을 안겨 준 사람들이 기쁨을 느끼도록 만들 좋은 기회이다.

회사에서 받는 상이라면, 이 회사가 이룬 멋진 업적에 대해 말한다. 그리고 이곳에서 일할 수 있어 감사하다고 한다.

예술단체에서 당신이 감독한 영화에 상을 수여하는 경우처럼 외부 파티에서 수상하게 됐다면, 이런 멋진 단체의 인정을 받게 되어 영광이라고 말한다.

당신을 뽑아 준 친구와 가족에게 소감을 말하고 싶다면, 이런 특별한 사람들과 인생을 함께할 수 있어 행운이라는 식으로 마음을 전한다.

③ 우스운 이야기나 가슴에 사무쳤던 이야기를 들려준다

수상 소감을 전할 때, 상을 받기까지 당신을 이곳으로 이끈 일화 한두 개를 들려주는 것은 좋은 방법이다. 보통 수상 소감은 저녁 시간대에 파티장에서 진행되므로, 그러한 분위기를 살려서 짧은 미소를 불러오는 하는 말을 하면 좋다.

큰 프로젝트를 맡으며 저질렀던 웃긴 실수들을 들려준다. 아니면 목적을 달성하기 위해 장애를 극복한 과정을 들려준다.

자기 얘기만 하지 말고 다른 사람들도 이야기에 끌어들인다. 직장 동료, 상사, 아이들 그리고 청중석에 있는 사람들에 대한 이야기를 한다. 이런 이야기들로 수상 소감을 시작하면 감사 인사에 이를 때까지 분위기를 고무시킬 수 있다.

④ 당신을 도와준 사람들의 이름을 거론한다

당신이 영광스러운 자리에 설 수 있도록 그동안 도움을 주었던 사람들에게도 명예를 돌린다. 고마웠던 직장 동료, 친구들, 가족을 포함해 짧은 리스트를 만들어 본다.

"저를 여기 설 수 있도록 도와준 멋진 사람들에게 특별히 감사드립니다."라고 말한 다음, 당신에게 도움을 주었던 사람들 리스트를 읽어 내려간다.

관중을 고려한다. 당신의 상사가 가장 앞줄에 앉아 있다면, 그에게 감사함을 표현하는 것을 잊지 말아야 한다.

리스트에서 중요한 사람이 빠지지 않도록 한다. 하지만 자칫 지루할 수 있으므로 아는 사람 모두를 리스트에 올리는 것은 좋지 않다. 당신을 진심으로 도왔던 사람들만 한정시켜 리스트에 올리도록 한다.

오스카상이나 에미상 수상 장면을 보면, 많은 사람에게 감사를 전하는 방법에 대한 영감을 얻을 수 있다.

⑤ 감사함으로 대미를 장식한다

감사를 표하고 싶은 사람들의 리스트를 빠짐없이 언급한 다음에는 고맙다는 말을 다시 한번 전하고 끝낸다. 그리고 당신이 얼마나 감사해하는지를 반복해서 표현한다.

당신의 수상 소감이 특별히 기억에 남도록 하고 싶다면 아래의 예처럼 한두 마디를 추가해 인상적으로 마무리한다.

영감을 주는 말을 한다. 비영리적 부문에서 성취한 업적으로 상을 받는다면, "우리의 임무는 아직 끝나지 않았습니다. 하지만 우리가 함께 이룬 성과는 수백 명의 삶을 바꿨습니다. 다시 소매를 걷어 올리고 예전보다 더 헌신적으로 일해 봅시다. 우리가 일 년 동안 이 정도를 이뤘다면 삼 년 동안 얼마나 많은 것을 이룰지 상상해 보세요."라고 말한다.

당신이 사랑하는 사람들 또는 스승에게 명예를 넘겨 특별히 감사함을 전한다. "마지막으로 이 상을 저의 어머니에게 바칩니다. 모든 선생님이 어머니께 제가 난독증 때문에 글 읽는 법을 배우지 못할 것이라고 했을 때, 오히려 어머니께선 역정을 내시며 그들에게 제가 언젠가 멋진 작가가 될 거라고 말씀하셨습니다. 저에 대한 어머니의 굳은 신념 덕분에 오늘 저는 이 자리에 설 수 있었습니다. 사랑해요, 엄마."라고 말해 보자.

2. 발표 연습하기

① 노트를 작성하자

수상 소감은 간단해서 외우기 쉬워야 한다. 카드나 메모지에 초안을 잡아 놓으면 요점을 말하거나 이름들을 기억하기가 한결 쉬울 것이다.

내용 하나하나를 모두 적지는 말자. 수상 소감을 발표할 때 대중을 쳐다보며 말하기보다는 종이만 보고 말할 수 있기 때문이다. 그렇게 되면 진심으로 감사함을 전달하지 못하고, 경직되고 긴장된 상태로 발표할 수 있으므로 주의해야 한다.

당신이 하고 싶은 말의 각 문단 첫 줄만 쓰도록 해 본다. 그러면 메모지를 힐끗 내려다볼 때, 그 첫 줄이 기억을 되살려 줄 것이다.

② 시간을 체크하자

예정된 자리에서의 수상 소감 발표는 정해진 시간이 있을 것이다. 발표에 앞서 미리 주최하는 단체에 수상 소감 지시사항 여부를 물어보자. 시간제한이 없다면 같은 무대에서 수상한 사람들이 어느 정도 길이로 발표했는지 알아본다.

보통 수상 소감 길이는 짧다. 예를 들어 아카데미상 수상 소감 연설은 45초 이하로 한정되어 있다. 2~3분 이상 연설을 하면 사람들이 지루해하기 때문에 가능한 한 요점만 말하는 게 좋다.

연설을 연습할 때, 타이머를 이용해 시간을 확인해 본다. 녹음해서 들어보고, 너무 길다면 제외해야 할 부분을 찾는다. 사실상 수상 소감 연설의 가장 중요한 부분은 감사를 표현하는 부분이다. 필요하다면 나머지는 지워도 무방하다.

③ 당신을 긴장하게 만드는 사람 앞에서 연습하자

연설에 자신이 없다면 당신을 긴장하게 만드는 사람이나 그룹 앞에서 4~5번 정도 연습해 본다. 아니면 심장이 빠르게 뛰거나 숨이 가빠지지 않을 때까지 연습한다. 그렇게 연습해 두면 진짜 청중 앞에 섰을 때 무대 공포증이 덜할 것이다.

당신이 믿을 수 있는 사람들 몇 명 앞에서 연설 연습을 한 다음, 정직한 피드백을 요구하자. 어떤 부분이 너무 끄는 것처럼 느껴지는지, 아니면 꼭 말해야 할 부분을 빼놓지는 않았는지 물어보도록 한다.

④ 말을 끄는 단어를 사용하지 말고 잠시 멈추자

대부분의 사람은 어색한 순간에 자연스럽게 '음', '어', '있 잖아' 같은 단어를 사용한다. 연설문에서 이런 단어를 사용하 지 않도록 연습하자. 그러한 순간이 온다면 잠시 멈춰서 침묵하 는 편이 더 낫다.

당신이 연설하는 것을 녹음해서 들어본다. '음'이나 '어'로 자주 빈 부분을 채우는 곳이 어딘지 알아낼 수 있다. 그러한 소리를 내지 않고 연설할 수 있을 때까지 연습을 반복한다.

⑤ 자연스럽게 감정을 전달하자

수상 소감을 하는 이유는 청중에게 당신의 감사하는 마음을 전하기 위해서다. 하지만 당신이 뻣뻣하게 긴장되어 있거나, 더 최악의 경우 거만하고 배은망덕해 보이면 마음이 제대로 전해지 기 힘들다.

일상에서 대화할 때처럼 가벼운 제스처나 미소, 잠시 멈추고 웃기 등을 곁들이면서 말하는 연습을 하자. 또한 당신의 감정을 잘 나타내 주는 단어를 사용하도록 하자.

3. 발표하기

① 발표 전에 긴장을 풀자

대중 앞에서 발표하기 전에 초조해진다면, 먼저 스스로를 진정시킨다.

연설을 깔끔하고 차분히 할 수 있게 해 주는 좋은 방법은 상상의 힘을 빌리는 것이다. 연설 장소를 최대한 상세하게 상상해 보고, 그곳에서 우왕좌왕하지 않고 자신 있게 연설하는 자신의 모습을 상상해 본다. 누가 관중석에 있을지 알고 있다면, 그들 앞에서 연설 연습을 하는 자신의 모습을 상상해 본다. 이 방법을 이용하면 실제 상황에서 확실히 덜 불안해질 것이다.

어떤 사람들은 연설 전에 실컷 웃어 두는 게 도움이 된다고 말한다. 웃음이 긴장을 풀어준다는 것이다.

② 청중들과 눈을 마주치자

카드나 메모지는 너무 자주 보지 않도록 한다. 가끔 힐끗 쳐다보면서 말하고 싶은 것이 무엇인지 확인한 다음, 바로 고개를 든다.

청중 중에 서로 다른 영역에 앉아 있는 두세 사람을 골라, 말할 때 돌아가면서 눈을 마주친다. 이렇게 눈을 마주치면 감정을 전달하기가 훨씬 쉬워진다. 낯선 청중들 앞에서 연설한다는 생각 대신, 친구 앞에서 말한다고 생각하자.

한 사람 이상을 선택해서 돌아가며 눈을 마주치면 청중들은 당신이 하는 말에 더 몰입할 수 있다.

③ 말하면서 감사함을 떠올리도록 하자

연설하면서 당신이 받는 상에 대한 감정과 발표하고 있는 말들이 갖는 의미에 대해 다시금 생각해 본다. 그리고 이 상을 받기 위해 당신이 투자한 노력과 이곳에 오기까지 당신을 도왔던 많은 은인에 대해 생각해 본다. 이렇게 하면 연설이 청중에게 더 진심으로 전달될 것이다.

감사함을 전하며 이름을 언급할 때 그들의 얼굴을 쳐다볼 수 있다면 그렇게 하자. 예를 들어 맨 앞줄에 앉은 동료에게 감사의 인사를 할 때, 말하면서 그녀를 바라본다면 당신의 마음이 더 잘 전달될 것이다.

눈물이 난다고 당황할 필요는 없다. 수상 소감 연설에서는 흔히 있는 일이다.

④ 솔직한 표현으로 진실함을 전달하자

자기 자신이 되도록 노력하고, 솔직하게 자신을 표현하도록 한다. 이렇게 하면 청중들은 당신에게서 진실함을 느끼게 되고 감성에 젖게 될 것이다.

⑤ 때맞추어 무대에서 내려오자

연설이 끝나면, 청중에게 미소를 보이고 때맞춰 무대를 떠나도록 한다. 많은 사람이 수상 소감 연설을 끝내고 마지막에 짧게나마 무대 장악(?)을 시도한다. 하지만 이는 청중을 지루하게 만들고, 다음 수상 소감자의 시간을 뺏을 뿐이다. 당신에게 할당된 시간이 끝나면 품위 있게 무대를 내려와 자리로 돌아가야 한다.

• 세 부분으로 이루어진 표준적인 연설 구조를 사용해 보자. 자신을 소개하는 초반 부분, 연설 주제를 이야기하는 중간 부분, 그리고 마무리 짓는 결론 부분으로 나누어 발표한다.

• 유창하게 말할 수 있을 때까지 연설을 연습하고, 믿을 수 있는 친구를 데려와 앉히고 듣게 한다. 친구에게 내용의 적절성과 어조, 한 부분에서 다른 부분으로의 전환, 그리고 목소리, 보디랭귀지, 진실성, 타이밍 등에 대한 피드백을 부탁한다.

• 수상 소감이나 감사 연설에서 유머를 넣을 때는 각별히 신경 써야 한다. 스스로를 너무 비웃거나 깎아내리면 당신에게 상을 주는 단체의 노력을 비웃거나 축소하는 느낌을 주게 된다. 당신은 상을 받을 자격이 없다고 하거나, 단체에서 어떻게 결정했는지 모르겠다는 식의 발언은 불쾌감을 줄 수 있으므로 주의하도록 한다.

준비 없이 발표하는 방법

대중 앞에서 이야기하는 것은 두려울 수밖에 없다. 더군다나 발표를 준비할 시간이 없었다면 그 긴장감은 더할 나위 없이 커진다.

결혼식이나 장례식 등에 참석했을 때 사람들 앞에 나서서 이야기를 하게 되었다면, 개인적인 이야기나 인용문 등으로 말문을 연 다음 최대한 간결하게 마무리하자.

더 전문적인 자리에서 연설해야 한다면, 발표할 내용을 빠르게 정리하는 방법을 활용해 보자.

1. 일화 활용하기

① 잘 아는 이야기 활용하기

발표할 내용이 다 신선한 이야기일 필요는 없다. 자신에게 일어났던 개인적인 일화는 빠르게 떠올릴 수 있으므로 이야기를 시작할 때 활용하기에 좋다.

결혼식이라면 신부나 신랑과 함께 경험했던 재밌는 이야기를 해 보고, 장례식이라면 고인이 생전에 얼마나 마음이 넓은 사람이었는지에 대한 이야기를 해 보자.

② 인용문으로 이야기 풀어 보기

스스로 이야기를 만들어 내기보다 잘 알고 있는 소재로 이야기를 시작할 수 있는 좋은 방법이다. 말하려는 주제나 상황과 관련이 있는 감동적인 인용문이나 노래 가사, 속담으로 발표를 시작한 후, 여기에 살을 붙여 이야기를 풀어나간다.

예를 들어, 김철수의 할아버지 칠순 잔치에서 건배 인사를 해야 하는 자리라면 이렇게 이야기를 시작해 볼 수 있다.

" '늙은 개에게 새로운 재주를 가르칠 수 없다(You can't teach an old dog new tricks.).'라는 말이 있죠. 김철수 할아버지는 이런 말을 무색하게 합니다. 은퇴 후 마라톤에 도전할 용기를 낸다는 것이 쉽지 않았을 텐데 말이에요."

③ 간결하게 마무리하기

길게 늘어지는 개인적인 축사는 그 누구도 좋아하지 않는다. 많은 이야기를 하는 것보다는 간결하게 서너 개 정도의 요점이나 예시 등에 집중하며 이야기를 마무리하는 것이 좋다.

예를 들어 결혼식에서 신랑을 위한 축사를 건넬 때, 신랑이 그동안 보여 주었던 예의범절이나 남자다운 씩씩한 성격 등 한두 가지 좋은 이야기로 압축해 본다.

이야기 도중에 사람들이 다른 곳으로 시선을 돌리거나, 서로 잡담을 시작하거나, 고개를 숙이고 휴대폰만 쳐다보고 있다면 자신이 쓸데없이 시간만 끌고 있음이 분명하다. 이런 경우에는 빠르게 논점으로 돌아가 이야기를 마친 다음 "감사합니다."로 마무리한다.

④ 명확하고 침착하게 이야기하기

연습을 많이 했더라도 막상 발표해야 하는 시간이 다가오면 긴장감이 느껴질 수밖에 없다. 시작하기 전에 깊은 호흡을 해서 마음을 가다듬고, 이야기하는 중간중간에는 잠시 말을 끊고 쉬도록 한다. 너무 빠른 속도로 이야기하지 않도록 주의하고, 단어는 명확하게 발음한다.

⑤ 자신감 키우기

준비할 시간이 없었다면, 누구나 발표 자리가 어렵기 마련이다. 하지만 자신감을 가지고 이야기를 마치고 나면, 아마도 많은 사람의 박수가 이어질 것이다. 청중들도 자신들이 발표 주체가 아니라는 사실에 안도하면서, 더 많은 지지와 후원을 당신에게 보내 줄 것이다.

발표하기 전에 천천히 깊게 호흡한다. 그런 다음 눈을 감고서 마음을 가라앉히면 자신감이 생긴다.

청중 가운데 있는 당신을 지지해 주는 사람들이나 친구들을 바라보면서 이야기를 이어 나가는 것도 한 방법이다.

무엇보다도 청중 앞에서 자신감 있게 이야기하는 당신의 용기에 많은 사람이 찬사를 보낸다는 사실을 기억하자.

2. 빠르게 발표 내용 구성 짜기

① 시간이 있다면 빠르게 개요 그려 보기

약간의 준비라도, 백지상태에서 시작하는 것보다는 큰 도움이 된다. 잠시 몇 분의 시간이 주어진다면, 어떤 말을 하고 싶은지 두세 가지로 정리해 본다. 정리한 포인트는 이야기가 옆길로 새지 않도록 간단하게 목록화한다.

몇 단어조차 쓸 시간이 없다면 머릿속으로 어떤 이야기를 할지 빠르게 개요를 짜 본다.

'우선 종민이의 착한 심성에 대해 이야기를 해 보자. 그리고 한밤중에 종민이가 내 차의 타이어를 고쳐 준 이야기로 넘어갔다가, 내가 아팠을 때 종민이가 구워 주었던 쿠키에 대해 얘기해야지.'

② 임팩트 있는 시작과 마무리 짓기

사람들은 중간 내용보다 이야기의 시작과 끝을 더 잘 기억한다. 따라서 다음과 같은 임팩트 있는 내용을 이야기의 시작과 끝에 넣어 본다.
- 감동적인 이야기
- 설득력 있는 사실이나 통계 자료
- 마음에 와닿는 인용구

③ 장점과 단점 정리하기

횡설수설하지 않기 위해 생각을 정리할 수 있는 또 하나의 좋은 방법이다. 긍정적인 측면에 대해 이야기를 시작한 후, 단점으로 넘어가고, 나의 입장으로 정리하며 마무리해 보자.

예를 들어, 사복 입고 출근하는 금요일인 캐주얼 프라이데이(Casual Friday)를 도입했을 때의 장점에 대해 이야기를 한다고 생각해 보자.

캐주얼 프라이데이가 직원들의 사기를 북돋아 주고 생산력을 향상시켜 줄 수 있으며, 최근 동향을 많이 반영한 회사라는 느낌을 줄 수 있다고 이야기를 시작한다.

그러나 직원들이 전문 인력처럼 보이지 않는다는 우려도 있으므로 캐주얼한 정도를 제한하는 가이드라인 제시가 필요할 것이라고 이어서 말한다.

그러나 대부분의 고객 미팅이 주초에 이루어지기 때문에, 캐주얼 프라이데이 정책이 도입되면 회사에 도움이 더 많이 될 것이라는 나의 의견으로 마무리한다.

④ 발표 시간을 Q&A 시간으로 탈바꿈하기

어떤 말을 해야 할지 도무지 모르겠거나 너무 긴장된다면, 화자보다는 논의의 중재자 입장이 되어서 사람들의 질문을 받아본다.

이렇게 말문을 열어 보자.

"캐주얼 프라이데이에 대한 자신만의 의견들을 가지고 있을 듯한데, 모두가 함께하는 대화의 장을 열어 보는 것은 어떨까요? 질문이 있거나 자신의 의견을 공유하고 싶으신 분들은 손을 들어 주세요."

혹은 특정한 사람을 지정해 보자.

"지영씨, 우리와 함께한 지 꽤 오래되었는데, 지영씨 생각은 어떤지 들어볼까요?"

3. PREP 방법 활용하기

① 요점 언급하기

PREP은 'Point, Reason, Example, Point(요점, 근거, 예시, 요점)'의 앞글자를 딴 것으로, 생각을 정리할 수 있는 간편한 방법이다. 먼저 전달하고 싶은 요점으로 이야기를 시작한다. 캐주얼 프라이데이에 대한 즉흥 발표를 해야 하는 자리라고 생각해 보자.

직원들의 사기를 북돋아 주기 때문에 캐주얼 프라이데이는 좋은 정책이라고 이야기를 시작해 본다.

② 나의 요점을 뒷받침하는 근거 이야기하기

청중의 마음을 움직여야 한다는 점을 기억하자. 직원들의 사기는 생산력을 높여 주고 이직률을 낮춰 주기 때문에 중요하다는 점을 청중에게 상기시켜 준다.

③ 요점에 예시 덧붙이기

신빙성을 더하려면 증거나 충분한 설명이 뒷받침되어야 한다. 예시를 들어 보자. 경쟁사인 A사는 캐주얼 프라이데이를 도입한 후 성공 궤도를 달리고 있다는 등의 예시를 설명한다.

④ 다시 요점으로 돌아가기

청중들에게 이미 이야기했던 요점을 다시 상기시켜 주면, 요점이 그들의 머릿속에 더 오래 남게 된다. 다시 한번 캐주얼 프라이데이의 도입이 회사에 많은 도움을 줄 것으로 생각한다고 이야기하며 마무리를 지어 보자.

'나의 어떤 점이 좋아요?' 질문에 답하는 방법

누군가가 당신에게 "나의 어떤 점이 좋아요?"라는 질문을 하면 조금 스트레스를 받을 수도 있다.

심지어 당신이 그 사람에 대해 좋아하는 점이 많아도 당장 그 자리에서는 만족스럽게 대답하기가 어려울 수 있다.

1. 질문에 반응하기

① 우선 숨을 한 번 내쉰다

누군가가 당신에게 이러한 질문을 한다면 당신은 깜짝 놀라거나 긴장할 수도 있다. 긴장하게 되면 주제에 대해서 깊이 생각하지 않고 떠오르는 대로 아무 말이나 불쑥 내뱉게 된다. 혹은 긴장한 나머지 머릿속이 완전히 하얗게 되어 무슨 말을 해야 할지 전혀 생각이 나지 않는 공황 상태에 빠지게 된다.

그러므로 대답을 하기 전에 우선 숨을 한 번 크게 내쉬도록 한다.

② 기본적인 주제로 시작한다

대화하는 상대방이 당신의 친구인가? 애인인가? 가족인가? 상대방이 누구이든 상관없이 그 사람의 역할에 대해 칭찬하는 이야기를 먼저 한다. 갑작스러운 질문을 받아서 놀란 경우에 기본적인 주제로 대화를 시작하면 상대방의 질문에 대해 구체적으로 답변할 수 있는 시간을 벌 수 있다.

예를 들어서, 친구에게는 "너는 나에게 정말 좋은 친구야."라고 말한다. 애인에게는 "너는 정말 배려심이 많은 사람이야."라고 말해 볼 수 있다.

③ 보다 자세한 이야기를 한다

본격적으로 대화를 시작하게 되면 상대방의 구체적인 면에 대해 직접적으로 자세히 설명한다.

친구에게는 "나는 네가 항상 내 곁에 있어 주어서 참 좋아. 네 덕분에 힘이 솟는 것 같아."라고 말할 수 있다. 그리고 애인에게는 "너는 배려심이 많은 사람이야. 너는 우리의 관계에 대해서 항상 많은 생각을 하지."라고 말할 수 있다.

또한 아래와 같이 자세한 내용을 추가해서 말해 본다.

- "내가 특별한 사람이라는 기분을 진심으로 느끼게 만든 여자친구는 네가 처음이야."
- "일주일 내내 너와 같이 시간을 보내게 되어 너무 기대돼. 나는 너와 함께 있을 때 정말 즐거워."

④ 당신의 발언에 대한 예시를 언급한다

당신의 발언을 뒷받침할 구체적인 예를 생각하도록 노력한다. 당신의 친구에게는 "내 강아지 루시가 죽었을 때 너는 진심으로 내 곁에 있었어. 나는 너무 속상했지만 너는 나를 위로해 줬지."라고 말할 수 있다. 그리고 애인에게는 "우리가 사귄 지 두 달 된 기념으로 네가 소풍을 계획했을 때 나는 네가 얼마나 사려 깊은 사람인지 알 수 있었어."라고 말할 수 있다. 또한 아래에 있는 다른 문장들도 사용해 본다.

  - "너는 너무 재미있어! 나는 아직도 지난여름에 우리가 네 남동생에게 친 장난을 생각하면 웃게 돼."

  - "너는 내가 아팠을 때 내가 괜찮은지 확인하는 전화를 했었지. 너를 제외하고는 아무도 그런 전화를 하지 않았어."

  - "너는 진짜 똑똑해. 내가 공부할 때 네가 도와줘서 나는 저번 수학 시험을 정말 잘 봤어."

2. 긍정적인 내용에 초점 맞추기

① 긍정적이고 구체적인 단어를 사용한다

"너는 학교생활을 잘해." 같은 모호한 말 대신에 "너는 미술에 타고난 재능이 있잖아. 네가 한 지난번 과제는 정말 대단했어. 나도 너처럼 그림을 잘 그릴 수 있었으면 좋겠어!"라고 말한다. 또한 "너는 모든 사람에게 항상 친절해." 같은 중립적인 대답 대신에 "너는 항상 동정심을 가지고 많은 사람에게 친절을 베풀어."라고 말할 수 있다. '재능이 뛰어나다.' 그리고 '동정심이 있다.' 같은 구체적이면서 긍정을 나타내는 단어들을 사용한다. 또한 아래와 같은 문장도 사용해 본다.

- "너는 두려움이 없어! 나는 네가 용감해서 너무 좋아."
- "너는 음악에 대한 열정이 대단하고, 아는 것이 많아! 우리가 함께 시간을 보낼 때마다 너는 나에게 새로운 밴드를 알려주잖아."

② 상대방이 가진 가장 좋은 개성에 대해 이야기한다

당신이 그 사람과 그의 성격에 대해 생각할 때 첫 번째로 떠오르는 좋은 생각이나 단어는 무엇인가? 상대방이 재미있는 사람인가? 현명한 사람인가? 결단력이 강한 사람인가? 재능이 뛰어난 사람인가? 행복한 사람인가? 매력적인 사람인가? 에너지가 넘치는 사람인가?

어떤 유형의 사람이든 상관없이 그 사람의 좋은 성격에 대해 이야기한다. 예를 들어서 아래와 같이 말해 본다.

- "나는 네가 너무 재미있어서 좋아. 우리가 같이 시간을 보낼 때 너는 항상 나를 웃게 만들어!"
- "나는 네가 행복하고 긍정적인 사람이라서 좋아. 너의 분위기와 에너지가 밝아서 나도 네 곁에 있으면 환해지는 느낌이야."

③ 상대방의 외모 대신 성격에 초점을 맞춘다

상대방의 외모에 대해 언급하는 것은 좋은 선택인 것처럼 보일 수도 있다. 하지만 질문에 답을 할 때 상대방의 개성을 더 중요시하도록 노력하는 게 좋다. 물론 상대방에게 '예쁘다.' 또는 '멋있다.'라고 말하는 것도 괜찮다. 굳이 그런 말을 피할 필요는 없다. 하지만 외모에 대해서만 언급하면 상대방은 당신이 오직 자기의 외모만 좋아한다는 느낌을 받을 수 있다. 대신에 아래와 같이 말해 본다.

- "너는 다른 사람의 말을 정말 잘 들어줘."
- "너는 나에게 영감을 줘."
- "너는 마음씨가 정말이지 비단결 같아."

3. 배려심 가지기

① 상대방이 왜 당신에게 질문하는지 잠시 생각해 본다

만약 당신의 가장 친한 친구가 연인과 헤어졌을 경우, 그녀 또는 그는 슬픈 감정이 들고 자존감이 떨어졌을 가능성이 있다. 또는 당신 애인의 경우, 당신과의 관계에 대해 불안한 감정을 느끼고 있을지도 모른다.

그리고 당신이 최근에 친구와 다투었을 때 친구가 이러한 질문을 한다면, 그 친구는 당신이 아직도 화가 나 있고 더 이상 자신을 좋아하지 않는다는 생각이 들어서 걱정하고 있을지도 모른다. 상대방이 왜 질문을 하는지 안다면, 상대방의 기분이 나아질 수 있도록 격려의 메시지를 전해 준다.

예를 들면, 다음과 같이 말해 본다.

- "나는 여태껏 남자친구에게 이렇게 진지한 감정을 느낀 적이 없었어. 너는 나의 전부야."

- "무슨 일이 생겨도 너는 항상 나의 친구야."

② 질문을 진지하게 받아들인다

당신은 갑작스러운 질문이 이상하거나 어리석게 느껴질 수도 있지만, 아마도 상대방은 진심으로 당신이 왜 자신을 좋아하는지 알고 싶을 것이다. 상대방에게 현명한 대답을 할 수 있도록 당신이 하던 일을 멈추고 상대방에게 집중한다. 대답할 때는 미소를 지으며 상대방의 눈을 바라본다. 간단한 대답 또는 성의가 없는 대답은 좋지 않다. 상대방의 질문을 진지하게 받아들이고, 당신의 대답에 대해서도 깊이 생각해야 한다.

만약 상대방이 과거에도 똑같은 질문을 여러 번 했던 적이 있고, 그렇게 질문을 하는 이유가 딱히 없는 것처럼 보인다면 그저 원하는 말을 듣기 위해서 장난치는 것일 수도 있다. 특히 당신이 어떠한 대답을 하더라도 상대방이 만족하지 않는다면 그럴 가능성이 크다.

이러한 경우에 당신은 "이미 그 질문에 여러 번 대답했잖아. 혹시 무슨 일이라도 생긴 거야?"라고 물어볼 수도 있다.

③ 진심으로 대한다

자신에 대해서 좋아하는 점이 무엇이냐고 질문할 만큼 상대방이 당신에게 편한 감정을 드러냈을 때는 이미 당신이 그 사람에 대해 잘 알고 있을 가능성이 꽤 크다. 그러므로 거짓으로 대답할 필요가 없다. 상대방을 진심으로 좋아하고 있다면, 당신이 느끼는 솔직한 감정을 상대방에게 그대로 말해주면 된다.

예를 들어서 친구에게 "수빈아, 우리가 다섯 살이었을 때부터 지금까지 너는 나의 가장 친한 친구야. 우리는 함께 많은 추억을 만들었지. 나는 네가 없는 내 삶을 상상할 수가 없어."라고 말한다. 그리고 이어서 구체적인 내용을 언급하면 된다.

비록 가능성은 작지만, 당신이 좋아하지 않는 사람 또는 당신이 잘 모르는 사람에게 이러한 질문을 받으면 친절하게 상대방을 대하도록 노력한다. 그리고 최대한 진심으로 답변을 하자. 이를테면 "저는 당신을 잘 모르지만 당신은 정말 좋은 사람인 것 같아요."라고 대답할 수 있다.

취업 면접에서 자기소개하는 방법

"자기소개를 해 보세요." 취업 면접을 할 때 고용주가 자기소개를 요청할 가능성이 상당히 크다.

고용주는 당신의 경력이나 성격 면에서 당신에 대한 더 많은 정보를 얻기 위해 간결하면서도 정확한 소개를 원하는 것이다.

성공적인 취업 면접을 위해 자기소개서를 준비하고 연습해서 전달하는 비결을 알아보자.

1. 자기소개 준비하기

① 지원서를 검토한다

자기소개서와 이력서에 기재했던 내용을 기억하기 위해서 다시 읽어 본다.

특별히 언급하고 싶은 내용이나 요약할 부분을 표시해 놓고 기억하도록 한다.

② 채용 공고문을 다시 읽어 본다

고용주가 원하는 가장 중요한 특기가 무엇인지 확인한 다음, 자기소개서에 그 부분을 반영하도록 기록해 둔다. 그 특기를 언급함으로써 고용주에게 당신의 이력서를 선택한 이유를 상기시키고, 그 일자리에 적합한 사람이라는 느낌을 심어 줄 수 있다.

③ 당신에 대해 궁금해할 만한 내용을 생각해 본다

자신의 모습을 있는 그대로 솔직하게 표현하되, 고용주가 가장 관심을 가지는 경력에 대해 강조해야 한다. 고용주가 듣고 싶어 할 만한 내용을 생각해 보면, 자기소개서에서 제외하거나 줄여야 할 내용을 결정하는 데 도움이 된다.

④ 스스로에게 몇 가지 질문을 해 본다

자기소개서에서 수정할 내용이나 포함해야 할 내용을 파악하기 위해, 스스로에게 몇 가지 질문들을 해 본다. 당신은 어떤 사람인가? 이 회사에서 일하고 싶은 이유가 무엇인가? 당신이 가진 어떤 기술과 경력이 이 일에 적합하다고 생각하는가? 직업에서 무엇을 성취하고 싶은가? 이 질문들에 대한 대답을 적어서 자기소개서를 작성하는 데 활용한다.

다음과 같이 시작하는 것이 가능하다. "저는 최근에 ○○ 대학교에서 ○○ 학위를 받고 졸업했습니다." 어떤 상을 받은 적이 있다면, 역시 첫 문장에 포함하도록 한다. 경력직인 경우에는 이렇게 말할 수 있다. "저는 ○○에서 ○년간 근무했습니다."

"저는 열렬한 ○○음악가이자 음악 애호가입니다."와 같이 자기소개서에 약간의 개인 정보를 포함시킬 수도 있다.

첫 문장을 말한 다음 당신이 보유한 특기에 대해 이야기한다. 다음과 같이 말할 수 있다. "저는 ○○와 ○○에 능숙합니다." 그리고 당신이 수행한 프로젝트를 예로 들면서 그 분야에서 발휘한 특기를 설명한다.

마지막으로 직업 목표를 언급하고 그 회사에서 목표를 달성하기 위해 어떻게 노력할 것인지에 대해 서술한다. "제 목표는 ○○하는 것입니다. 귀사에서 저에게 ○○을 성취할 기회를 주시기를 열망합니다."

⑤ 자기소개할 때 주의를 끌 만한 방법을 정한다

면접관들이 당신을 기억하는 데 도움이 될 만한 자기소개의 시작 방법을 창의적으로 생각해 본 후 당신에게 적합한 방법을 선택한다. 예를 들어 책 읽기를 좋아한다면, 유명한 문학작품의 등장인물에 자신을 비유하면서 시작한 다음 보유한 특기 목록들을 설명한다. 혹은 첨단기술에 매우 뛰어난 지식을 가지고 있어서 그 부분을 강조하고 싶다면, 당신을 구글(Google)에서 검색하면 어떤 결과가 나오는지 이야기하고서 자신이 보유한 기술에 대해 더 자세하게 설명한다.

⑥ 자기소개서를 작성한다

모든 핵심 사항들을 기억할 수 있도록 하려면, 메모한 내용을 3~5문장의 자기소개로 바꿔야 한다. 자기소개를 정확하게 말할 방법을 적어 보자. 자신에 대한 기본적인 사항(나는 어떤 사람인가?)을 설명하며 시작한 다음, 기술 및 경력에 대한 상세한 내용으로 넘어가고, 마지막으로 직업 목표를 간략하게 설명한다. 마지막 부분은 면접관에게 당신이 왜 이 직업에 적합한지를 알릴 수 있는 중요한 내용이기 때문에 특히 신경 써야 한다.

⑦ 간략하게 하거나 더 분명하게 해야 할 내용을 살펴본다

간략하게 하거나 더 분명하게 할 내용을 살펴보고 자기소개서를 수정한다. 자기소개서는 간결하면서도 빈틈이 없어야 한다. 고용주는 10분 프레젠테이션을 바라는 것이 아니라, 당신이 어떤 사람인지 빠르게 살펴보고자 한다는 사실을 기억하자.

2. 자기소개 연습하기

① 자기소개서를 여러 번 큰 소리로 읽는다

자기소개서를 여러 번 되풀이해서 큰 소리로 읽어 본다. 큰 소리로 자기소개서를 읽으면 준비하는 데 도움이 될 뿐만 아니라, 사소한 실수나 빠진 사항들을 확인할 수 있다.

② 자기소개서의 핵심 사항을 암기한다

작성한 내용을 그대로 암기하지 않더라도, 최소한 핵심 사항

과 전달할 순서는 암기할 필요가 있다.

③ 자연스럽게 들릴 때까지 연습한다

연습이 완벽함을 만든다. 더 이상 연습이 아닌 것처럼 들릴 때까지 여러 번 자기소개를 연습해야 한다. 그리고 믿을 만한 친구를 불러서 당신의 자기소개를 들려주고, 이상하거나 부족한 부분에 대한 피드백을 요청한다.

④ 자기소개하는 모습을 비디오로 촬영한다

자기소개를 하는 자신의 모습이 어떤지 직접 보고 직접 들어 보면 많은 도움이 될 것이다.

⑤ 핵심 사항들을 적은 참조 카드를 만든다

참조 카드(index card)에 말해야 할 핵심 사항들을 적어 두고 면접이 시작하기 전에 살펴봄으로써 기억을 되살릴 수 있도록 한다. 참조 카드를 가지고 있으면 긴장될 때 살짝 볼 수도 있으므로 훨씬 안정감을 느낄 수 있을 것이다.

⑥ 긴장을 푼다

심호흡을 하고 면접에 임한다. 면접을 위해서 자기소개서를 잘 준비했기 때문에 좋은 첫인상을 심어 줄 수 있다고 안심해도 된다. 약간은 긴장해도 괜찮다는 것을 명심하자. 긴장된 모습은 고용주에게 당신이 정말로 그 직업을 원한다는 사실을 전해 줄 것이다.

3. 자기소개 전달하기

① 자신 있게 면접 장소로 걸어 들어간다

면접관들이 들어오라고 할 때 망설이거나 그냥 서 있지 않도록 하자. 자신감을 갖고 당당히 들어가서 면접관이 다른 지시를 하지 않는 이상 맞은편에 앉는다.

앉아 있는 동안 손을 만지작거리거나 다리를 흔들면 안 된다. 이러한 모습을 보이면 당신이 긴장하고 있다는 것을 고용주가 알아차릴 것이다.

② 면접관과 악수를 한다 (해외 취업을 위한 면접 등 필요한 경우)

손을 힘차게(너무 세지 않게) 붙잡고 짧게 악수한다. 2~3회 정도 손을 흔드는 것이 좋다. 손이 너무 차갑거나 축축해서 면접관이 당황하는 일이 없도록 악수하기 전에 손을 따뜻하고 건조한 상태로 만들도록 하자.

③ 면접관을 만나면 미소를 짓고 밝은 모습을 보인다

면접관은 면접을 시작하기 전에 가벼운 대화를 잠깐 나누고 싶어 할 수도 있다. 그러한 경우에는 당황하지 말고 밝은 모습으로 자연스럽게 대화에 임한다.

④ 면접관과 시선을 마주친다

면접관과 계속 눈을 마주치면 더욱 자신감 있게 보일 것이다. 면접관이 당신에게 이야기할 때 눈을 똑바로 바라보자. 주위를 둘러보거나 바닥을 내려다보는 등 긴장하고 있다는 것을 드러내는 행동은 삼가는 것이 좋다.

⑤ 곧바로 자신을 소개한다

면접관이 자기소개를 요청할 때 주저해서는 안 된다. 다른 어려운 질문들을 받았을 때 잠시 멈춰서 생각하거나 대답하기 위해 생각을 정리하는 것은 괜찮지만, "자기소개를 해 주세요."라는 말을 들었을 때 멈추는 것은 좋지 않다. 면접 과정의 초기 단계에서 말을 멈춘다면, 면접관은 당신이 준비되지 않았거나 자신의 강점을 잘 알지 못한다고 생각할 수 있다.

⑥ 말하고자 하는 요지를 충실히 전달한다

면접을 보기 전에 신중하게 작성한 자기소개서에 다른 내용을 추가하지 않는 것이 좋다. 너무 길게 이야기하다 보면 결국 같은 말을 반복하게 되고, 긴장한 것처럼 보일 수도 있다. 계획하고 연습한 대로만 말한 다음 멈추도록 한다.

더 알고 싶은 사항이 있거나, 무엇인가를 명확하게 해야 할 필요가 있다면 면접관이 질문할 것이다.

⑦ 긍정적인 태도를 유지한다

자기소개를 집에서 연습할 때만큼 잘하지 못한 것 같더라도, 당신이 그 직업의 자격 요건을 갖추었기 때문에 면접에 초대되었다는 것을 기억하자. 작은 실수를 했더라도 자책하지 말고, 잘한 부분에 초점을 두도록 하자.

• 면접하는 도중에 절대로 껌을 씹어서는 안 된다. 면접이 시작되기 전에 입안을 상쾌하게 하려면 미리 입 냄새 제거제를 가볍게 뿌린다.

• 만일에 대비해서 면접관들에게 나눠 줄 이력서를 몇 장 더 가져간다. 그렇게 준비성 있는 모습을 보여 주면, 면접관이 당신을 신뢰할 수 있는 사람으로 여길 것이다.

• 10분이나 15분 정도 일찍 도착한다. 그러면 시간을 잘 지키는 사람이라는 것을 보여 줄 수 있고, 면접이 시작되기 전에 참조 카드를 다시 한번 읽어 볼 수도 있다.

취업 면접 통과하는 방법

취업의 관문에서 면접은 좋은 첫인상을 심어주는 동시에 자신을 알릴 유일한 기회이다.

그 기회를 붙잡고 새로운 출발을 약속받으려면 면접에 올바르게 접근하고, 흔히 하는 실수들을 피해야 한다.

1. 준비하기

① 미리 면접 볼 회사에 대한 조사를 하자

그 회사에 대한 배경 지식과 추구하는 방향성을 미리 알고 면접을 본다면, 진지한 지원자라는 인상을 남길 수 있다. 당신이 지원하고자 하는 사업체나 조직의 목표를 이해하도록 노력해 보자. 그들의 스타일과 경쟁업체들을 대하는 방법에 대해서도 공부해 두자.

회사 웹사이트에 나타나는 어휘들에 익숙해지는 것에 초점을 둔다. 만약 '레스토랑 정원(farm-to table)'의 종업원으로 지원을 한다면, 우선 그게 무슨 뜻인지는 알아야 할 것이다. '대체의학' 잡지의 편집자 자리에 지원하려면, 대체의학이나 대안 치료가 뭔지 조사를 할 필요가 있다.

면접관의 이름과 회사 내에서의 담당 업무 등을 알아 둔다면 면접 중 이루어지는 많은 대화에 도움이 될 수 있고, 당신에 대해 더욱 긍정적인 인상을 받도록 상황을 이끌 수 있다.

② 예상되는 면접 질문들에 대비하자

면접에서 가장 큰 스트레스가 되는 것은 '질문들에 어떻게 대답할 것인가?'의 문제이다. 면접관이 듣기 원하는 대답이 무엇인지 연구하고, 가능성 있는 질문들을 예상해 보면 사전에 대답을 연습하는 데 도움이 된다.

아래는 면접에서 자주 나오는 몇 가지 질문들이다.
- 당신은 이 회사에 대해 무엇을 알기 원하는가?
- 왜 당신이 이 회사에 적합한 인재인가?
- 팀에 당신이 이바지할 수 있는 것은 무엇인가?
- 일할 때 어려움을 극복했던 경우를 설명해 봐라.

③ 장점과 약점을 떠올려 보자

일과 관련된 가장 어려운 도전은 무엇인가? 당신의 가장 큰 장점은 무엇인가? 가장 큰 단점은? 이것들이 취업 면접에서 가장 흔히 나오는 면접 질문들이다. 당신은 최선의 대답을 하기 위해 분투해야 한다.

이러한 질문에 대해서는 자신의 약점을 부정하지 않으면서도 자신의 장점을 강조하는 대답이 대체로 좋은 평가를 받는 경향이 있다.

"저는 일과 스케줄에 관해서라면 매우 조직적이지만, 저의 책상만을 보신다면 그런 생각이 절대 안 드실 겁니다."라고 말하면 좋은 대답이 된다. 마찬가지로 "저는 끝까지 책임을 지려고 하는 편인데, 가끔 도움이 필요할 때 요청하는 것을 잊곤 합니다."라고 말하는 것도 정직하고 효과적일 수 있다.

가령 리더십이 필요한 직책에 지원한다면, 당신의 리더십 자질과 자립성을 강조하는 것이 중요하다. 장점에 관해서는 "저는 저의 비전에 대해 사람들과 소통하고, 공동의 목표를 이루기 위해 그들을 고무시키는 것에 자신이 있습니다."라고 표현할 수 있다. 약점에 관해 적절하게 표현한다면 "저는 서두르지 않고 한 번에 한 프로젝트를 실행해야 한다는 것을 상기할 필요가 있습니다. 가끔 한 번에 너무 많은 일을 하길 원하기 때문입니다."라고 할 수 있다.

신입사원 직책에 지원한다면, 면접관은 당신에게 리더십 자격의 증명을 바라지 않을 것이다. 이 경우 장점에 관해서는 "저는 지시를 매우 잘 따르고, 배우는 속도가 빠릅니다. 어떤 일에 대한 방법을 모를 때는 항상 적극적으로 배워서 익히기 때문에 두 번 질문하는 일은 없을 것입니다."라고 대답할 수 있다. 약점에 관해서는 "제 아이디어가 인정받을 때는 그렇게 많지 않지만, 다른 사람들의 아이디어를 실행하는 것을 도울 때 행복감을 느낍니다."라고 할 수 있을 것이다.

④ 요구받을 수 있는 질문에 대해 준비하자

면접관은 종종 면접이 이루어지는 동안이나 끝난 후에 면접자들에게 어떤 질문이든 던져 보라고 요구하곤 한다. 이것은 면접자가 얼마나 준비되어 있는지, 또한 대화에 잘 적응하고 있는지를 알아보려는 것이다.

그 상황에서 적당한 질문이 즉각적으로 떠오르지 않을 때를 대비하여 질문 목록을 미리 생각해 보자. 모범적인 질문들의 몇 가지는 다음과 같다.

- 여기서 일하시는 것이 어떻습니까?
- 이 회사에서 성공하기 위해서는 무엇이 필요합니까?
- 제가 함께 일하게 될 가장 가까운 사람은 누구입니까?
- 일상 업무는 어떻게 짜여 있습니까?
- 제가 이 회사와 함께 성장할 가능성이 있습니까?
- 이 직책의 이직률은 어떻게 됩니까?

⑤ 아첨이나 과시, 상투적인 대답은 피하자

면접은 잠재적인 고용주가 실제의 당신을 알게 하는 시간이다. 취업을 위해 포장된 당신의 상투적인 표현들은 그들에게 통하지 않는다. 면접의 목적은 아첨이나 과시가 아니며, 면접관들이 듣고 싶어 하는 대로 말하는 것이 아니다. 면접관들이 원하는 것은 진정성 있는 대답이다.

"저의 유일한 단점은 제가 완벽주의자라는 것입니다." 또는 "이 회사는 전환점을 위해 저와 같은 사람이 필요합니다."와 같은 말들은 면접관들을 불쾌하게 만들 뿐이다.

⑥ 필요한 서류들을 미리 갖추어 놓자

이력서, 추천서, 포트폴리오, 자기소개서 등 필요한 서류들을 미리 준비해서 점검한다. 모든 문서의 오자와 문법상 오류들을 살펴본다. 시간이 있다면 다른 사람에게 검토를 맡겨서 당신이 놓쳤을 수도 있는 어떠한 작은 실수도 찾아내도록 하자.

스스로가 자신의 이력서, 그리고 다른 지원서류들과 익숙해지는 것도 중요하다. 만약 면접을 볼 때 이력서의 내용을 제대로 기억하지 못한다면 의심을 살지도 모르기 때문에 모든 명칭과 정보, 기술한 경력들을 명확히 알고 있어야 한다.

면접 당일, 여러 경우에 대비해 여분의 서류들을 갖고 가면 큰 도움이 될 수도 있다.

⑦ 알맞은 복장을 갖추자

지원하고자 하는 직업에 어울릴 뿐만 아니라 자신감 있게 보이도록 해 주는 옷을 선택하자. 매우 간편한 복장이 어울리는 직업의 면접이 아니라면 대부분의 면접 때는 어두운색 정장을 입는 것이 좋다.

2. 면접에서 실수하지 않는 법

① 시간에 맞추어 가자

면접에 늦게 도착하는 것보다 더 최악의 경우는 없다. 적당한 시간에 나와서 갈 준비를 한다. 면접시간 10분 또는 15분 전까지 도착하는 것을 목표로 한다.

시간에 맞추어 가는 것이 중요하지만, 너무 일찍 도착하는 것은 도리어 잠재적인 고용주를 실망하게 할 수 있다. 그들은 당신이 정해진 시간에 오기를 원하는 것이지, 30분 일찍 오기를 원하는 것이 아니다. 좋은 인상을 주고 싶다면 지시에 잘 따라야 한다.

기다리는 시간에는 직무 설명과 회사 정보를 노트에 기록하고 검토하면서 바쁘게 보낸다. 면접관이 당신에게 인사하러 나오자마자 바로 일어서서 악수할 수 있도록 문서와 자료들은 왼손으로 잡고 있어야 한다.

② 인터뷰 전 자신감을 북돋우는 자세를 연습하자

인터뷰 5분 전, 최상의 상태를 유지하기 위해 자신감을 북돋우는 자세를 연습한다. 화장실 같은 사적인 공간으로 가서 거울을 마주 본 다음, 어깨를 펴고 다리는 골반 넓이로 벌리고 두 손은 엉덩이에 두어 똑바로 선 채 1~2분간 유지한다. 이 자세는 더욱 자신감 있는 기분이 들게 한다.

"난 이 일에 완전히 적합한 사람이야. 내 모든 걸 보여 주자!"와 같이 긍정적인 말을 해 보자.

③ 자기 자신이 되자

면접이란 의심할 필요 없이 두려운 상황이다. 하지만 직업을 구하기 위해 연기를 할 필요는 없다는 것을 기억하도록 하자. 자기 자신이 될 필요가 있을 뿐이다. 차분함을 유지하고 대화에 최선을 다하자.

면접에서는 누구나 긴장하기 마련이고, 면접관도 그것을 예상한다. 그러니 너무 걱정하지 말고 마음을 편히 갖자.

④ 주의 깊게 듣고 집중하자

면접에서 저지를 수 있는 최악의 행동 중 하나는 집중하지 않아서 면접관의 질문을 재차 요청하는 것이다. 산만한 정신 상태가 되어 스스로 자격 박탈을 하지 말자. 대부분의 면접은 15분을 넘지 않고, 아무리 길어도 한 시간 이상은 걸리지 않을 것이다. 눈앞의 대화에 집중하고 적극적으로 대답하도록 한다.

⑤ 등을 곧게 세워서 앉자

등을 곧게 세워서 앉고, 면접이 이루어지는 동안에는 몸을 조금 앞으로 기울여서 주의 깊게 듣는다. 당신이 말할 때나 면접관이 말할 때는 상대를 바라본다.

면접관의 눈 사이를 바라보는 것도 좋은 팁이다. 눈을 바라보고 있다는 인상을 줄 수 있으며, 긴장도 조금 완화할 수 있다. 친구와 함께 연습해 보자.

⑥ 말하기 전에 생각하자

면접에서의 또 다른 흔한 실수는 너무 많이, 그리고 너무 빨리 말하는 것이다. 수다로 어색한 침묵을 채우려 할 필요가 없다. 특히 당신이 긴장해서 말하는 편이라면, 너무 많이 말하는 것은 좋지 않다.

질문을 받을 때 즉각적으로 대답할 필요는 없다. 당신이 복잡한 질문에 대한 대답이 떠오르지 않는 것처럼 보여서 면접관이 지루함을 느낄 수도 있지만, 천천히 생각해 본다. 잠시 멈추었다가 이렇게 말한다. "정말 훌륭한 질문입니다. 제가 좋은 대답을 생각해 보겠습니다."

⑦ 무엇이든 할 수 있다는 자세를 보이자

면접에서 당신이 추구해야 할 대답은 "네."다.

"야간 근무와 주말 근무도 기꺼이 하겠는가?" "네."

"많은 고객을 응대하는 것이 괜찮은가?" "네."

"분주한 근무환경에서 일한 경험이 있는가?" "네."

대부분의 직장은 당신이 취업한 후에 충분한 직업훈련을 제공한다. 따라서 미리 스스로 자격지심을 갖지 말고, 일단 동의해서 직업을 가진 후에 문제를 해결하도록 한다.

⑧ 대화 중에 자신을 홍보하자

일반적으로 면접의 목적은 그저 한 개인으로서의 당신을 알고자 하는 것이다. 그들은 당신의 이력서, 경력, 그리고 핵심 사항들을 문서로 가지고 있다. 그들이 모르는 것은 바로 당신이다.

면접은 신문이나 논쟁이 아니라 대화다. 그것에 참여하라. 면접관이 말하고 있을 때 집중해서 그들이 말하는 것을 듣고 정직하게 대답하도록 한다.

⑨ 노트를 작성하자

필요할 때 신속하게 기록하기 위해 당신의 포트폴리오나 서류가방 속에 펜과 종이를 가지고 다닌다.

질문을 기록하는 것은 당신이 대화에 참여하고 있음을 보여준다. 또한 당신을 조직적인 사람으로 보이게끔 한다. 면접에서의 기록은 나중에 유용할 중요한 사항들과 이름들을 기억할 수 있도록 돕는다. 그러나 지나친 기록은 주의를 산만하게 할 수 있으므로 간단하게 요약해서 쓰도록 한다.

⑩ 후속 조처를 하자

당신의 이름을 남기기 위해 면접 후에 짧게 연락을 취하는 것은 괜찮은 생각이다. 당신이 명백히 탈락하지는 않았다면, 면접이 끝나고 연락을 취하자. 전화보다는 이메일이나 다른 방식의 서신이 좋은 방법일 것이다.

면접 기회를 준 것에 대해 면접관에게 감사를 표시하고, 그 회사로부터 곧 연락이 오기를 기대한다고 언급한다.

3. 흔한 실수 피하기

① 커피를 가지고 가지 말자

몇몇 이유로 인해 많은 사람이 면접 때 커피를 가지고 가는 것을 좋은 생각이라고 여기지 않는다. 이것은 면접관에게 기껏해야 격식에 얽매이지 않는 것처럼 보이고, 최악의 경우에는 무례하게 보인다. 당신은 점심시간에 있는 것이 아니다. 면접시간이 너무 이르거나 오랜 시간을 기다려야 할지라도, 커피잔을 가지고 나타나는 것은 좋지 않다.

② 휴대폰을 치우자

면접 때 절대 휴대폰을 꺼내서는 안 되며, 어떠한 순간에도 그것을 쳐다보면 안 된다. 면접관이 관심을 가지기 전까지는 당신은 애플리케이션에 대해 결코 들어 본 적이 없는 혈거인(穴

居人)이 되어야 한다. 휴대폰은 전원을 끈 상태에서 주머니 깊이 넣어 두자. 어떠한 상황일지라도 결코 면접관에게 문자 메시지가 이 직업을 가지는 것보다 우선순위라는 인상을 남기지 말아야 한다.

③ 돈에 대해 언급하지 말자

면접 중에는 수당이나 연봉 인상의 가능성, 또는 돈이라는 주제에 대한 질문이 적절하지 않다. 오로지 당신이 보유한 기술과 자격에 중점을 두어야 할 때이다.

때때로 당신은 그 직업의 최저임금을 받는 것에 대한 질문을 받을 수 있다. 이에 대한 최선의 대답은 당신 직책의 평균임금보다 더 낮은 임금을 받더라도 기꺼이 일하겠다는 것이다.

당신이 그 직업을 정말로 원하는지를 알아보려는 것이 면접관의 의도임을 눈치채야 한다.

④ 면접을 신문이 아닌 대화로 생각하자

비록 당신이 면접에 완벽하게 대응한다는 기분이 들지 않더라도 절대 위축되지 말자. 면접은 당신에게 어떤 고백을 강요하거나 몰아세우려는 신문이 아니다. 아무도 일부러 당신에게 적대감을 가지려고 하지 않는다. 방어하는 자세를 버리고 적극적으로 대화에 참여한다. 자신에 대한 훌륭한 설명을 생각해 내서 스스로를 증명하는 기회로 삼도록 하자.

⑤ 이전 직장 상사를 비난하지 말자

이전의 직장 동료들이나 상사들, 혹은 다른 직업에 대해 사소한 평가를 하는 것은 일반적으로 멀리해야 한다. 비록 당신이 경쟁업체에 지원하고 있더라도 점수로 평가하는 사람, 혹은 함께하기 힘들 것 같은 사람처럼 자신을 표현하는 것은 피한다. 이전 직장에 대해 불평하는 것은 예의가 아니다.

만약 당신이 이전 직장을 왜 떠났는지에 대한 질문을 받는다면 긍정적인 요소로 표현한다.

"저는 제 직업 환경에서 벗어나 더 많은 것을 찾고 있고, 새로운 시작을 하는 것에 대해 마음이 설렙니다. 저에게 이곳은 그렇게 할 수 있는 훌륭한 장소로 여겨집니다."

⑥ 면접 전에 흡연이나 음주를 피하자

당신이 애연가라고 해도 면접 전에 흡연해서는 안 된다. 최근의 연구에 따르면 90%의 고용주가 동등한 자격의 흡연자보다는 비흡연자를 고용할 것이라고 밝혔다. 또한 흡연하는 면접자는 긴장되어 보이게 만든다.

마찬가지로 약간의 음주가 강한 긴장감을 어느 정도 누그러뜨린다고 할지라도 피해야 한다. 이것은 당신의 인생에서 중요한 취업 면접이고, 당신은 최선을 다해야 하는 것이다.

⑦ 자신을 드러내는 것을 두려워하지 말자

억만장자 리차드 브랜슨(Richard Branson)은 경험이나 수치화될 수 있는 기술이 아니라, 주로 개성에 근거하여 인재를 채용한다고 말했다.

자기 자신이 아닌 것을 위해 노력하지 말고, 당신을 드러내고 당신의 진정한 개성이 빛나도록 하자.

인생이 술술 풀리는 대화의 기술

1판 1쇄 인쇄 | 2023. 2. 5.
1판 1쇄 발행 | 2023. 2. 10.

엮은이 | 김지영
펴낸이 | 윤옥임

펴낸곳 | 브라운힐
서울시 마포구 신수동 219번지
대표전화 (02)713-6523, 팩스 (02)3272-9702
등록 제 10-2428호
ⓒ 2023 by Brown Hill Publishing Co. 2023, Printed in Korea

ISBN 979-11-5825-134-5 03190
값 18,000원

☞ 잘못 만들어진 책은 바꾸어 드립니다.